해석학적 이해와 인지과학

– 현대해석학, 인지과학에 말 걸다 –

양해림

집문당

일러두기

이 책은 저자의 논문 및 공저를 다음과 같이 부분적으로 인용했음을 밝힙니다.

논문

양해림, 「뇌과학과 자유의지의 문제-하버마스의 자유의지와 뇌 연구의 논의를 중심으로-」, 『동서 철학 연구』, 제50집, 한국동서철학회, 2008, 153-174쪽.

양해림, 「문화콘텐츠와 디지털미디어의 확산」, 『동서 철학 연구』, 제58집, 한국동서철학회, 2010, 47-68쪽.

양해림, 「딜타이(Wilhelm Dilthey) 해석학의 인지과학적 프로네시스(phronesis)」, 『시대와 철학』, 제23집, 한국철학사상연구회, 2012, 279-310쪽.

양해림, 「하이데거의 선이해(先理解)와 인지과학의 프로네시스(phronesis)」, 『동서철학연구』, vol. 69. 한국동서철학회, 2013, 357-382쪽.

저서

양해림, 『현대해석학 강의-개정판』, 집문당, 2011.

양해림, 「현대해석학과 인지과학의 역사적 맥락-거울뉴런(mirror neuren)을 중심으로」, 양해림 외, 『인지문화란 무엇인가?』, 충남대학교출판문화원, 2011, 13-50쪽.

양해림, 「공감론의 단초와 그 패러다임-딜타이(Wilhelm Dilthey)와 미드(George Herbert Mead)의 공감이론을 중심으로」, 양해림 외, 『공감인지란 무엇인가』, 충남대학교출판문화원, 2012, 13-77쪽.

머리말

여기에 실린 글들은 기존의 인문학적 글쓰기 전통에서 벗어나 자연과학, 사회과학, 공학 등 다양한 학문과 통섭적 만남을 시도하고자 했다. 현대해석학과 인지과학의 만남은 다소 무모해 보일 수 있다. 왜냐하면 이제까지 철학자들의 기존 이론에서는 인간의 두뇌에 대해 심도 있는 연구를 그다지 보여 오지 않았기 때문이다. 물론 최근 들어 철학을 비롯해 인문학도 인접학문과의 통섭적인 시도를 꾸준히 하고 있지만, 아직은 그다지 만족할 만한 성과를 내지 못하고 있다. 고대 그리스시대의 아리스토텔레스나 르네상스시대의 철학자들이 백과사전식 지식을 갖고 종횡무진 활약한 시기도 있었지만, 21세기 전문화된 현대에 그 당시의 식견을 따라가기는 쉽지 않을뿐더러 지금은 그렇게 바람직하지도 않다. 이 책은 인문학과 인지과학의 지속적 만남을 위한 시도이기 때문에 아직은 시범적 단계에 머물러 있다. 하지만 필자가 향후 현대해석학과 인지과학의 구체적인 만남을 위해 질적으로 풍부한 자료를 찾아내고 미비한 부분의 내용들을 보완하여 제2,3차의 연구물을 낼 것을 기약한다.

이렇듯 현대해석학은 인지과학의 성취를 통해 자신의 문제를 어느 정도 해소함으로써 과학-철학적으로 인식의 체계를 더 정확히 규명할 수 있을 것이다. 이제 현대해석학과 인지과학은 다양한 관점에서 서로 일치시키고자 하는 시도를 하고 있다. 이런 시도에서 현대해석학과 인지과학은 상호 소통하며 서로 소홀했던 부분들을 어느 정도

해소할 수 있을 것이다.[1]

딜타이 이후 해석학은 그 범위를 텍스트해석에서 인간 존재로 확장하여 철학적 해석학의 형태로 점차 진일보시켰다. 특히 하이데거와 가다머는 인간이해의 가능성의 조건에 대한 물음으로 해석학의 범위를 발전시켰다. 딜타이는 해석학적 원리들을 자신의 시대에 막 출현하여 인과적 관계로써 인간의 자연적 행위들을 탐구하려 했던 심리학을 비롯한 모든 과학의 분과들과 다른 종류의 학문으로 여겼다. 그는 인간의 내적 삶의 체험과 동기를 통하여 인간개체들의 행위를 이해하고자 했다. 내적인 삶이란 처음과 끝으로 이루어진 체계가 아니기 때문에, '전체'와 '부분'의 관계로 이루어진 '연관구조'(die Zusammenhang) 속에서 이해될 수 있는 존재다. 인간행위나 텍스트의 의미에서 '전체'는 언제나 역사적인 차원을 함축하고 있다. 따라서 '내가 누구이고 이 텍스트의 의미가 무엇인지'는 현재에서 관찰된 행동들이나 말들의 의미를 다루는 방식으로는 제대로 이해될 수 없다. 해석학의 이러한 입장은 '자연과학으로서 이해된 심리학'과의 차이를 나타낸다. 이러한 차이 속에서 인간의 의식에 대한 현대과학의 모델을 해석학에 적용시키는 일은 다음과 같은 노력, 즉 '주체의 첫 경험에 대한 이해'와 '우리의 뇌가 그러한 경험을 어떻게 받아들이는지에 대한 신경과학적 설명'을 연결해 고찰함으로써 가능하다.

주지하듯이, 인지과학은 철학의 가장 오래된 분야 중 하나인 인식론에 뿌리를 두고 있다. 인식론은 인간의 마음이 사물에 대해 알고 있는 지식의 본질과 지식이 이루어지는 전제조건들을 탐구 대상으로 한다. 전통적으로 동서양철학을 막론하고 철학자들은 마음의 본질을

---

1 S. Gallagher, "Hermeneutics and the cognitive sciences," *Journal of Consciousness Studies*, 11, no. 10.11, 2004, 1–14쪽.

탐구해 왔다. 인지과학의 관점에서 인식론의 역사에서 가장 많이 언급되는 철학자는 데카르트이다. 데카르트는 그의 저서 『방법론 서설』(1637)에서 두 개의 서로 다른 실체, 즉 인간은 몸과 마음으로 구성되어 있다는 이원론을 제창하였다. 정도의 차이는 있지만, 오랜 기간 동안 철학자들은 데카르트의 "나는 생각한다. 그러므로 존재한다"라는 존재론적 패러다임에서 맴돌았다. 단적으로 지금까지 철학자들은 현상을 경험하는 주체와 그 대상인 객체를 서로 나누어 생각했던 데카르트의 심신이원론의 사유에서 크게 벗어나지 못했다. 21세기 들어 철학자들은 데카르트의 이원론적 관점에서 벗어나고자 뇌=마음의 개념 틀에서 서로 상이한 논의를 진행 중에 있다. 즉 최근 서구에서는 뇌 연구와 관련하여 자유의지에 대해 학문적 논의뿐만 아니라 신문지상에서도 활발한 토의가 벌어지고 있다. 먼저 잡지 '뇌와 정신'에서 독일 과학자들은, 자유의지의 문제는 향후 20~30년 안에 뇌 과학적으로 해명될 것이라 예측한다. 오랜 철학사에서 자유의지와 행위 책임의 귀속문제는 결정론과의 관계 속에서 항상 논의되어 왔다. 자유의지와 결정론의 관계는 오랫동안 양립불가능성(incompatibilism)과 양립가능성(compatibilism)의 서로 상반된 입장으로 보여 왔다.

최근 이 논쟁은 뇌 연구의 실험결과에서 드러난 가치 있는 철학적 관점에 활발한 논의를 제공하면서 새롭게 수용되고 있다. 21세기 들어 뇌 연구는 신경생리학과 인지공학연구자들을 비롯하여 철학, 심리학, 의학, 사회과학 분야 등에서 적극적으로 개진하고 있다. 이 논의의 중심은 "**뇌의 기능에 자유의지를 반영할 것인가 아니면 자유의지와 뇌의 기능은 별개로 존재하기 때문에 각기 개인의 선택 문제로 남겨놓을 것인가?**"이다. 이러한 논의들은 아직 명확한 답변을 내리지 못한 채 여전히 논쟁 중에 있다. 뇌 연구에 대한 논쟁의 출발점은 이미 1970년~1985년대에 걸쳐 신경생리학자 벤자민 리벳(Banjamin Libet, 1914~2007)의 실험을 비롯해 오랜 연구의 전통을 닦아 왔다. 리벳 실험은 인지과학 · 철학계의 해묵은 논쟁 주제였던 '자유의지란 무엇인가'에 관한 논란을 다시 불러일으키는 중요한 계기가 되었다. '우리에게는 무엇인가를 시작할 자유의지는 없지만, 무엇인가를 그만 둘 자유의지는 있다'는 수정된 가설도 제기되었다. 자아는 하나인가, 아니면 여럿인가를 둘러싼 논란도 벌어졌다. 또한 저명한 인지과학자인 대니얼 데닛(Daniel C. Dennett)은 자유의지도 다른 인지 능력들과 마찬가지로 '진화의 산물'이지만 리벳 실험 자체가 자유의지의 존재를 부정하는 결론이 되진 못한다고 비판한 바 있다. 지금까지 뇌 연구의 실험결과는 이미 관찰에 의한 심리학적 조건으로부터 정신과정을 설명하려는 것으로서 '환원주의적 연구전략'을 확정한 것처럼 보일 수 있다. 먼저 정신과 마음은 물질적인 본성과 분리할 수 없으며 물질적으로 환원될 수 있다. 이것이 뇌 연구에 의해 형성된 환원주의적 인간상의 중심 연구전략인 것이다. 이렇게 연구전략의 단서는 행위자 자신의 정신적 원인을 자유의지의 전제조건에서 시작함으로써 일반적인 인과관계에서 발생하는 신경생리학적 상태를 자연법칙에 적용하고자 했다. 물론 이러한 인과론적 결정론은 행위하는 주체의 일상적인 자기이해에 반드시 일치하지 않는다. 현재 진행되는 뇌 연구는 모든 행위주체에게 명백한 논증을 통해 자유의지의 관점을 합리적으로 설명할 것을 요구하고 있다.

인간의 사회적 인지 및 행동의 기초가 되는 생물학적 메커니즘은 뇌 연구와 인문학의 융합, 즉 사회심리학과 신경과학이 융합하여 출연한 학제 간 연구를 사회신경과학이라 일컫는다. 즉 인간의 사회생활과 뇌의 구조 관계를 연구하는 인문학과의 주제는 도덕적 행동, 모방심리, 정치성향 등 점차 그 범위가 확대되고 있다. 뇌 과학과 인문학의 학제적 융합은 **트롤리의 문제**와 **거울뉴런이론**이 대표적이다.

먼저 **트롤리의 문제**(trolley problem)다. 선과 악, 옳고 그름에 대한 사람의 판별능력은 짐승처럼 야비하고 잔혹하다. 철학자들은 윤리적 판단이 이성과 감성 어느 한쪽에 의해 가능할 것인지를 놓고 오랜 세월 동안 갑론을박하였으나 그 해답을 얻어내지 못했다. 예컨대 칸트는 옳고 그름은 합리적이고 이성적인 판단능력에 의해 나온다고 주장한 반면에, 흄은 도덕은 판단되기보다 감정에 의해 느껴지는 것이라 주장하였다. 이성과 감성이 윤리적 판단에 미치는 영향을 분석하는 과학자들이 선호하는 시나리오는 트롤리 문제이다. 트롤리는 손으로 작동되는 수레이다. 트롤리의 문제는 두 개의 시나리오로 구성된다. 하나는 트롤리의 선을 변경하는 시나리오이다. 트롤리가 달리는 선로위에 다섯 명이 서 있다. 트롤리가 그대로 질주하면 모두 죽게 된다. 트롤리의 선로를 바꾸면 모두 살릴 수 있다. 하지만 다른 선로 위에 한 사람이 서 있다. 트롤리의 선로를 변경하면 그 사람은 죽을 수밖에 없다. 다른 하나의 시나리오는 트롤리의 앞으로 한 사람을 밀어 넣는 것이다. 선로 위에 다섯 명을 구하기 위해 사람의 몸으로 트롤리를 가로막아 정지시키는 경우이다. 두 시나리오는 트롤리를 저지하는 방법이 다르지만, 다섯 명을 살리기 위해 한 사람을 희생시킨다는 것은 매한가지이다.

하버드 대학의 심리학자인 조슈아 그린은 2001년『사이언스』에서 사람들이 트롤리 문제의 딜레마를 대처하는 심리상태를 연구한 바 있다. 거의 모든 대상자가 첫 번째 시나리오는 공감했으나 두 번째 시나리오는 반대했다. 다섯 명을 살리기 위해 트롤리의 선로를 바꿀 수는 있어도 트롤리 앞으로 사람을 떠밀어 죽게 할 수는 없다고 대답한 것이다. 결과가 같은 두 시나리오 중에서 한 개는 동의하고 다른 하나는 거부하는 이유를 알아보기 위해 그린은 대상자들의 뇌 속을 기능성 자기공명장치로 들여다보았다. 그 결과 두 번째 시나리오가 첫 번째 시나리오보다 더 강력하게 정서와 관련된 부위를 활성화시키는 것으로 나타났다. 이를 근거로 그린은 윤리적 판단은 이성이 좌우한다는 대다수 철학자들의 주장과는 다르게 감정이 중요한 역할을 한다고 주장하였다. 트롤리의 문제는 정서가 예상 외로 윤리적 문제에 지대한 영향을 미친다는 사실을 과학적으로 밝혀낸 최초의 연구로 평가된다.[2]

또 다른 논의는 **거울뉴런**(mirror neuron)**의 문제**이다. 우리는 산부인과에서 신생아실의 아기들이 부모의 얼굴표정을 흉내 내는 모습을 종종 볼 수 있다. 출생 직후에 모방이 가능한 것은 우리가 다른 사람의 행동을 지켜볼 때 마치 자신이 그 행동을 하는 것처럼 활성화되는 신경세포 집단이 뇌 안에 존재하기 때문이다. 이 뉴런은 남의 행동을 보기만 해도 관찰자가 직접 그 행동을 할 때와 똑같은 반응을 나타내기에, 남의 행동을 그대로 비추는 거울과 같다는 의미에서 거울뉴런이라 일컫는다.

본론에서 언급하고 있지만, 거울뉴런은 이탈리아 파르마 대학의 신경과학자인 자코모 리촐라티에 의해 발견되어 1996년 「브레인 *Brain*」지(誌) 4월호에 발표되었다. 마카크 원숭이의 뇌에서 물건을 집는 운동세포가 작동했는데 이것은 물건을 쥐는 행위에 관여하는 뉴런(자극을 수용하고 전달하는 신경세포와 돌기)이 발화한 것이다. 유전자

2 이인식, 『지식의 대융합-인문학과 과학기술은 어떻게 만나는가-』, 고즈윈, 2008, 152–153쪽.

(DNA)의 발견에 비견될 만한 뇌 과학의 코페르니쿠스적 전환이었다. 바로 이것이 '거울뉴런'이다. 거울뉴런은 '전운동피질'과 '하두정피질'의 작은 신경세포 회로에 존재하고 있었다. 마카크 원숭이와 마찬가지로 인간의 거울뉴런은 컵을 쥐거나 미소를 짓는 등 다른 사람의 행위를 보는 것만으로도 자신이 그런 행위를 하는 것처럼 활성화됐다. 누군가가 축구공을 찰 때, 공을 차고 있는 소리를 들을 때, 심지어 '차다'라는 단어를 말하거나 듣기만 해도 거울뉴런은 발화되었다.

신경생리학자인 비토리오 갈레세 박사는 결국 거울뉴런은 모방뉴런이라 결론을 내리기도 했다. 거울뉴런의 존재는 우리가 관찰한 타이의 행동은 무엇이든지 마음속에서 그대로 본뜰 수 있다는 것을 의미한다. 거울뉴런 덕분에 우리는 웃고 춤추고 운동하는 방법을 배울 수 있다. 거울뉴런을 이해하면 왜 다른 사람이 웃는 모습을 보면 전염되어 입을 벌리게 되고, 영화를 보다가 주인공이 눈물을 흘리면 왜 감정이입(empathy)이 되어 울게 되는지 알 수 있다. 사람은 거울뉴런을 이용하여 남의 행동을 모방할 뿐만 아니라 그 의미를 깨달을 수 있다.[3] 자기와 타자 사이의 피할 수 없는 상호의존성을 가리키는 뇌세포인 거울뉴런은 인간이 사회적 존재가 되게 하는 필수요건이다. 전화 도중 상대방이 보지 않음에도 몸짓을 하거나 심지어 맹인에게 이야기할 때조차 제스처를 취하는 경향, 각종 모방중독 현상, 자폐증 등도 거울뉴런의 작동 혹은 고장으로 설명된다. 다른 사람의 몸짓을 한 번도 본 적이 없는, 날 때부터 맹인인 사람까지도 말을 할 때 몸짓을 하는 현상 또한 '감정이입'과 '공감'의 메커니즘에

3 이인식, 앞의 책, 153–154쪽.

결정적인 역할을 하는 거울뉴런을 가정하면 설명될 수 있다. 공감하려는 인간의 본능을 자극, 다른 사람의 행위에 대해 모종의 내적 '모방'(mimesis)을 촉진하는 것이 거울뉴런의 기능이다.

현대해석학에서 독자와 텍스트 혹은 주체와 해석대상의 지평융합이 '해석'에서 일어난다고 하면, 인지과학에서 그와 유사한 통섭작용은 거울뉴런의 기능에 입각한 모방이나 공감 혹은 공동행위 등에서 일어난다. 이 책에서는 현대해석학의 이해적 사유를 인지과학의 거울뉴런이론 및 거울뉴런의 기능에 기초해 일어나는 현상들에 대한 논의를 통해 검토했다. 물론 현대해석학적 통찰의 타당성이 체계적인 해석학적 연구를 통해 인지과학이 사용한 '탈-맥락/탈-상황'적인 인지모델의 계산주의적 한계를 극복할 가능성을 확보할 수 있는지는 여전히 연구 대상이다. 현대해석학은 인지과학의 연구결과들에 대한 심층검토를 통해 그 한계를 극복할 방향을 모색할 필요가 있다. 따라서 현대해석학은 '거울뉴런'에 대한 인지과학의 해명에 집중할 필요가 있다. 왜냐하면, 현대해석학의 '공감'은 사회적 인지로써 관찰자와 관찰대상자의 신경체계 사이에 존재하며 그것들의 신체도식사이에 공유된 겹침을 형성하는 '공명'일 수 있기 때문이다. 또한 현대해석학에 딜타이가 강조하는 사회적-역사적-인간적 현실로서의 행위하는 인간은 프로네시스의 실천철학으로 자리매김하는 데 중요한 역할을 한다. 이런 측면에서 프로네시스의 인지과학적 모델화는 현대해석학에서 궁극적 목표로 삼는 행위하는 인간으로서의 실천적 면모를 제시해 주고 있다. 제3세대 인지과학이 현대해석학에서 주목을 끄는 이유 중 하나는 상호주관적 이해를 '공동의 뇌영역'으로 바라보는 태도이다. 프로네시스는 뇌의 영역, 이를테면 거울뉴런의 모방시스템을 통해 인지과학적으로 전형화될 수 있다. '하나의 실존하는 도식, 즉 이미 거기에 존재하는 세계'의 요소로 존재하는 몸 행위의 신경과학적인 모델에 기초한 살아 있는 체계로 재정립될 수 있는 것이다.

주지하듯이, 뇌과학은 출발부터 다학제적이다. 21세기 들어 모든 학문의 대상은 이미 그 학문의 영역을 초월해 있다. 다만 그 학문이 다른 학문 분야들과 엮은 네트워크의 어딘가에 걸려 있을 뿐이다. 미래의 학문으로 예견되는 것 중 하나가 인지과학의 이름으로 학문을 하나로 묶거나, 큰 학문을 보는 이른바 통섭(consilience)이다. 통섭은 인문과학과 자연과학의 통합·융합을 지향하는 새로운 학문의 입장이다. 차세대 기술혁명은 정보통신(IT), 생명(BT), 나노(NT) 등 어느 한 분야에 국한하지 않은 신기술 사이의 통섭 및 융합이 주도할 것으로 예측된다. 따라서 인문학과 자연과학, 사회과학, 공학 등의 학문이 서로 경계를 넘나들어 기존의 높기만 한 장벽을 허물고 이제까지의 과학적 태도를 크게 변화시켜야 할 입장에 서 있다.

끝으로 이 책을 흔쾌히 출간해 준 집문당 임동규 사장님과 원고를 꼼꼼히 다듬어 준 전정아 씨께 감사한 마음을 전하고 싶다.

2014년 1월

대전 궁동 연구실에서

양해림

목 차

제4장 거울뉴런에서 공감으로

제5장 공감에서 프로네시스로

들어가며

우리는 21세기를 인지문명의 시대라 부른다. 인지문명의 시대는 슈퍼컴퓨터의 도움으로 뇌 과학을 발달시켰고 뇌의 구조를 영상화하는 데 크게 기여하고 있다. 그리고 인지문명의 시대는 뇌의 구조를 시냅스로 파악하는 과정에서 정신, 마음, 기계, 물질들의 관계가 서로 동떨어진 것이 아니라 하나로 밀접하게 연결되어 인지할 수 있다는 사실을 발견해 내고 있다. 이와 같이 21세기 인지문명의 시대는 물질과 에너지를 서로 구별하지 않고 마음과 기계가 별개로 존재하지 않게 될 것이라 예측한다. 뉴욕타임지의 권위 있는 칼럼니스트인 데이비드 부르크(David Brook)에 따르면, 21세기는 글로벌라이제이션에 의한 정치적 · 경제적 주장이 아니라 테크놀로지 변화에 의한 인지시대(The Cognitive Age)의 요청이라 말한다. 따라서 그는 21세기 인지시대의 특징을 다음과 같이 분석한다.

> 우리는 인지시대를 열었다는 것을 인식해야 한다. 수많은 정보가 단시간 내에 세계를 넘나드는 테크놀로지로 발전했다. (…) 인지시대는 인지적 패러다임에서 본다면, 서로 다른 국가, 다른 사회들이 비슷한 방식으로 정보적 · 인지적 · 자원적 요구에 대해 반응하며 변화하고 있다. 그렇기 때문에 인지시대는 이제 글로벌라이제이션의 주장에 의한 정치적 · 경제적 · 사회적 정책을 논할 것이 아니라, 최근의 테크놀로지적 변화에 의해 사람들이 어떠한 인지적 요구를 하고 있으며, 그것

이 경제와 사회에 대한 사람들의 이해와 바람의 방식을 어떻게 바꾸어 놓았는지, 그리고 정치, 경제 정책에 미치는 영향이 무엇인지를 심층적이고 체계적으로 분석해야 한다.[1]

위의 인용문에서 보듯이, 이른바 21세기는 인지시대 또는 인지문화의 혁명(Revolution of Cognitive culture)시대라 부른다. 그동안 인간의 마음이 처리될 수 있게 설계된 특정한 정보처리의 개념은 심리학의 인지혁명에서 누락되어 있었다. 이제 인간을 바라보는 관점은 빈 서판에 무엇인가를 기록한 것이라 보는 시각(학습이론)으로부터 문화에 의해 개발된 소프트웨어가 깔려 있는 컴퓨터로 보는 시각(인지이론)으로 이동해 갔다. 특히 인지혁명은 심리학의 외적인 유연성에 집착하기보다 사람들의 '머릿속'에 무엇이 들어 있는지에 대해 높은 관심을 기울여 왔다. 그래서 새롭게 단장한 인지문화의 혁명은 관찰한 어떤 행동을 외부의 유연성으로만 설명하기에는 다소 부족하기 때문에 내부의 인지에 집중하고 있다.[2]

지난 1950년대 후반 이후 인지과학자들은 오랫동안 철학적 전통에서 다루어 왔던 마음의 본질 개념을 본격적으로 연구하기 시작하였다. 바로 21세기 과학혁명을 지칭하는 인지문화의 혁명은 마음의 본질을 새롭게 변화시키고자 하는 시도이다. 그동안 인지문화의 혁명을 주창해 왔던 과학계는 인간 자신과 동물, 컴퓨터, 인간문화체계와 같은 이해의 방식들을 새롭게 설명해야만 한다.[3] 이러한 "인지

1 D. Brooks, "The cognitive Age, New York times Opinion Column article", 2, May, 2008, 9쪽.
2 데이비드 M. 버스, 『마음의 기원』, 김교헌 · 권선중 · 이흥표 옮김, 나노미디어, 2009, 57쪽.
3 이정모, 「'체화된 인지 접근'(Embodied Cognition)과 학문간 통합」, 『철학사상』, 서울대학교 철학사상연구소, 2010, 제30집, 30쪽.

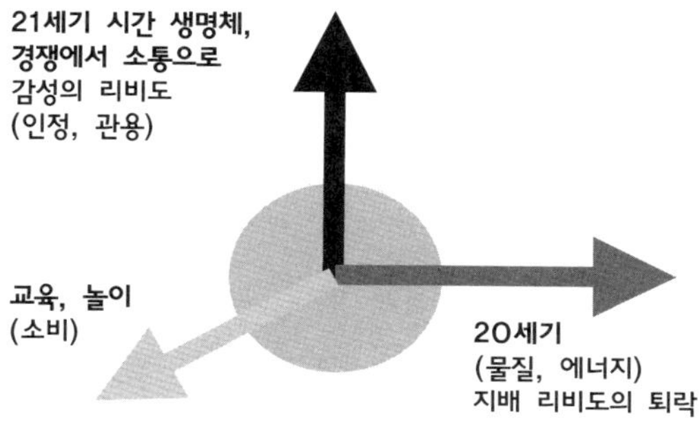

〈인지시대의 도래〉

문화의 혁명은 현재의 정보처리시스템과 거의 유사하다. 이른바 정보처리시스템은 정보란 진정 무엇이며, 그 정보를 변형시키는 절차와 그 절차를 통해 조작되는 자료의 구조는 어떠해야 하며, 정보의 출력으로 생성되는 표상이나 행동은 무엇이어야 하는지를 분명하게 보여주고 있다."[4]

지난 19세기 이후 과학계는 과학주의와 도구적 합리주의를 뒷받침하는 '지배의 리비도'가 대세였다. 그래서 지난 19세기의 과학계는 물질과 에너지를 만들어내는 것에만 급급했던 경쟁과 생산 일변도의 시대였다. 이러한 물질만능주의는 사람들에게 시간과 생명의 소중함에 대해 다시금 일깨워 주었다. 따라서 20세기 이후 과학계는 '감각의 리비도'나 '희생의 리비도'로 점차 전환되어 가고 있다. 이러한 전환은 새로운 시대가 도래함에 따라 상대방을 인정하고 존중하며 자성하는 자세를 견지하고, 경쟁의 패러다임에서 협력, 소통의 패러다임으로 바뀌어야 한다는 주장과 일맥상통한다.[5]

---

4 Tooby, J., & Cosmides, L, "Psychological foundations of culture", in J. Barkow, l., Cosmides & J. Tooby(eds.), *The adapted mind*, New York: Oxford University Press, 1992, 64쪽.

21세기 들어 철학자를 비롯한 인문학자들이 뇌 과학의 중요성을 주장하면서 마음이 뇌이고 뇌가 곧 마음이라는 견해가 뇌과학의 근본 입장으로 점차 굳혀져 가고 있다. 우리말의 '마음(心)' 하면 심장이 떠오르지만, 서양말의 '마인드(mind)'는 기억, 생각, 의도의 의미를 그 어원에 담아 뇌를 떠올리게 한다. 전통적으로 동서양 철학을 막론하고 철학자들은 항상 마음의 본질을 탐구해 왔다. 우리가 무엇을 주장하거나 마음속에 간직하거나 품는다는 것은 그것을 기억속에 보유한다는 것이다. 무엇을 마음속에 불러온다는 것은 기억하거나 회상한다는 것이다. 어떤 것을 마음속에 제거하거나 버린다는 것은 그것을 잊는다는 것이다. 우리가 마음을 터놓는다는 것, 즉 누군가가 우리의 마음을 알게 하는 것은 그 사람에게 우리가 생각하거나 주장하는 바를 말해 준다는 것이다. 우리가 무엇에 전념한다는 것은 그것을 생각하기 시작한다는 것이다. 그리고 마음을 쓴다는 것은 그것에 대해 숙고하거나 몰두하는 것이다. 무엇을 해야 할지 망설이는 것은 아직 결정하지 못했다는 것이다. 마음을 정했다는 것은 결정했다는 것이고, 변심했다는 것은 결정이나 판단을 뒤집는 것이다.[6] 이렇듯 서양말 마인드는 기억, 생각, 의도 등을 뇌에 담아낸다.

하지만 과학자들은 뇌=마음이라는 생각에서 벗어나 뇌 없이도 생명은 있다는 뇌에 대한 과학적 설명을 제시해 왔다. 예컨대 해면동물은 신경 없이 세포가 모여 있는 것만으로도 생명체를 형성한다. 또한 우렁쉥이는 바닷속을 헤엄치는 유생 때에만 뇌를 갖고 있다.

5 김광웅, 「21세기의 학문체계-미래의 지적 산책을 어디서 해야 할까」, 『우리는 미래에 무엇을 공부할 것인가』, 생각의 나무, 2009, 20쪽.

6 맥스웰 베넷 · 피터 마이클 스티븐, 『신경과학의 철학』, 이을상 외 5인 옮김, 사이언스북스, 2013, 219-221쪽.

우렁쉥이는 성장하면 대부분 한곳에 들러붙어 바닷물에 있는 미립자를 먹이로 걸러 먹으며 살아간다. 이런 생물들은 모두 아주 간단한 생명체들이지만, 대체로 편안한 삶을 살아간다. 왜냐하면 이 동물들은 그다지 인간처럼 삶에 대해 복잡하게 '신경 쓸 일'이 없기 때문이다. 대체로 한곳에서 움직이지 않는 동물은 뇌가 필요 없다. 더 이상 필요가 없는 뇌는 점차 소멸한다. 인간은 운동뿐만 아니라 그들 사이의 상호관계, 판단, 의사결정 등을 위해 당연히 더 복잡한 뇌가 필요하다. 인간의 삶은 복잡하지만 훨씬 덜 편안할 수 있다. 덜 편안한 것이 우리 인간 삶의 운명이기도 하다. 흔히 우리가 마음을 비운다는 것은 뇌를 가상적으로 작동 없는 상태로 둔다는 뜻이다.

20세기 들어 심리철학에서 심신문제(心身, Mind-Body Problem)는 자연계에서 인간이 지니는 독특한 이중적 지위를 해명하고자 했다. 한편으로 인간은 자연계에 속하기 때문에 육체적 차원에서 분명히 자연의 지배를 받는 존재지만, 다른 한편으로 인간은 자연을 극복함으로써 오히려 자연을 지배할 수 있는 정신과 이성을 갖고 있다. 지금껏 심신문제는 철학 내부에서 다양한 상황들과 밀접한 관련성을 맺어 왔다. 무엇보다 심신문제는 심적 속성과 물리적 속성 간의 관계를 중요하게 다룬다. 데카르트(Rene Descartes)가 이러한 심신문제를 3백여 년 전에 공식화한 이래로 이는 심리철학의 핵심적 주제로 다루어져 왔다. 심신문제는 우리의 심성과 물리적 특질 간의 관계, 심적 속성과 물리적 속성 간의 관계들을 명확히 구분하고 이해 가능하게 한다. 즉 심신문제는 어떻게 우리의 생물학적·물리적인 세계로 하여금 생각, 소망, 죄책감, 당황스러움과 같은 심적 상태를 갖게 할 수 있는가? 인간은 심신문제에서 물리적 속성과 심적 속성

사이에 어떠한 질적 차이를 갖고 있는가? 우리로 하여금 신비로우면서도 곤혹스럽게 만드는 심신문제는 물리적 속성과 어떠한 관계인가?[7]에 대한 해답을 준다.

먼저 심신문제는 윤리학의 도덕적 책임 근거에 대해 반성을 하게 하는 자유와 필연의 문제, 인간과 생명의 존엄성을 다루는 생명윤리의 문제, 인간의 마음과 컴퓨터 사이의 관계 등에 지대한 영향을 미친다. 실제로 컴퓨터는 외면상 드러나는 인간 정신활동의 상당부분을 시뮬레이션할 수 있다. 컴퓨터가 과거에 상상했던 것 이상으로 발전해 왔음을 염두에 둔다면, 향후 컴퓨터 미래의 발전이 어디까지 미칠 수 있을지, 그리고 그 한계에 대해 사전(事前)에 명확한 선을 어디까지 그을 수 있는지에 대한 답변을 얻기란 그다지 쉽지 않다. 최근에 심신문제는 신경과학, 인지과학, 사회생물학, 분자생물학, 사회심리학, 진화심리학과 같은 다양한 학문의 영역으로 확장해 가고 있다. 그래서 심신문제는 미시적인 관점에서 거시적인 방향으로 접근해 가면서 철학적 · 형이상학적으로 다가설 수 있는 통로를 제시해 주고 있다. 자연이 자연과학의 대상이고 인문 · 사회과학의 대상이 되는 거시적인 것의 일반을 '문화'라고 한다면, 심신문제에 대한 논의는 최근에 관심의 대상으로 떠오른 문화연구의 토대를 구축하기 위해서도 중요하다. 따라서 문화야말로 인간정신의 의미, 상징, 표상 작용에 의해 성립함을 뜻한다.[8] 그래서 인간의 인지과정이 문화적 요소에 영향을 받는다는 생각은 오래전부터 있어 왔다.[9] 브루너(Bruner)는 서로 다른 문화적 배경에서 실시된 심리학적 실험에

---

7 김재권, 『심리철학』, 하종호 · 김선희 옮김, 철학과현실사, 2004, 22쪽.
8 백도형, 「심리철학과 심신문제」, 박영태 외, 『과학철학-흐름과 쟁점, 그리고 확장』, 창비, 2011, 382쪽.
9 Spencer, 1888: Werner & Kaplan, 1965.

근거한 실증연구를 중요하게 평가해 왔다. 브루너에 따르면, 문화는 언어나 그 밖의 상징적 기호 등 다양한 도구를 갖추어야 한다. 문화는 이러한 도구를 잘 이용하는 기술로서 지능을 형성한 것이다. 특히 브루너는, 문화를 학교체계에서 언어를 중심으로 교육을 진행해 왔던 추상적·분석적 사고양식을 키워야 한다고 강조한다. 즉 그는 서로 다른 문화적 배경에서 학교 제도가 개입된 경우를 주목한다.

콜과 스크리브너(Cole & Scribner)에 의해 제기된 새로운 비교인지 문화의 연구는 문화에서 발생하는 인지과정 연구방법론에서 근본인 메타이론의 변혁에 주목하고자 한다. 종래의 비교인지 연구의 방식은 다른 문화에서의 인지과정이 자기문화의 인지과정과 어떻게 다른지를 단순하게 설명하거나, 서른 다른 문화에서 나타나기 쉬운 인지의 능력을 비교하는 차원에 머물렀다.

일반적으로 사람들은 다른 문화에 대해 많은 관심을 갖고 있으며, 자신의 문화와 다르면 더욱 홍미를 느낀다. 예컨대 미국인은 귀고리와 반지를 끼고 있지만, 어떤 아프리카 문화에서는 코에 뼈를 끼우고 입술에 문신을 새긴다. 콜과 스크리브너는 이러한 사고방식에 대해 변혁의 필요성을 강조해 왔다.[10] 인지진화의 역사에서 인간의 뇌가 주인공으로 행사하기 시작한 것은 그다지 오래되지 않는다. 공상과학의 수준에서 인간의 뇌는 몸을 옮겨 다니며 새로운 존재방식을 찾고 몸을 통제할 수도 있지만, 몸이 없으면 지나가는 하잘것없는 강아지에게도 꼼짝없이 먹힐 수 있다. 이 지점에서 우리는 생명의 종결을 뇌사로 규정하는 데에 물음표를 던질 수도 있다. 반면 우리

10 사에키 유타카, 『인지과학의 혁명』, 김남주 외 옮김, 에이콘, 2010, 184-185쪽.

가 간이나 심장을 이식받으면 동일한 사람일 수 있겠지만, 뇌를 이식받는다면 다른 사람이라는 가설적 주장은 설득력이 있어 보인다. 그런데 뇌 이식이 얼마나 가능할지는 여전히 물음표이다. 인간의 뇌는 아직도 신비의 영역이다. 그렇기 때문에 인간의 뇌는 여전히 매혹적인 탐구과제이다. 뇌에 대한 가설이 그렇게 많은 이유도 이 때문이다.

이런 가운데 과학자들은 '뇌가 뇌 스스로를 위해' 발달하는 것은 아닌가 하는 가설을 펼치기도 한다. 뇌는 쾌감을 느끼며 쾌감을 위한 요구를 한다. 단적인 실례로 뇌가 중독현상을 보이면 당장 알 수 있는데, 흔히 우리가 마약에 중독되면 몸은 망가지더라도 뇌는 지속적으로 마약을 요구한다. 이때에 뇌는 몸과 독립적으로 자신의 쾌락을 위해 명령을 내린다. 또한 우리가 성행위를 원하는 것도 뇌가 쾌감을 느끼기 때문이라고 볼 수 있다. 이런 과학적 가설들은 점차 다양한 철학적 문제들을 제기한다. 이런 맥락에서 보자면, 인간이 훌륭한 행위를 하는 것도 '뇌의 즐거움' 때문이라고 해석할 수 있다. 예컨대 우리가 남을 위해 자신을 희생한다든가, 자신의 몸을 아끼지 않는 종교적 순교의 경우가 그렇다. 이런 행동들은 뇌에 보람을 느끼는 동기를 제공하기 때문에 가능하다고 보는 것이다. 이런 현상들은 "뇌가 보기에 좋았더라!"는 말로 해학적으로도 표현된다. 하지만 이는 한 분야의 과학자가 자기 사고의 네트워크를 어떻게 어디까지 펼치고 있는지 보여주는 단편일 뿐이다.

심신문제는 오랜 '해석학'[11]의 역사에서도 찾아볼 수 있다. 해석학

11 해석학의 어원은 그리스 신화의 헤르메스(Hermes)에서 유래한다. 해석하다(to interpret)로 번역되는 그리스어의 동사 헤르메네웨인(ἑρμηνειν, hermenein)과 해석(interpretation)으로 번역되는 명사 헤르메네이아(ἑρμηνεία, hermeneia)에서 나왔다. 동사로 번역되는 헤르메네웨인과 명사로 번역되는 헤르메네이아는 날개 달

은 오랜 역사에 걸쳐 신학·철학·문학·법학 등 다양한 영역에서 다루어져 왔다. 최근의 현대해석학은 텍스트 이해와 해석에 관한 이론으로서 전문영역뿐만 아니라 우리의 일상생활에까지 깊숙이 영향을 미치고 있다. 우리는 서로 대화를 나누고 각자의 행위에 대해 이해를 구하거나 다른 사람들이 생각하고 말하는 것을 파악하고자 하며, 서로의 마음을 이해하려고 노력한다. 특히 우리가 공통된 행위를 하고자 할 때에는 서로의 마음을 이해하고자 하는 노력을 더욱 필요로 한다. 하지만 우리가 서로를 어느 정도 이해한다고는 하지만, 오해는 언제나 생겨날 수 있으며, 우리는 많은 질문과 토론을 통해 서로 오해의 요소들을 제거하고자 한다. 이런 점에서 우리가 서로에 대해 이해를 하고자 하는 것은 한 사회의 구성원으로서 우리 삶의 본질적인 토대를 형성한다. 일반적으로 해석학은 의미의 해석에 대한 이론으로 규정된다.

해석학의 근대적 기원은 17세기 초엽 이후부터인데 예술철학, 언어철학 및 문예비평의 논제로 등장하기 시작했다. 먼저 해석학은

린 사자신(使者神)이라 불리는 헤르메스까지 소급된다. 하지만 그 낱말의 어원은 오랜 역사만큼이나 다소 모호하다. 흔히 헤르메스는 신의 메시지를 인간에게 전달해 주는 전달자, 이를테면 신의 사자(使者)였으며 신의 말씀을 선포하는 자였다. 헤르메스는 신의 메시지를 인간에게 전달하는 단순한 사명뿐만 아니라 신탁을 인간이 이해할 수 있는 언어로 설명하기도 하였다. 말하자면 그의 사명은 인간의 세계와 근본적으로 다른 세계의 의미연관을 인간의 세계에서 이해되는 의미로 옮겨 주어야 했다. 헤르메스는 제우스나 다른 신들의 말을 인간들에게 전달하는 신이다. 제우스의 말을 전달하기 위하여 헤르메스는 먼저 그의 입으로 어떤 말을 소리 내어 말해야 하고, 듣는 사람이 더 잘 이해할 수 있도록 설명해야 한다. 신의 말을 직접 이해할 수 없는 인간들에게는 외국어를 자국어로 바꾸듯이 번역해야 한다. 이러한 헤르메네웨인은 통상적으로 세 가지의 의미로 구별한다. 즉 ① 말하다(표현하다: ausdrücken, 진술하다: to say), 어떤 상황을 설명할 때와 같이 ② 설명하다(해설하다, 해석하다: auslegen, to explain), 외국어를 번역할 경우에서처럼 ③ 번역하다(통역하다: übersetzen, to translate)로 구별된다(양해림, 『현대해석학강의-개정판』, 집문당, 2011, 17-18쪽).

문헌적 해석학을 위한 기초적·예비적 분야로 출발한다. 웹스터 제3 국제사전에서는 해석학을 해석과 설명의 방법론적 여러 원리에 대한 연구라 정의하고 있다. 또한 해석학은 문학해석에 적합한 접근 방법을 모색한다. 이런 관점에서 해석학은 서로 다르면서도 상호작용한다. 따라서 해석학은 두 가지의 관점에서 파악할 수 있다. 하나는 텍스트의 이해이며 다른 하나는 '이해와 해석은 과연 무엇인가?'라는 아주 포괄적 물음이다. 또한 해석학은 이해이론의 두 영역을 함께 취급한다. 하나는, '텍스트의 이해라는 사건 속에 무엇이 포함되어야 하는가?'라는 물음이며, 다른 하나는, '가장 기본적이고 실존적인 의미에 있어서 이해 자체란 무엇인가?'라는 물음이다. 따라서 해석학이란 용어는 해석의 이론, 적절한 텍스트 주석의 여러 원리라는 뜻을 함축하고 있다. 다시 말해 해석학은 이해시킴에 관한 이론, 즉 해석의 이론(Lehre der Auslegung)을 일컫는다. 딜타이(Wilhelm Dilthey, 1833~1910)는 해석학이란 낱말의 이러한 용법에 대해 다음과 같이 표현한다.

> 문자로 고정된 삶의 표현들을 이해하는 기술에 관한 이론을 우리는 해석학이라 부른다.[12]

단지 문헌들뿐만 아니라 몸짓이나 행동들도 삶의 표현으로서 이해할 수 있다. 이에 따라 해석학이란 말은 훨씬 넓은 의미로 사용된다. 딜타이의 진정한 의도는 정신과학의 토대를 설정하는 일과 더 나아가서 체험표현·행위표현 등에 걸쳐 폭넓은 이해의 기술에 관해 학문적인 근거를 설정하는 데 있었다. 다시 말해 이해의 대상은 결

---

12 Wilhelm Dilthey, *Gesammelte Schrift*, V, Stuttgart, 1957, 319쪽.

코 문자로 표현된 작품에만 제한되지 않고 인간이 만들어낸 모든 문화적 표현, 즉 사회 · 법 · 제도 · 종교 · 예술 등에서 나타난 인간의 행위가 인간의 역사에 흐르는 모든 영역에 걸쳐 있다는 것을 암시한다.

지금까지 근 · 현대의 해석학은 상이한 방식들로 정의되어 왔는데 다음과 같이 6개의 부류로 정리할 수 있다. 즉 ① 성서주석의 이론, ② 일반적인 문헌학적 방법론(볼프, 아스트), ③ 모든 이해에 관한 학문(슐라이어마허), ④ 정신과학의 방법론적 기초(딜타이), ⑤ 실존과 실존론적 이해의 현상학(하이데거), ⑥ 신화나 상징의 배후에 있는 의미를 이해하기 위해 사용되었던 우상파괴적인 해석의 체계(리쾨르, 데리다)들이 그것이다.[13]

오랜 전통을 지닌 해석학은 인지의 본성을 이론적으로 인식하는 에피스테메에 머물러 있었다. 즉 지금까지 선험적 이성에 머물러 있었던 현대해석학은 실천적 지혜로서의 '프로네시스(phronesis)'로 전환되면서 새로운 국면을 맞이하고 있다. 그러나 해석학이 딜타이를 위시하여 하이데거, 가다머, 그리고 하버마스와 같은 현대해석학의 이론을 거쳐 오면서 그동안 축적해 놓은 이론적 성과에도 불구하고 이성중심주의라는 비판에서 자유롭지 못했다. 즉 지금까지 해석학의 초월적 관념의 태도, 인간능력에 대한 낙관적 신념의 태도들은 자주 문제점으로 지적되어 왔다.

이제까지 전통적인 해석학의 한계를 극복하고자 했던 푸코(Michel Foucault), 들뢰즈(Gilies Deleuze), 라캉(Jacques Lacan) 등을 비롯한 현

---

13 현대해석학의 역사적 흐름에 대한 자세한 내용은 다음을 참조: 양해림, 『현대해석학 강의–증보판』, 집문당, 2011: 리처드 팔머, 『해석학이란 무엇인가』, 이한우 옮김, 문예출판사, 2006.

대의 해체론적 해석학자들도 있었지만, 이들도 비물질적인 이해의 현상은 자연과학의 대상이 될 수 없다는 낡은 과학관으로부터 그다지 자유롭지 않았던 까닭에 기존의 이론적 한계를 달리 반복할 수밖에 없었다. 예컨대 메를로퐁티(Maurice Merleau-Ponty), 푸코, 들뢰즈와 같은 현대철학자들은 현상학과 해석학의 영역에서 이해의 본성을 함축적으로 전개해 왔다. 이들 철학자들은 정신적 현상을 적극적으로 몸과 관련시켜 논의함으로써 해석학의 지평을 한층 넓혀 주었다. 그러나 이들이 현대해석학에서 강조하는 몸도 존재론적 수준에 머물렀기 때문에 기존의 한계를 온전히 벗어나지 못했다. 애초에 메를로퐁티가 존재론적 관점에서 육체경험과 몸의 메커니즘을 통해 마음의 문제에 접근했을지라도 아직 온전한 의미의 인지과학적 접근은 아니었다. 메를로퐁티의 인식론적 프로네시스는 주체와 객체의 일원론적 모델에 입각한 문화, 즉 마음과 몸, 인간과 인간, 인간과 사물, 나아가 사물과 사물 사이에서 동시적으로 편재하며 상호 소통하는 네트워크의 공간이었다. 왜냐하면 프로네시스는 '유비쿼터스 공간(espace d'ubiquïté)'에서 창출되는 인간의 자기 활동적 산물로서의 문화를 구성하는 인식주체이기 때문이다. 물론 이제까지 유비쿼터스의 공간에서 창출되는 문화의 객체이자 외부에서 문화를 인식하는 주체의 이성기능으로서 프로네시스에 대한 인식론적인 탐구가 없었던 것은 아니다.

여기서 우리는 지금까지 전통적인 서양철학의 주체와 객체, 정신과 물질 사이의 '이분법적 사고방식'[14]을 해체하여 마음=몸+뇌+환경이라는 등식을 따르는 인지과학의 방법론을 살펴볼 필요가 있다. 먼

---

14 이분법에 대한 자세한 내용은 다음을 참조: 안건훈, 『이분법적 사고방식』, 서광사, 2012.

저 프로네시스는 두뇌에 의한 정신활동이나 육체의 인지기능을 단순히 추상적 논리로 다루지 않고 자연과학의 구체적 논리를 갖고 해명하고자 한다. 현대해석학이 지금까지 추상적 관점에 머물러 있어왔다는 지적이 타당한 것이라면, 인지과학에서 그 한계의 탈출구를 어느 정도 찾을 수 있을 것으로 생각된다. 왜냐하면 인지과학은 사람의 두뇌에 의한 정신활동이나 육체의 기능을 단지 추상적으로만 취급하지 않고 물질적 측면을 다루고자 하는 학문이기 때문이다. 전통적으로 고전해석학은 대체로 정신적 측면에서 해석과 연관된 이해 문제를 다루어 왔다. 즉 기존의 전통해석학은 물질적 측면에서의 이해과정들, 즉 몸을 사용한 모방(미메시스)과 같은 개념들에 대해 그다지 세심한 관심을 기울이지 않았다.

그러나 이러한 부류의 이해과정들은 인간들 사이에서 벌어지는 사회적 행위와 상호작용을 구성하는 실제 요소이다. 현대해석학이 이러한 메커니즘을 설명하기 위해서는 컴퓨터(인공지능) 과학이나 뇌과학과 같은 공학적 연구결과물들에 대한 통섭적인 관심을 필요로 하고 있다. 특히 향후 인지과학의 중요성은 미래의 과학기술에 대한 다양한 연구에서도 잘 드러나고 있다. 예컨대 "새로운 미래의 대학은 기초교육원과 통섭대학원이 주축이 되어야 한다"[15]는 미래학자나 사회과학자들의 진단에 문을 열어 놓아야 한다. 향후 코그노(cogno) · 나노(nano) · 바이오(bio) · 인포(info) · 디지그노(digigno) 분야들은 다른 통합과학(대학)과 연계되는 기본분야로서 모든 학문의 기초가 될 전망이다. 그래서 전문가들은 대학의 기초인 인문과학, 사회과학, 자연

15 김광웅, 「미래의 지적 산책을 어디에서 어떻게 할까」, 김광웅 엮음, 『우리는 미래에 무엇을 공부할 것인가?』, 생각의 나무, 2009, 32쪽.: 이정모, 「제1장 인지과학이란 무엇인가?」, 『인지과학』, 성균관대학교 출판부, 2009, 28쪽 재인용.

과학, 공학 등을 포함하는 인지과학에서 새로운 틀을 주문한다.

미국정부는 지나온 1990년대를 '뇌의 10년'으로 지정했다. 미국정부는 지난 10년 동안에 신경과학의 엄청난 성장을 목격하면서 새로운 21세기의 처음 10년은 '마음의 10년'이 될 것으로 예견했다. 이러한 예측은 인간유전체 계획(Human Genome project)이나 기술의 성공에 힘입어 뇌의 언어들과 마음의 언어들 사이에 복잡하게 얽혀 있는 네트워크를 이해하고 해독하는 과제를 과학의 최전선으로 간주했다.[16] 여기에 발맞추어 미국, 유럽, 일본을 비롯한 선진 국가들은 뇌신경과학의 연구에 점차 박차를 가하고 있다.

앞에서 살펴보았듯이, 우리는 오랜 해석학의 역사에서 최근의 뇌과학의 연구 성과를 통해 거울뉴런이론을 검토 및 수용하여 현대해석학의 지평을 보다 확장할 것이다. 그리고 현대해석학을 뇌과학적 사유와 긴밀한 연관성을 갖고 살펴보게 될 것이다. 이러한 시도는 인문학이 뇌과학, 자연과학과의 대화를 통해 지금까지 전통적 해석학의 한계점을 자각하고 그 출구를 활짝 열어주는 계기를 마련해 줄 것이다. 더 나아가 현대해석학이 "신경현상학"[17]이나 인지과학의 단계를 점차 끌어 올리는 데 일조할 수 있을 것이다. 또한 현재 진

---

16 데이 리스 · 스티븐 로즈, 『새로운 뇌과학』, 김재영 · 박재홍 옮김, 한울, 2010, 11쪽.

17 바렐라나 발덴펠스가 언급한 것처럼 "뇌과학과 대화하는 현대의 철학들"을 "신경철학"(neurophilosophy) 혹은 "신경현상학"(neurophenomenology)으로서 호명할 수 있는 것(F.Varela, Neurophenomenology: "A Methodological Remedy to the Hard Problem", in: *Journal of Consciousness Studies 3*, 1996, 330-350쪽, 그리고 B. Waldenfels, Phänomenologie der Augmerksamkeit, Frankfurt. a. M., Main, 2004, 73-80쪽)이라면, 비록 인지과학의 우회적 관점에 의해서이기는 하지만, 어떤 방식으로든지 뇌과학의 연구결과들과 소통을 통해 '해석학적' 신경철학 내지 '해석학적 신경현상학'으로 불릴 수 있을 것이다. 또한 뇌의 기능과 강화는 신경윤리학의 분야로 점차 확대되고 있다(홍성욱 · 장대익 엮음, 『뇌 속의 인간, 인간 속의 뇌』, 바다출판사, 2010: 마이클 가자니가(2010), 『윤리적 뇌』, 김효은 옮김, 바다출판사, 2010, 서울).

제1장

인지 · 통섭 · 유비쿼터스Ubiquitous의 시대

1. 인지란 무엇인가?

인지라는 개념은 앎(knowledge)을 뜻한다. 인지는 인식이라는 개념과 종종 비교된다. 인식이 사용하는 용법에 따라 다소 수동적인 과정을 일컫거나 의지와 같은 능동적인 지적 과정들을 모두 포괄하지 못하는 협의의 개념을 지닌다면, 인지는 보다 능동적인 의미를 강조하여 지적 과정의 전체를 포괄하는 심리적 과정을 뜻한다. 따라서 인지는 넓은 의미로 "지(知), 정(情), 의(意) 대부분을 포함하는 능동적인 심적 활동"[1]을 의미한다. 즉 인지는 정보 또는 지식에 있어서 의식적인 지식뿐만 아니라 무의식적인 지식 모두를 포괄한다. 인간의 인지는 소프트웨어와 하드웨어의 양면적 속성을 지니고 있기 때문에 신경생물학적 기초와 분리시켜 생각할 수 없다. 최근 들어 인지라는 개념은 한 개인의 뇌에서 존재하는 인지나 지식의 개념을 넘어선다.

---

1 이정모, 앞의 책, 38쪽.

예컨대 우리는 컴퓨터, 메모장, 만년필 등의 인공물 없이, 사회문화 체계를 전제하지 않고 사고나 기억, 글의 표현, 커뮤니케이션, 직업 수행 등을 제대로 수행할 수 없다. 다시 말해 인지는 인간의 동기, 정서, 무의식적 태도에 대한 앎, 의식화되지 않는 앎 등을 총괄한다. 21세기 들어 인지는 우리의 뇌를 벗어나 우리를 둘러싸고 있는 환경과 인공물, 인공체계 등에 적용하여 분산된 인지(distributed cognition)[2] 확장된 인지(extended cognition)로 정의된다. 이렇게 인지의 개념은 "한 개인이 사고(思考)하는 한 부분"[3]이라는 상식적인 의미가 아니라 두뇌-환경을 연결하는 지식을 응용하는 과정이자 내용의 전체를 포괄하는 뜻을 갖고 있다. 따라서 인지의 연구를 수행하는 이유는 크게 네 가지 특징으로 분류할 수 있다.

첫째, 인지의 연구는 개별적인 노력으로는 불가능할 뿐만 아니라 학제 간 연구에서 보다 나은 결과를 기대하고 있기 때문이다. 둘째, 인지의 연구는 마음의 기능 측면에서 인지에 주된 관심을 갖고 있지만, 정서의 역할이나 사회적 · 역사적 요인이 마음에 미치는 영향에 대해서도 소홀할 수 없기 때문이다. 셋째, 인지의 연구가 반드시 인공지능의 컴퓨터를 중심대상으로 삼고 있지는 않지만, 마음의 이해를 위해 필요하기 때문이다. 여기서 인지의 연구는 기호를 조작하는 컴퓨터를 마음의 기호체계로 생각하는 인지과학의 모델에 보다 적합하다. 넷째, 인지의 연구는 서로 상이한 분야임에도 불구하고 아주 중요한 기본전제를 공유하고 있기 때문이다. 인간의 인지활동은 반드시 기호와 같은 정신적 표상에 의해 기술된다.[4] 이렇게 인지

---

2 분산된 인지에 대한 자세한 내용은 다음을 참조: 이영의, 「분산된 인지와 마음」, 『철학연구』, 제36집, 고려대학교 철학연구소, 2008, 3-30쪽.

3 이정모, 『인지과학-학문간 융합의 원리와 응용』, 성균관대학출판부, 2009, 39쪽.

4 이인식, 『지식의 대혁명』, 고즈윈, 2008.

의 연구는 학문 간 연구, 마음의 기능 이외에도 정서 · 사회적 · 역사적 요인, 인공지능의 컴퓨터 연구를 비롯하여 인간의 기본전제를 공유하는 연구에 주된 관심을 갖는다.

하지만 최근의 인지의 연구가 마음의 신비를 다양한 관점에서 탐구해 왔음에도 불구하고 그다지 새로운 관심대상은 아니었다. 왜냐하면 인지에 대한 관심은 오랜 고대철학에서도 진행되어 왔기 때문이다. 예컨대 아리스토텔레스나 플라톤과 같은 고대 그리스시대의 철학자들은 이러한 주제에 관해 심도 있는 연구를 진행해 왔다. 특히 아리스토텔레스는 우리의 통념과 마찬가지로 영혼(soul)은 살아있는 육체 속에 존재한다고 생각하였다. 영혼은 통상적으로 프시케(psuchē)라고도 번역되는데, 생명을 지닌 자연현상, 기관을 가진 자연물의 최초형태라 일컫는다. 프시케는 동물의 생명원리이고, 식물의 생명원리이기도 했다.[5] 그래서 영혼은 기관을 지닌 생물의 본질적인 기능, 즉 그것의 특성을 나타내는 기능으로 이루어져 있다. 어떤 생명체이든지 기관을 갖고 있기 때문에 그 본질적 기능을 실행시킬 수 있다.[6] 아리스토텔레스는 영혼을 기독교적 의미의 독립된 영혼이 아니라 감각이나 운동, 성장과 같은 육체와 연관된 생명체로 보았다. 엄밀히 말해 그는 영혼이 분리된 육체가 아니라 생명체의 힘이라 생각하였기 때문에 영혼을 지닌 존재가 실행하는 고유의 능력을 영혼에 부여하는 오류를 범하지 않았다. 이렇게 아리스토텔레스를 비롯한 고대인들에게서 영혼은 생명과 더불어 살았다. 그렇기 때문에 이런 그리스시대의 전통에서 생명은 독립된 것이 아니라 자연과

---

5 백스웰 베넷 · 피터 마이클 스티븐, 『신경과학의 철학』, 이을상 외 5인 옮김, 사이언스북스, 2013, 48쪽.

6 백스웰 베넷 · 피터 마이클 스티븐, 앞의 책, 52쪽.

더불어 일어나는 쇠퇴현상이었다. 그래서 아리스토텔레스는 사유하는 주요기관이 뇌가 아닌 심장이며, 뇌의 주요기능은 피를 식히는 것이라 믿었다.

그러나 16세기에 이르자 뇌와 마음의 어렴풋한 연관성, 즉 보고, 듣는 것이 뇌의 해부구조에 의존한다는 사실을 일반적으로 인식하게 되었다. 19세기 말에 이르러 세포를 염색하는 새로운 화학기법이 발달하면서 뇌의 작동방식에 대한 새로운 이해가 열렸다. 즉 뇌의 이해는 뇌를 구성하는 세포들을 확인하면서 비로소 시작되었다고 볼 수 있다. 수많은 신경세포들 사이의 상호작용이 다양한 생각을 지원할지 모른다는 상세한 가설들을 공식화하고 시험하는 일은 컴퓨터가 발달하면서 가능해졌다.[7] 20세기 현대에 들어와 뇌의 이해와 관련해서 영혼 대신에 마음(mind), 정신(mind), 심리(psycho) 내지 의식(consciousness)이라는 용어가 즐겨 사용되었다. 예컨대 우리는 '따뜻한 마음', '뿌듯한 마음'이라고 표현하지만, '따뜻한 정신', '뿌듯한 정신'이라 말하지 않는다. 그리고 '마음이 끌린다'라는 표현은 '정신이 끌린다', '정신이 팔린다' 또는 '정신이 끌린다'라는 표현과는 다른 뜻을 갖고 있다. 마음은 심장과 관련이 있는 것처럼 보이만, 오히려 정신은 심장과 관련되어 있는 것처럼 보이지 않는다. 그래서 마음은 이성이 전혀 모르는 자신의 이성을 가지고 있다.

무엇보다 마음의 문제는 많은 관점에서 논의되어 왔으며, 지식(또는 습관, 행동, 지각, 사고의 습관)이 마음 깊은 곳으로 스며져 있다.[8] 이렇게 오랜 세월 동안 인간의 사고활동이 두뇌가 아니라 마음에서 일어난다고 생각해 왔다. 마음이나 정신 모두는 기본적으로 인간에

---

7 폴 새가드, 『뇌와 삶의 의미』, 김미선 옮김, 필로소닉, 2011, 85쪽.
8 그레고리 베이트슨, 『마음의 생태학』, 박대식 옮김, 책세상, 2006, 244쪽.

만 고유한 사고활동과 연관되어 사용되는 용어들이다. 오랜 기간에 걸쳐 마음은 그 사고활동이 두뇌가 아닌 심장에 있다는 역사적 오해로 인해 종종 심장과 연관되어 비교되었다.

최근 "프로이트"[9] 학파의 정신분석이론, "스키너(B. F. Skinner)"[10] 학파의 강화이론 그리고 연결주의와 같은 인간마음에 관한 이론들이 심리학자들로부터 많은 주목을 받아 왔다. 현대 인지과학에서 마음이라는 실체는 더 이상 존재하지 않는다. 우리가 일상적으로 마음이라 부르는 것은 단지 몸이나 뇌의 기능에 불과하다. 마음이 실제 대상이 아니라 그런 대상의 기능으로 흘러가고 있다. 즉 현대 인지과학이나 신경과학의 주도적 흐름은 물리주의, 기능주의, 제거주의들을 통해 이러한 방향으로 전개되고 있다.[11] 따라서 현대 인지과학에서 인간의 마음은 다음과 같은 내용을 다루고 있다.

첫째 마음은 역사적 오해와 무관하게 사고 내지 인지의 영역만을 지칭하는 데 사용된다.

둘째, 마음은 역사적 오해에서 연유된 의미를 지닌다. 이 경우 마음은 감정적, 정서적 측면을 지닌다.[12]

---

9 프로이트는 자기 자신을 돌아보는 것으로는 자신의 무의식과정을 이해할 수 없다고 주장했다. 오직 훈련된 중립적 외부의 관찰자, 즉 정신분석가만이 다른 사람의 무의식을 식별할 수 있다. 또한 프로이트는 관찰 가능한 실험적 증거를 선호했다. 그는 표면적 행동을 내면적인 의식적·무의식적 상태를 조사하기 위한 여러 수단의 하나로 여겼다(에릭 캔델, 『기억을 찾아서』, 전대호 옮김, 랜덤하우스, 2011, 63쪽).

10 스키너는 행동주의 창시자들이 윤곽을 제시한 철학적 방향을 따랐다. 그들은 과학적인 심리학은 공개적으로 관찰할 수 있고 객관적으로 수량화할 수 있는 행동의 측면만을 다루어야 한다고 주장했다. 스키너를 비롯한 행동주의자들은 오직 관찰 가능한 행동에만 초점을 맞추어 정신적 삶에 대한 언급과 자기성찰의 노력을 그들의 연구에서 배제시켰다. 예컨대 느낌, 사고, 계획, 욕망, 동기, 가치관과 같은 내적인 상태의 개인적 경험들은 과학적으로 접근할 수 없으며, 행동과학에 불필요하다고 여겼다(에릭 캔델, 앞의 책, 62-63쪽).

11 이영의, 「논리중심적 철학치료적 성격」, 『범한철학』, 제65집, 범한철학회, 2012, 149쪽.

12 김영정, 『심리철학과 인지과학』, 철학과현실사, 1996.

이렇게 오랜 역사를 거치면서 마음은 인지, 감동, 동기의 3대 요소가 서로 뒤섞여 있는 것으로서 인식되어 왔다. 이 세 가지의 요소는 단일한 마음의 기능을 보여주는 다른 측면으로 인식되기도 하지만, 서로 뚜렷이 구별되는 별개의 능력을 갖고 있는 것으로 간주되어 왔다. 20세기에 들어오면서 마음이 이러한 정신과 연관되었다는 인식은 거의 사라졌다. 행동주의자들이 득세하면서 심리학은 이러한 세 부분의 요소를 논쟁거리로 삼으면서 마음 전체를 무시했다. 21세기 인지혁명이 심리학에 다시 마음을 불러들였지만, 생각이나 인지과정들만 강조되고 감정과 동기는 여전히 무시되었다. 우리가 왜 특정한 대상들에 대해 주의를 기울이고, 기억하며, 생각하는지를 이해하는 것은 여전히 중요하다.[13] 마음에 대한 가장 근본적인 두 가지의 문제는 '우리에게 지능을 가능하게 하는 것은 무엇 때문일까?' 그리고 '우리에게 의식을 가능하게 하는 것은 무엇 때문일까?'라는 물음이다.

현대사회에 인지과학이 출현하면서 지능의 비밀을 보다 상세하게 이해할 수 있게 되었다. 인지과학이 여전히 추상적인 분석의 지식으로 보일 수도 있지만, 첫 번째 질문은 어느 정도 해결되었다고 볼 수 있다. 하지만 우리의 의식 혹은 감각력은 아직도 수수께끼로 남아 있다. 예컨대 치통, 빨강, 짠맛, 음계와 같은 1차적 감각은 여전히 베일에 싸인 채 수수께끼로 남아 있다. 이것은 '재즈가 무엇이냐?'라는 질문에 대한 답변을 정확히 이끌어내지 못하는 것과 같다.[14] 우리가 다른 사람의 감정 상태를 어떻게 알아볼 수 있을까?

---

13 조지프 르두, 『시냅스와 자아』, 강봉균 옮김, 동녘사이언스, 2011, 293쪽.
14 스티븐 핑커, 『마음은 어떻게 작동하는가』, 김한영 옮김, 동녘사이언스, 2010, 106–107쪽.

그리고 우리는 다른 사람의 감정 상태를 어떻게 의식적으로 평가할 수 있을까? 또한 의식의 감정 상태는 저절로 느껴지는 것일까? 이와 같은 물음들에 대해 답변을 이끌어내는 것은 그렇게 쉽지 않다. 뇌과학자 가자니가(Michael Gazzaniga)는 마음을 읽는 이론에서 마음의 정신적·감정적 상태를 다음과 같이 두 가지 측면에서 파악한다.

첫째, 마음은 모방이론(simulation theory)에서 나온다. 마음은 의도적이며 자발적으로 다른 사람의 감정 상태를 자기 마음속으로 재현해 보는 방식으로서 상대방의 감정 상태를 추론해 낸다.[15] 모방이론의 근원지는 딜타이의 감정이입을 통한 이해이론에서 발견할 수 있다. 하이데거는 선이해, 가다머는 선입견의 이론에서 딜타이의 해석학적 전통을 계승했다. 즉 딜타이의 이해이론은 사회과학과 상식 사이에 놓여 있는 이해를 방어했다. 즉 모방이론은 자기 자신을 다른 사람의 입장에 놓고 그 사람의 상황에서 우리가 어떻게 할 것인지를 헤아려낸다. 그렇게 하여 모방이론은 타자가 처한 상황에 대해 공감하거나 사상적 투사(投射)를 하거나 '타인의 입장에서 생각해 보는 것'이다. 대체로 심리학자들이 어떠한 역할놀이나 '입장 바꾸기'의 용어를 사용하여 모방이론을 표현하곤 한다.[16] 먼저 우리가 자료들을 갖고 어떻게 해야 할 것인지를 상상해 보는 것이다. 모방이론은 행동을 판단하기 위해 이론이나 지시체, 혹은 규칙들을 사용하는 것은 아니다. 그리고 모방이론은 '우리 자신의 마음과정에서 다른 사람의 마음도 조작 가능한 모형'으로 간주한다.

둘째, 마음은 이론-이론(theory-theory)을 정립하는 데서부터 시작한다. 한 개인이 선천적이든 후천적이든 간에 자신만의 심리를 이용하

---

15 마이클 가자니가, 『왜 인간인가?』, 박인균 옮김, 추수밭, 2009, 212쪽.
16 A. I. 골드먼, 『철학과 인지과학』, 석봉래 옮김, 서광사, 1998, 113쪽.

여 다른 사람과 어떻게 반응하는지, 그리고 다른 사람이 무엇을 하고 있는지, 그 사람이 어디에 있는지, 누구와 같이 있는지, 과거는 어떠했는지 등의 다양한 물음을 통해 그 사람의 정신 상태를 추측하는 이론이다.[17] 이는 인간의 행동을 이해하는 데 필요한 정신적 개념들을 설명하는 데 있어서 통속 심리학의 이론을 적용한다. 통속 심리학은 타인의 행동을 판단하는 데 사용하는 규칙이다. 여기서 통속 심리학은 우리가 지식을 갖고 태어났는가, 아니면 우리가 지식을 어떻게 배우고 익혀야 할 것인가에 대한 물음을 제기한다.[18]

이 두 이론에서 마음의 이론은 개인의 의지에 근거하여 다른 사람에 대한 감정 상태를 실제로 평가하고 결정한다. 특히 지금까지 두 이론은 인지과학의 정보처리를 중요하게 여겼다. 정보처리는 수학과 물리학을 비롯하여 언어학, 인류학 그 밖의 수많은 인문·사회·자연과학 연구자들에 의해 채택되어 왔다.[19] 이러한 인지과학의 정보처리는 마음과 마음작용의 하위 양태인 지능과 연관되어 있다. 이는 인간을 일종의 정보처리시스템으로 보고자 하는 데서 기인한다. 이러한 정보처리 시스템은 컴퓨터의 발전, 특히 인공지능의 발전에 기여했을 뿐만 아니라 우리가 어떤 문제를 추론하여 해결하는 데 인지프로세스 연구방법론의 정보처리 접근을 가능하게 했다. 이렇게 정보처리시스템은 그동안 마음이 어떻게 작동하고 있는지를 해명하기 위한 학제적 접근에서 출발했다. 따라서 인지과학은 다음과 같이 새로운 마음의 과학이라 불리게 되었다.

첫째, 인간의 인지(판단, 추론, 기억, 문제해결 등에 있어서의 심적 활동)는

---

17 마이클 가자니가, 앞의 책, 212쪽.

18 마이클 가자니가, 『윤리적 뇌』, 김효은 옮김, 바다출판사, 2009, 224-225쪽.

19 조지프 르두, 『시냅스와 자아』, 강봉균 옮김, 동녘사이언스, 2011, 52쪽.

기본적으로 기호를 처리하는 과정이다.

둘째, 인지과정에서 처리되는 기호는 컴퓨터의 기계 내부에서 처리하는 기호와 같다.

셋째, 인지과정은 컴퓨터 프로그램과 같은 계열적인 기호처리가 이루어진다.

넷째, 정보처리과정은 적은 양의 정보를 일시적으로 보유하는 단기기억시스템과 거대한 지식의 대부분을 영구적으로 보유하는 장기기억시스템을 갖고 있다.

다섯째, 정보처리과정은 정보처리의 효율성을 보다 높여서 정보처리 부하(예: 단기기억에서의 정보보유율)를 경감시키기 위해 휴리스틱(heuristic) 방법[20]을 취한다. 즉 정보처리과정은 대부분 가장 근접한 최선의 답

---

20 인간은 불확실한 상황에서 모든 가능성을 동원하여 검토하여 최상의 결정을 내리는 것이 아니라 우선 당면한 상황에서 실현 가능한 목표를 설정한다. 다시 말해 인간이 어떠한 목적을 달성하기 위해 필요한 최상의 수단을 선택한다고 보았다. 사이먼은 이것을 휴리스틱스 개념이라 표현했다. 사이먼과 톨만은 동물심리학을 바탕으로 해서 인간은 합목적적으로 행동한다고 보았다. 즉 목표를 설정하고 그것을 달성할 수 있는 수단을 선택한다는 것이다. 즉 1995년 초 사이먼은 뉴엘 등의 연구팀에 참가하여 1955년 12월 화이트헤드와 러셀의 『Principia Mathematica』에서 정리, 증명이 가능한 컴퓨터시스템의 시뮬레이션을 완성하고 이를 위한 프로그래밍 언어의 형식화를 완성했다. 화이트헤드는 『과학과 근대세계』에서 갈릴레이가 수리물리학을 만들면서 마음을 자연으로부터 제거시켰다고 보았다. 즉 그에 의하면, "갈릴레이에 대한 박해가 기억되는 방식은, 인류가 겪었던 가장 중요한 조망방식의 변화가 그때 조용히 시작되었음을 증거해 준다"고 강조한다. 화이트헤드의 관점에서 관찰자는 객관적이어야 하며 아리스토텔레스의 추종자들이 인과의 문제에 대해 벌어지는 논쟁 같은 것을 피해야 한다고 주장했던 갈릴레이의 주장을 지적한 것이라 여겨진다. 하지만 과학자는 인간적인 투영이나 의도가 배제된 모델에 따라 측정을 해야만 한다. 그렇게 하여 자신들의 주장을 지지하거나 반증할 상관적 동일성이나 법칙을 찾아야 한다(제럴드 에델만, 『신경과학과 마음의 세계』, 범양사, 2010, 27쪽). 화이트헤드가 지적했듯이, 19세기 후반 생리학과 생리심리학이 부상함에 따라 마음은 자연으로부터 되돌아 갔다. 우리는 그 이후 어떻게 할 것인가 하는 생각 때문에 난처해졌다. 상대성이론과 양자역학에서 했던 것처럼, 생리학적인 발전에 의해 제기된 문제에도 특별한 점이 있다. 관찰자 자신은 그가 속한 세계의 대상과 같이 사물인가? 사물은 지시할 수 없는데 관찰자들이 세계의 사물을 지시하고, 세계를 사물의 범주로 분할하는 기묘한 능력을

변을 효과적으로 얻기 위해 최소한의 규칙을 정해 구성한다.[21] 인지과학은 정보처리과정뿐만 아니라 다양한 분야에 걸쳐 적용되고 있기 때문에 문학 텍스트에서 적극 활용하고 있다. 문학은 인간 사고의 집약적 결과물이기 때문에 문학 텍스트를 통한 인지과정의 탐색이야말로 중요한 요인이 될 수 있다. 인지과학이 전통문학에 대한 비판적 성찰과 인지문학적 탐구결과를 융합하는 과정을 통해 문학적 소통의 장을 여는 데 중심축을 구축하고 있다.

인지문학은 크게 세 가지 목적으로 새로운 비평적 요청에 부응하고 있다. 첫째, 인지과정에 대한 이해를 통해 텍스트의 생성과정을 이해함으로써 정확한 독해가 가능하게 된다. 인지문학은 인지과정의 적극적 소통과정을 통해 특히 학교 교육에서 큰 효과를 발휘할 수 있다. 둘째, 인지문학은 난해한 텍스트를 해석함으로써 독자와의 활발한 소통을 이루어낼 수 있다. 이를 통해 다수의 독자가 주체가 되는 문학의 장을 여는 유용성을 창출할 수 있다. 셋째, 인지문학은 작가의 사고와 정서가 반영된 텍스트의 정보를 통해 의미가 생성되는 과정을 이해한다. 작가의 세계관이 반영된 인지과정과 그것에 대한 언어적 형상화를 통해 독자는 작가와 세계에 대한 심층적인 이해에 도달할 수 있다.[22] 따라서 인지문학적 문학비평은 문학치료라는 실천사업을 가능하게 만든다. 이렇게 인지문학은 체화된 인지과정을 통해 문학적 마음이라는 감성적 리비도를 창조함으로써 현대사회의 병리성에 대한 대안적 노선을 제공한다. 궁극적으로 인지문학

가진다는 사실을 어떻게 설명할 것인가? 자연 속에서 마음의 처음 나타났던 방식과 상충하지 않는 마음을 자연 속으로 되돌려 놓는 길이 있어야만 한다.

21 사에키 유타카, 『인지과학혁명』, 에이콘, 2010, 196–197쪽.

22 박종덕, 「인지시학적 문학비평의 현대적 의의」, 양해림 외, 『인지문화란 무엇인가?』, 충남대학교출판문화원, 2011, 211–217쪽 참조.

은 현대사회의 병리적 현상에 대한 이해를 토대로 그 원인을 구명함으로써 치유방법을 마련하고자 한다.

주지하듯이 인지과학은 심리학, 컴퓨터 과학, 인공지능, 신경생물학, 언어학, 철학 등의 학문을 적용하는 종합과학이다. 인지는 이러한 기호의 조작으로 이루어진다. 심리적 현상은 기능적인 과정의 술어로 기술된다. 특히 인지과학에서 언어학은 언어의 문법적 구조, 언어와 인지와의 관계, 의미론, 자연언어처리 등 인지과정의 핵심 도구인 언어 정보처리의 문제를 논리적으로 분석한다. 그리고 언어학은 실험과 시뮬레이션 등의 방법을 적용하여 인지심리학과 인공지능학 그리고 철학의 교량적 역할을 한다. 그러나 전통언어학에 속하는 소쉬르 부류의 구조언어학 및 촘스키 부류의 변형생성문법은 인간 마음의 작용방식과 독립되어 자율적인 기호체계로서 의미나 문법 조직에서 나타나는 언어 자체의 문제를 해명한다.

최근 주목을 받고 있는 인지언어학의 경우, 언어는 인간 마음과 인지의 산물로서 의미나 문법 조직에 신체적 경험과 문화적 배경이 긴밀히 연관되어 있다고 본다.[23] 이러한 인지언어학의 접근방법은 전통언어학에서 소홀하게 다루어 왔던 범주화, 은유와 환유, 공간 차원어 등 다양한 언어현상들에 대한 새로운 시각과 설명방법을 제공해 주고 있다. 그래서 최근 언어연구의 방향과 성과는 저장·검색·교정의 기능을 강화하고 완성도가 높은 자동번역/통역 프로그램이나 인공지능 프로그램의 개발로 이어질 것이라는 기대감을 한층 갖게 해 준다. 또한 인지언어학의 이러한 연구 성과들은 성별이나 세대 차이에서 나온다. 그리고 인지언어학은 사회적 갈등이나 다문

---

23 레이코프, G.·존슨, M., 『몸의 철학』, 임지룡 외 옮김, 박이정, 2008, 681–742쪽 참조.

화가정의 문화적 차이에서 발생하는 갈등을 해결하는 데 적극적으로 활용된다. 따라서 인지언어학은 향후 언어를 이용한 심리치료의 새 지평을 여는 데에도 크게 기여할 것으로 기대된다.

인간의 마음은 진화의 산물이다. 인간은 두 발로 서고, 두뇌와 몸집이 커지면서 진화해 왔다. 대부분의 사람들은 이런 진화의 과정을 중·고등 교과과정에서 배워 익혀서 이미 알고 있다. 그럼에도 불구하고 인간의 마음이 어떻게 진화해 왔는지에 대해 그다지 심도 있게 다루지 않았다. 인지고고학은 이러한 인간의 진화과정을 꾸준히 규명해 왔다. 인지고고학에서 물고기, 파충류, 포유류 등의 뇌와 인간의 뇌를 비교해 볼 경우에, 호모사피엔스로 진화하는 과정에서 문화, 언어라는 요소가 인간의 뇌에서 어떻게 발현되었는가를 고찰할 수 있다. 고고학자인 스티븐 미슨(Steven Mithen)은 『마음의 역사*The Prehistory of Mind: The Cognitive Origins of Art, Religions and Science*』(1996)라는 저서에서 언어에 의한 뇌 작용의 변화, 즉 언어와 문화에 의해 인간에게 일어나는 현상을 다층적으로 파악했다. 과연 현대인의 마음과 고대인의 마음은 같을까, 다를까? 양자 사이에 서로 마음이 다르다면 어떻게 다를까? 사람의 마음이 진화하기까지는 수백만 년의 세월이 필요했다. 미슨에 의하면, 인간의 뇌는 언어와 문화라는 장막을 걷어내고 면밀히 인간의 행동을 관찰해야 한다고 보았다.[24] 미슨은 인간의 뇌는 빅뱅 이전에 사회적 지능, 혹은 마키아벨리 지능, 기계지능이나 도구의 이용, 그리고 분류적 성향을 전담하는 세 가지의 모듈이 있었다고 주장했다. 이 세 모듈은 서로 독립적으로 고립된 채로 존재하고 있다가 약 5만 년 전에 뇌에 어떤 유

24 박문호, 『뇌 생각의 탄생』, 휴머니스트, 2009, 186–187쪽.

전적 변화가 일어나서 갑자기 서로 의사소통을 하게 되면서 인간 의식에 유연성과 융통성이 드러났다는 것이다.[25] 인간의 진화과정은 예정된 목표나 방향도 없는 오랜 점진적인 과정의 산물이다. 이 과정의 마지막 250만 년 동안 우리 조상은 돌로 만든 연장, 음식물 부스러기, 동굴벽화 같은 흔적을 남겼다. 문자 기록을 남기는 일은 이 기간의 막바지에 이르러 5천 년 전부터나 가능했다.

그러나 마음의 진화를 이해하기 위해서는 '선사시대'를 주목해 볼 필요가 있다. 선사시대에서 펼쳐지는 진지한 지적 탐구를 함께 추적해 보면, 마음의 움직임에 대해 폭넓게 이해할 수 있다. 즉 마음에 대한 이해는 사람됨이 무엇을 뜻하고 있는지에 대한 바른 인식을 낳게 한다. 선사시대에는 사람의 마음을 구분 짓는 특징이나 언어와 높은 지능과 같은 특징들이 발생한다. 그 당시의 사람들은 마음의 다양한 측면에 걸쳐서 호기심을 보여 왔다.

우리 인간에게 지성이란 무엇일까? 그리고 우리에게서 의식이란 무엇일까? 또한 인간에 가장 가까운 영장류 동물인 원숭이에게서 보이지 않았던 예술의 창조, 과학의 연구, 종교적 행위들을 어떻게 이해할 수 있는 것일까? 지금까지 이런 질문에 대해 답변을 해 왔던 사람들은 주로 심리학자, 철학자, 종교학자, 신학자, 과학자들이었다. 왜냐하면 우리가 과거를 알아야만 현재를 제대로 이해할 수 있기 때문이다. 미슨의 『마음의 역사』는 초기 인류의 모습을 복원하고 최초의 현생 인류의 모습을 그려내며 그 특징을 찾고 비교하여, 마음의 출생과 진화에 대한 비밀을 벗겨냈다. 이를 통해서 그는 마음의 진화에 대해 무엇이, 언제, 왜 일어났는지에 대해 자세히 규명했다.

25 스티븐 핑거 외, 『마음의 과학』, 이한음 옮김, 미래엔, 2012, 45쪽.

또한 그는 그러한 과정을 통해 예술, 종교, 과학의 인식적인 토대를 찾아냈다.[26]

우리가 갖고 있는 마음의 기관들은 유인원의 마음에도 존재한다. 특히 마음의 기관들은 600만 년 전 아프리카에서 살았던 인간과 침팬지의 마음에 대한 상이한 이론에서도 발견된다. 고고학자들은 현대인의 마음을 이해하기 위한 열쇠를 600만 년의 역사에서 찾았다. 이 기간 동안에 존재한 여러 조상(彫像)들의 마음을 발견할 수 있다. 즉 오스트랄로피테쿠스 라미두스(Australopithecus ramidus)로 알려진 450만 년 전의 조상, 최초로 석기를 만들었다는 200만 년 전의 조상, 호모하빌리스(Homo habilis), 180만 년 전 최초로 아프리카 대륙을 벗어난 호모에렉투스(Homo erectus), 불과 3만 년 전까지도 유럽 대륙에 생존했던 호모네안데르탈렌시스(Homo neanderthalensis, 네안데르탈인), 마지막으로 10만 년 전에 출현한 우리 자신의 종, 호모사피엔스 사피엔스(Homo sapiens sapiens)가 있다. 이 조상들은 화석 유골과 그들의 행동이 담긴 흔적들, 특히 석기나 부러진 뼈, 모양을 새긴 소입상 등을 통해 우리에게 잘 알려져 있다.[27] 우리는 털이 없고, 한쪽으로 기울어졌고, 말을 하지만, 원숭이와는 상당히 다른 마음을 갖고 있다. 인간의 조상이라 알려진 호모사피엔스 사피엔스의 특대형 뇌는 어떤 기준에서 보더라도 특별한 적응의 결과라 파악하고 있다.[28] 사회생물학자 윌슨(Edward O. Wilson)은 『지구의 정복자*The social conquest of earth*』(2013)[29]에서 오스트랄로피테쿠스의 여러 갈래

---

26 마음의 진화과정에 대한 자세한 내용은 다음을 참조: 스티븐 미슨, 『마음의 역사』, 윤소영 옮김, 윤영림카디널, 2001, 282–312쪽 참조.

27 스티븐 미슨, 『마음의 역사』, 윤소영 옮김, 윤영림카디널, 2001, 13–14쪽.

28 스티븐 핑거, 『마음은 어떻게 작동하는가』, 김한영 옮김, 동녘사이언스, 2010, 77쪽.

29 에드워드 윌슨, 『지구의 정복자』, 이한음 옮김, 사이언스 북스, 2013.

중 한 종의 뇌가 빠르게 커지기 시작했다고 본다. 그들의 뇌는 부피는 500~700세제곱센티미터였다. 200만 년 전에는 1,000세제곱센티미터로 늘어났다. 그 다음 180만 년 동안에는 1,500~1,700세제곱센티미터로 증가했다. 조산인 오스트랄로피테쿠스 뇌의 두 배가 된 것이다. 이렇게 호모 사피엔스가 출현했고, 지구에 대한 사회적 정복이 임박했다.[30] 이렇듯 최근 들어 인지과학은 인지문학, 인지언어학, 인지고고학 등을 비롯해 다양한 인문학의 영역에 걸쳐 적용범위를 점차 확대해 나가고 있다.

20세기 중반 이후 현대철학분야에서 인간의 인지이해에 대한 흐름을 규명하고자 하는 다양한 시도가 있어 왔다. 대표적으로 위노그

마음에 대한 두 가지 시각

'표준적인 사회학' 모형 '일반적 지성' 생물학 ↓ 내용이 자유로운 다목적 학습 메커니즘 ↓↑ 문화	진화론적 심리학 모형 '특화된 지성' 생물학 ↓ 복합적이며, 풍부한 내용의 지적 모듈 ↓↑ 문화
심리학자 리더 코스마이즈와 존 투비에 따르면 사회학자들은 마음을 자유로운 내용의 다목적 학습 메커니즘으로 보는 경향이 있다고 한다. 태어날 때 마음은 '백지상태'이며, 우리의 세계에 대한 지식과 사고방식은 우리의 문화를 통해 획득된다. 마음에 대한 이러한 시각에서 생물학은 마음의 본질 연구에 있어서 제한적인 역할만 담당하게 된다.	진화론적 심리학자들은 우리의 생물학적 구조가 사고방식에 커다란 영향을 미친다고 주장한다. 그들은 마음이 일련의 특화된 인식과정으로 구성되어 있으며, 그 각각이 (마치 스위스 아미나이프처럼) 특수한 유형의 행동과 관계된다고 믿고 있다. 이들은 태어날 때부터 세계에 대해 이미 상당한 양의 지식이 포함되어 있다고 보았다.

30 에드워드 윌슨, 앞의 책, 68쪽.

라드(Terry Winograd)와 플로레스(Fernando Flores)는 공저 『컴퓨터와 인지의 이해』(1987)[31]에서 딜타이를 비롯한 하이데거와 가다머와 하버마스 등 해석학이론에 영향을 받고 그들의 이론에 의존하여 인지과학의 새로운 방향에 중요한 관점을 제공했다. 인지의 대상인 마음은 각종 정보를 획득, 저장, 인출, 변형 및 활용하는 복합적인 정보처리기관(체계)으로서 그 속에 우리의 세계를 반영하고 있는 하나의 소우주이다. 우리는 마음의 본질을 이해하기 위해서 세상에 대한 인식 및 이해과정, 언어나 상징이 두뇌(기억)에 표상(表象)되는 원리, 지적(知的) 능력을 구현하는 뇌의 구조와 기능, 컴퓨터를 이용한 지능의 분석이나 형식화, 문화인류적인 인지형태의 분석, 각종 인공물(artifacts: 책, 각종 도구, 문명물, 문화체계 등)에서 지(知)를 구현한다. 또한 우리는 마음의 본질을 이해하기 위해 인공물을 활용하는 양식 등과 같은 제반문제들을 다룰 수 있는 종합적인 설명의 틀을 필요로 한다. 그 종합적인 인식의 틀이 바로 인지과학이다.[32]

먼저 인지는 우리의 마음작용에서부터 비롯된다. 우리가 인지과학을 포괄적으로 정의한다면, 그것은 마음의 과학이라 말할 수 있다. 우리의 인지활동은 기호와 같은 정신적 표상에 의해 나타난다. 인지과학이 정신현상의 표상이라 할 수 있는 기호에 의해 설명될 수 있기 때문에 마음의 기호체계를 구성한다. 이런 점에서 인지과학은 사고, 기억, 지각과 같은 다양한 인지과정에서 기호를 조작한다. 따라서 인지과학은 마음이 기호를 조작하는 과정, 즉 특정한 정보를 처리하거나 그 밖의 정보로 전환시키는 과정을 거친다. 이와 같이 인

---

31 T. Winograd & F. Flores(1987), *Understanding Computers and Cognition*, Addison Wesley Publishing Company Inc, New York, 27–79쪽, 125–139쪽.

32 H. 가드너, 『다중지능』, 문용린 · 유경제 옮김, 웅진지식하우스, 2007.

지과학은 인간들 사이에서 일어나는 지적 활동들을 어떻게 처리하고 실현할 것인지를 경험과학과 기술공학적 방법들을 통해 다음과 같은 인지과학의 시기를 거치면서 탐구해 오고 있다.

제1세대 인지과학은 탈신체화된 마음을 중점적으로 다루었다. 제1세대 인지과학은 1950년대 후반과 1960년대에 발전했다. 무엇보다 근대적 의미의 인지에 대한 관심은 1950년대 심리학에서 정보처리 접근법의 등장으로 볼 수 있다. 그리고 1960년대에 들어와 중요한 사건들이 일어났다. 특히 1950년대 후반 마음의 개념을 끌어들여 고전적 인지주의가 등장한다. 인지주의(cognitivism)[33]는 컴퓨터로 하여금 인간 이성의 논리적 구조를 흉내 내도록 하는 것이다. 즉 인지주의는 논리학에 기초하여 컴퓨터를 물리적 기호를 조작하는 체계이며, 그에 따라 컴퓨터를 통해 세계의 형식적 특징과 구조들을 표상하여 문제해결을 하는 지능의 전형으로 간주한다.[34] 특히 인지주의는 상징적 계산에 관한 아이디어에 집중해 왔다. 예컨대 인지주의는 초기 인공지능, 정보처리 심리학, 형식논리, 생성언어학, 그리고 초기 인지인류학 등에서 나타났다. 이것들은 모두 제1세대 인지과학에서 다양한 역할을 수행해 왔다. 이러한 패러다임에 속하는 많은 연구자들은 영미철학의 가정들을 이용하여 연구해 왔다.

먼저 제1세대 인지과학은 형식논리나 기호체계의 조작에서처럼 이성은 탈신체적이고 문자적이라는 주류적 견해를 의심 없이 받아들였

---

33 인공지능에서 인지주의의 이념은 뉴엘(Allen Newell, 1927~1992)과 사이먼(Hebert A. Simon, 1916~2001)에 의해 창시되었다. 뉴엘과 사이먼은 인간의 두뇌와 디지털컴퓨터는 그 구조와 작동원리에서 완전히 다르다 할지라도 원리적인 측면에서는 같은 기능을 한다고 보았다. 즉 인간의 두뇌와 적합하게 프로그램된 컴퓨터는 형식적인 규칙에 의해 기호들을 조작함으로써 지적인 행동을 발생시킨다는 의미에서 동일한 원리를 구현하고 있다.

34 김성동, 『기술-영화 이야기』, 철학과현실사, 2005, 218-219쪽.

다. 그래서 제1세대 인지과학은 정신과정을 계산으로 간주하고 마음의 작용을 설명해 주는 계산이론을 밝혀냈다. 제1세대 인지과학에서 인지주의는 단순히 계산하는 기능을 넘어서 생각하는 기능을 가질 수 있다는 것을 깨닫게 되었지만, 여전히 계산은 중요하게 작용하면서 계산주의 인지과학을 출발점으로 한다. 제1세대 인지과학이 컴퓨터의 비유를 들어 유기체의 인지작용이 데카르트 부류의 심신이원론을 따르지는 않았음에도 불구하고, 몸 기능으로부터 이탈된 순수 인지를 주장하는 경향을 보여 왔다. 따라서 제1세대의 인지과학은 유기체의 몸과 관련된 인지의 능동적 상황을 다소 경시함으로써 인지를 탈문자화했다.

제2세대 인지과학은 체화된 마음(embodied mind)을 집중적으로 다루었다. 1970년대 중반기에서 후반기까지 영미 인지주의의 근본원리를 의문시하는 다양한 경험적 연구가 나타나기 시작하였다. 제2세대 인지과학은 몸, 상황, 환경과 같은 인지의 문제들을 해명하는 데 적극 개입한다. 그중에서도 문화적 측면, 정신문화와 같은 소프트문화가 아닌 하드문화를 인지의 문제에 도입하면서 해명한다. 제1세대 인지과학은 심리학을 넘어서는 인지과학을 탄생시켰으나, 마음의 특정한 결정에 대해 뇌가 바탕을 이루고 있다는 점을 무시하였다.[35] 그래서 제2세대 인지과학은 뇌 연구에 적극 반응하면서 경쟁적으로 다양한 관점들을 쏟아냈다. 따라서 제2세대 인지과학은 모든 가정을 다음과 같은 경험적 증거들에 의존해 왔다. 첫째, 개념이나 이성은 몸에 적극적으로 의존해 있으며 둘째, 개념이나 이성은 은유, 심상, 환유, 틀, 정신 공간 및 방사성 범주와 같은 상상적 과정들을 경험

---

35 G. 레이코프 · M. 존슨, 『몸의 철학』, 임지룡 외 옮김, 박이정, 2008, 126쪽.

적 증거를 통해 알아내고자 했다.[36] 이는 두뇌의 연결적인 생물적 구조를 흉내 내도록 하는 연결주의와 인지신경학이 급부상하면서 다시 뇌를 그 중심에 넣는 이론적 토대를 제공했다. 연결주의는 통계학에 기초하여 컴퓨터를 두뇌의 모형을 만드는 매체로 보며 신경단위들의 상호작용을 흉내 내어 학습을 지능의 전형이라 본다. 여기서 연결주의는 이론적·추상적 뇌를 중심으로 마음의 형식모형을 제기하였는데 여전히 문제점을 지니고 있었다.

제3세대 인지과학은 체화된 인지(embodied cognition)에 접근하였다. 체화된 인지의 접근은 몸과 환경을 무시하는 이전의 패러다임(고전적 인지주의, 연결주의, 과거의 주류 인지신경과학) 입장들과 데카르트식 존재론의 마음=뇌 신경과정 상태의 환원주의적 일원론의 관점을 바로잡고자 하였다. 제3세대 인지과학에서 마음은 뇌 속에서 일어나는 신경상태나 과정이라기보다는 신경적 기능구조인 뇌와 뇌 이외의 몸, 그리고 환경의 제3자가 서로 별개의 동떨어진 관계가 아니라 네트워크(Nexus)상에서 진행되는 행위 중심으로 다시 개념화되어야 한다는 관점이다.[37] 이런 입장에서 최근의 인지과학은 상황이나 환경과 같은 요소들을 강조하여 '분산된(distributed) 인지'를 탐구하는 제3세대의 인공지능을 등장시켰다.[38] 바렐라(Francisco Varela, 1946~2001)

---

36 G. 레이코프·M. 존슨, 앞의 책, 127–128쪽.

37 이정모, 「인지과학 패러다임의 새 변화가 학문간 융합에 주는 시사」, 김광수 외, 『융합인지과학의 프런티어』, 성균관대학교 출판부, 2010, 37쪽.

38 위에서 언급한 위노그라드와 플로레스가 해석학을 도입하여 제1세대 계산주의를 비판할 때, 그들은 이미 제3세대 인지과학을 천명하고 있다고 볼 수 있다. 그들은 해석학이 인지과학과는 다르게 주체와 객체의 구별에 의문을 제기한 점, 또한 지식은 그 자체가 완결된 것이 아니고 언제나 해석가의 해석활동의 결과라고 주장한 점, 그리고 이 경우의 해석은 개인의 참된 선입견에 기반을 두고 있으며 각 개개인의 선입견은 그가 살고 있는 사회문화적 배경 안에서 체험을 통해 얻어지는 것이라는 점 등에 주목하며 인공지능의 새 활로를 모색한다. 그러나 이러한 시도가 해석학과의 연계성을 통한 인지과학의 변모를 강조하고 있다고 한다면,

와 마투라나(Humberto Maturana, 1928~)에 의해 정교화된 체화된 인지는 대체적으로 두 가지의 사실을 강조한다. 하나는 우리의 인지가 다양한 감각운동의 능력을 지닌 육체의 경험에 의존한다는 것이다. 다른 하나는 이 개별적 감각운동능력들 자체보다 포괄적인 생물학적 · 심리학적 · 문화적 맥락에 속한다는 것이다.[39]

무엇보다 제3세대 인지과학에서는 인공지능보다는 자연지능의 연구를 통해 유기체의 지적 능력을 성취하여 이를 적극적으로 해명하고자 했다. 예컨대 컴퓨터의 키보드와 모니터, 본체가 우리 몸의 유기적 연결을 통해 사유의 구체적 전개를 위한 조건이 되듯이, 사람들 사이의 잘 조직된 관계는 연대를 이루는 조건을 제공한다.[40] 따라서 이제까지의 인지과학 패러다임은 제1세대 계산주의 인지과학에서 제2세대의 연결주의 인지과학을 거쳐 현재는 몸/육체와 같은 비(非)인지주의적 측면으로 전개해 가고 있다.[41] 이런 점에서 현대해석학은 제1, 2, 3세대 인지과학 중에서 대체로 제2, 3세대 인지과학과 상호소통을 한다면, 이론적 한계점을 상당부분 해소할 수 있을 것으로 여겨진다.

인지과학적인 연구성과를 현대해석학에 적극 끌어들여 경험과학적 논점들을 보완할 필요가 있다.

39 프란시시코 J. 바렐라 · 에번 톰슨 · 엘리너 로쉬, 『인지과학의 철학적 이해』, 석봉래 옮김, 옥토, 1997, 277–278쪽.

40 조정환, 『인지자본주의, 갈무리』, 2011, 48쪽.

41 인지과학 쪽에서 이러한 입장을 지적하며 해석학과의 절충을 모색하고 있는 대표적 인물이 갤러거이다: S. Gallagher, "Hermeneutics and the Cognitive Sciences", *Journal of Consciousness Studies*, 11, No. 10/11, 2004, 1–14쪽 참조.

2. 포스트휴먼시대의 융합 · 통섭

21세기 들어 현대해석학을 비롯한 인문학은 문자매체와 인쇄매체를 뛰어넘어 디지털미디어의 공간과 기존의 영상매체를 포괄하는 인문정신을 시도하고 있는 중이다. 이제 통합, 융합, 통섭(統攝)이란 용어들이 어느새 우리와 친숙한 일상적 표현이 되었다. 인문학과 자연과학의 만남은 21세기에 들어와 이미 중요한 화두로 등장했다. 특히 우리 국내 대학은 각 영역의 학문 사이에 그리고 각 대학 사이에 통합 · 융합 · 통섭을 요구하는 목소리가 점점 높아지고 있다.

먼저 융합의 현실은 이중적으로 나타난다. 먼저 디지털기술이 가상세계를 융합현실로 만들어낸다. 다양한 기술이 대규모로 융합하는 디지털기술의 환경에서는 "새로운 질서화와 구조화가 새로운 행동의 구조를 더욱 요구할 것이다."[42]

지난 시기나 현시점에서나 인간지성의 가장 위험한 모험은 자연과학, 인문학과 공학을 함께 연결하고자 하는 노력이다. 단적으로 통섭은 모험을 수반한다. 하지만 이는 피할 수 없는 모험이자 당위이다. 현재 우리사회에서 이 모험과 당위의 활동이 활발하게 진행되고 있지만, 이제 막 걸음마 단계를 내디뎠다. 인문학의 통섭적 사유는 다른 이웃 학문과 키 높이를 맞추어 가야 하지만, 아직 가야 할 길은 여전히 요원하다. 21세기의 인문학은 가치와 의미에 관한 인문학적 반성을 통해 종합과 통합의 능력을 단련하는 것이 한층 필요하게 되었다. 이렇게 최근 들어 융합, 통섭이 강조되고 있는 이유는 학문의 전문화 · 세분화가 진행되면서 학문분야 사이에서 대화의 통

42 이광래, 『방법을 철학한다』, 知와 사랑, 2008, 152쪽.

로가 점점 어려워지고 있다는 데 있다. 이른바 통섭은 자연과학과 인문학 또는 사회과학, 그리고 공학의 높은 벽을 허물고 이에 대립하는 두 학문 사이를 연결한다. 그러나 통섭은 '사물에 널리 통함' 또는 '서로 내왕함'(通涉)이 아니라 '전체를 도맡아 다스림'(統攝)을 뜻한다. 즉 통섭은 유통에서는 소통의 뜻을 활용하고 내용에서는 다스림의 담론을 확산시킨다. 또한 통섭은 생물학을 모든 학문의 주인으로 삼는 생물학 제국주의 또는 모든 사회현상에 드러난 생물학적 원리를 적용하여 설명하는 생물학적 환원론의 혐의가 짙다. 물론 통섭의 환원적이고 물리적인 설명을 선호하는 연구자도 있지만, 연구가 진행됨에 따라 점차 보다 포괄적인 구조 속에서 새로운 역할을 부여받고 있다. 이 분야에서는 소수가 다수를 지배하는 위계적 구조의 통섭이 아닌 수평적 구조의 신경계와 유사한 통섭의 논리가 지배하기 때문이다.

하지만 사회생물학자인 윌슨(Edward O. Wilson)은 저서 『통섭: 지식의 대통합*Consilience: The Unity of Knowledge*』(1998)에서 자연과학과 인문학 그리고 사회과학이 소통할 수 있는 발판을 마련했다. 윌슨은 자연과학과 인문 · 사회과학을 연결해 주는 매개분야로 인지 뇌과학, 인간행동유전학, 진화생물학, 생태과학에 주목한다. 윌슨의 통섭(通涉)의 장(場)을 기점으로 인지과학은 지금까지 사회생물학의 영역 속에 숨겨두었던 그림을 찾아낼 수 있는 가능성들을 차츰 열어가고 있다. 사회생물학의 화두가 생존과 생식이라면, 인지과학은 소통과 공감(empathy) 그리고 창발(emergence)을 화두로 새로운 영역을 열어가고 있다. 이와 같이 인문학과 자연과학의 소통의 장은 커다란 기폭제 역할을 하였다. 사회생물자인 윌슨은 『통섭』의 한국어판 서문에서 다음과 같이 말한다.

> 이 책이 갖고 있는 주제는 한마디로 지식이 갖고 있는 본유의 통일성이다. 지식은 과연 본래의 통일성을 지니는가? 필시 인간으로서 스스로를 이해하는 데 더 중요한 질문은 없을 것이다. 나는 이것이 철학의 중심논제라 생각한다. (…) 지식은 언제까지나 지금 현재 서양의 문화가 인식하고 있는 세 갈래의 학문 분과들인 자연과학, 사회과학, 인문학으로 나뉘어 있을 것인가?[43]

위 인용문에서 보듯이, 윌슨의 통섭이론에서 지식의 거대한 분파들은 통일된 계몽사상의 비전으로부터 자연과학, 사회과학, 인문학으로 갈라져 현재의 모습에 이르고 있다. 특히 지식의 분파는 19세기를 거치면서 물리학과 생물학의 지식이 급격히 성장하고, 동시에 사회학, 인류학, 경제학, 정치학 등 기초과학과 인문사회과학 사이에서 만들어진 영역을 차지하면서 새로운 학문의 행세를 하게 되었다. 이런 점에서 우리는 오늘날 여러 학문의 경계가 얼마나 인위적이고 지식과 사유의 본성으로부터 얼마나 멀리 동떨어져 있는가를 인식할 수 있다. 우리가 생각하는 통섭은 '지식의 통일'이며 그 통일의 열쇠는 융합이다. 또한 윌슨은 통섭을 1519년 트리니다호를 비롯한 5척의 함대를 이끌고 스페인의 세빌리아를 출항하여 1521년 필리핀 제도를 발견하기까지 3년간 최초로 세계 일주를 하였던 마젤란(F. Magellan)

---

43 에드워드 윌슨, 『지식의 대통합 통섭』, 최재천·장대익 옮김, 사이언스 북스, 2007, 25쪽.

에 비유한다. 즉 그가 머릿속에 그린 통섭은 학문의 세계일주다. 그 때문에 그는 "통섭의 세계관이 옳다면, 그 간격을 횡단하는 것은 실재 전체를 일주하는 마젤란 항해가 될 것이다. 탐험은 끝없는 바다를 가로지르며 계속될 수 있다"[44]고 강조한다. 따라서 통섭은 새로운 종합이나 분류학적인 통합을 넘어 우리의 사유능력과 지식의 본래 모습을 되찾고자 하는 데 있다.

주지하듯이, 통섭은 인지과학에서 Hexagon의 틀을 통해 철학, 언어학, 인류학, 뇌 과학, 컴퓨터공학, 심리학 등을 통해 그 단서를 제공했다. 철학은 이제까지 심리학, 언어학과 밀접한 관계를 맺고 있는 반면, 컴퓨터공학, 인류학, 뇌과학과는 다소 거리가 먼 것으로 설정하였다. 그동안 인문학에 대한 전통적인 관점이 마치 자연과학과는 거리를 두어야 하는 것으로 인식되어져 왔으나, 이제 지식혁명의 시대가 도래함에 따라 인문학의 위상과 역할에 대한 새로운 전환을 요청받고 있다. 더 이상 인문학은 비과학적 영역, 즉 더 이상 추상적 영역이 아니라 오히려 자연과학적 영역을 통섭해 줄 수 있는 학문, 문화적 특성을 규명하는 영역으로 인식되고 있다. 이제 인지과학은 이러한 인문학과 자연과학의 연계 속에서 진행되고 있다. 이렇게 21세기의 학문은 인지과학과 인문학(철학, 언어학, 문학, 고고학, 역사학) 등을 토대로 하여 사회과학과 자연과학 그리고 공학과의 외연을 넓히는 과정 중에 있다. 따라서 인문학은 새로운 학문의 종합, 분류학적인 통합과 확장을 넘어서 우리의 사유능력과 인문학 본래의 휴머니즘(Humanism)의 위상을 되찾아야 하는 과제를 부여받고 있다.

21세기는 협동과 배려로 전환되는 시기를 맞이하고 있고 이러한

---

44 에드워드 윌슨, 앞의 책, 461-462쪽.

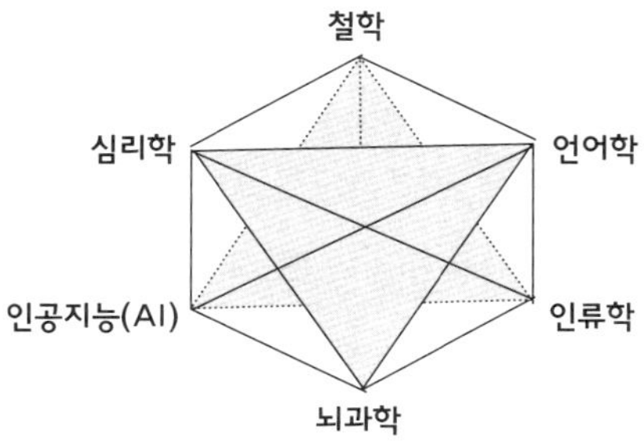

〈인지과학의 영역〉

전환은 더 이상 부분의 합이 단지 전체가 아니라는 생각에 기반하고 있다. 부분은 곧 전체가 되며, 더 이상 이원론이 아닌 일원론의 방향으로 이동하고 있다. 이제 21세기는 양자역학에 기초한 생물학적 지각론에 기초한 패러다임을 주도해 가고 있다. 21세기의 인문학은 시간과 생명을 존중하고 둘이 하나가 되는 감성의 측면을 강조하고, 자연과학과 인문학의 상생을 촉구하고 있다. 특히 인지과학에 의한 새로운 인문학의 정립은 단순히 필요가 아닌 당위의 문제에 해당한다. 왜냐하면 21세기의 인문학은 더 이상 주체와 객체를 분리하는 의미 자체가 불필요해졌기 때문이다. 즉 21세기의 인문학은 주체가 객체가 되고 객체가 주체가 되는 새로운 인식의 전환을 요구받고 있다. 이렇게 전환점에 서 있는 인문학은 타 학문과의 통섭을 통해 새로운 학문의 지향점을 모색해야 할 시점에 와 있는 것이다.

이렇듯 21세기에 들어 인문학은 새로운 전달매체가 급속하게 등장하면서 구조적인 재편성과정을 겪기 시작하고 있다. 먼저 국내 인문학계의 경우 문·사·철 중심의 전통적 학과가 문화콘텐츠, 디지털콘텐츠, 문화기획학, 역사콘텐츠, 스토리텔링, 한국문화콘텐츠 등의 이름으로 명칭을 바꾸어 새로운 통섭을 시도하고 있는 흐름이 그 일례이다. 이러한 최근의 추세에서 분명한 것은 기존의 전통적 흐름의 학과들이 시대적 조류에 따라 다소 퇴조하면서 다양한 학문들을 융합하여 새로운 학문 간 통합을 시도하고 있다는 사실이다. 특히 1990년 말 이후부터 국내의 인문계 학과들은 지금까지 문화콘텐츠, 디지털콘텐츠 등 관련학과를 신설하면서 그 수요가 급격히 증가했다. 즉 국내의 각 대학들이 문화콘텐츠, 디지털콘텐츠의 독립학과나 연계전공을 신설하고, 인문학과 예술학, 공학 등 기존의 학과도 통섭적 기능을 지닌 관련학과로 거듭 변신을 시도하고 있는 중이다. 이렇게 문학 · 역사 · 철학 중심의 인문학은 각종 문화콘텐츠 토대의 제공자로서 자신의 역할을 다하고자 운신의 폭을 점차 넓혀 가는 실험을 가동시키고 있다.

또한 21세기에 들어 새로운 최첨단 과학기술 문명의 발달로 인해 인간의 몸에 대한 담론은 지속될 조짐을 보이고 있다. 그 이유는 '정보혁명의 시대'라 불리는 정보통신의 놀랄 만한 산물인 사이버스페이스와 사이버스타의 출현, 인간과 기계를 합친 사이보그의 출현 및 인공지능 컴퓨터를 위시한 인지과학의 비약적인 발전으로 인해 인간 신체의 위상이 흔들린다는 사실에서 몸 담론의 배경이 급부상하고 있기 때문이다. 우리 인간은 사이보그 및 인공지능의 출현으로 인해 귀찮은 몸을 벗어 던지고 순수사고의 존재로만 살 수 있다는 '포스트휴먼'[45]의 시대가 급격히 부상했다. 컴퓨터가 인공신경과 생

45 포스트휴먼론은 철학적으로 니체의 『도덕의 계보학』(1887)에서 언급한 도덕의 질문에 대한 반작용을 통해 나타난다. 인간 자신은 증오받으면서도 이상화되는 도덕과 마찬가지의 결과물을 만들어낸다. 인간 자신은 징후, 가면, 위선, 질병, 착각이면서도 근원, 치료제, 흥분제, 억제, 독인 것이다. 니체와 그를 뒤따르는 반휴머니즘적 사고는 계몽주의 사유의 유산이다. 이들이 표방하는 의심의 해석학은 인

체칩의 형태로 보다 더 실용화된다면, 그리고 컴퓨터가 인간의 육체 안에 이식된다면, 컴퓨터는 더 이상 인간과 인터페이스 관계에 있는 인간의 타자가 아니다. 미래의 컴퓨터는 이식이란 과정을 통해 인간의 몸과 하나가 되면서 인간 내부에 침투할 채비를 이미 갖추었다. 이것은 인간보다 지능적인 컴퓨터가 오히려 인간을 그 컴퓨터의 일부로 흡수하고, 결국 그 인간을 포스트휴먼으로 변신시키는 결과의 조짐을 보일 것이다. 포스트휴먼은 미래의 기술이 현실화될 실제의 가능성, 그리고 특이점의 도래와 슈퍼지능의 출현 가능성 등을 다양한 관점에서 이론적으로 점검한다. 따라서 과학기술학자들은 기술을 통한 인간 향상의 가능성을 긍정하는 동시에 그러한 입장을 대변하고자 한다.

케빈 워릭(Kevin Warwick)은 『나는 왜 사이보그가 되었는가?』(2002)라는 저서에서 사이보그를 다음과 같이 말한다. "나는 인간으로 태어났다. 나는 특정한 시간과 공간을 따라 영향을 미치는 운명에서 결코 자유롭지 못하다. 운명은 나를 인간으로 만들었지만, 무언가 변화를 시도할 수 있는 능력을 주었다. 운명은 기술의 힘을 빌려 나 자신을 변화시킬 수 있는 능력, 인간을 업그레이드할 수 있는 능력을 갖고 있다."[46] 주지하듯이, 이제 전자 제어술, 생명공학, 극소전자기술,

---

간을 새롭게 함과 더불어 인간을 스스로 자책하는 미성년의 상태에서 해방시키는 것을 목적으로 한다. 니체가 말하는 예언자적인 인간 이후의 인간은 다음과 같은 문구에서 드러난다. "미래의 인간, 즉 우리를 모든 이상으로부터 구제하는 이 인간은 자기 자신에 대적하며, 역겨움, 무에 대한 의지, 허무주의, 정오의 시계 종소리, 위대한 결정, 의지를 다시 자유롭게 하는 인간이다. 지상에서 본인의 목표와 인간에게 희망을 돌려주는 이 반그리스도주의자와 반허무주의자, 신과 허무를 극복하는 인간, 언젠가 그는 오고야 말 것이다"(Friedrich Nietzsche, *Sämtliche Werke. Kritische Studiengabe VI, 2 Bände.* (Hrsg.). G. Colli und M. Montinari, München/Berlin/New York, 1980, 265쪽).

46 케빈 워릭, 『나는 왜 사이보그가 되었는가』, 정은영 옮김, 김영사, 2004, 19쪽.

가상현실기술(virtual reality), 하이퍼텍스트(hypertext), 멀티미디어, 영상·전자매체의 기술, 사이보그 등 과학기술의 급속한 발달로 등장한 새로운 기술과 매체들이 인간의 삶에 많은 영향을 끼치고 있다.

윌리엄 깁슨(W. Gibson)은 사이버스페이스(Cyberspace)라는 용어를 처음으로 사용하면서 『뉴로맨서*Neurmancer*』(1984)라는 공상과학소설에서 인간과 컴퓨터의 인터페이스가 고도로 발달하는 방식으로 인간의 몸이 진화해서 만들어진 인간+기계의 새로운 방식을 묘사한다. 또한 크리스 헤이블즈 그레이는 『사이보그 시민*Cyborg Citizen*—포스트휴먼시대의 정치』(2001)에서 정보기술과 생명공학기술의 발달로 인해 인류가 사이보그로 개조되는 과정을 진화론적 맥락에서 설명하며 인간을 다른 종에 의해 승계되는 포스트휴먼의 주역으로 제시한다. 역사의 종말로 유명한 프랜시스 후쿠야마(Francis Fukuyama, 1952~)가 『우리의 포스트휴먼시대*Our posthuman Future*』(2002)에서 생명공학의 발달로 인해 생명공학이 지배하는 인류의 포스트휴먼 단계를 예언한 바 있다. 즉 포스트휴먼의 세계는 "현존하는 세상보다 훨씬 더 계층적이고 경쟁적이며, 그 결과 사회적 갈등으로 가득 찬 세상일 수 있다. 〔…〕 인간의 유전자가 너무나 많은 다른 종의 유전자와 섞임으로써 더 이상 인간이란 무엇인가에 대한 개념을 가질 수 없는 세계가 될 수 있다."47

이러한 불안은 다음을 의미한다. "바이오공학 기술은 어떻게든 우리가 휴머니티를 상실하도록 만들 것이다. 말하자면 역사의 전개과정에서 인간의 상황에 가해진 모든 변화에서도 우리가 누구인지 그리고 우리는 어디로 가는지에 대한 이해를 언제나 확고하게 뒷받침

---

47 프랜시스 후쿠야마, 『Human Future 부자의 유전자 가난한 자의 유전자』, 송정화 옮김, 한국경제신문, 2002, 325쪽.

해 주던 그 어떤 본질적인 특성을 이제는 상실하게 될 것이다."[48]

호주 출신의 철학자 데이비스 찰머스(David Charlmers)도 '아이폰은 이미 나의 마음의 일부'라고 선언했다. 예컨대 스마트폰은 우리가 한때 머리로 기억하던 전화번호나 주소 등의 기억한다. 즉 스마트폰이 우리의 생물학적 두뇌의 몫 중 일부를 대체한 것이다.

위에서 언급한 것처럼, 몸(Body)과 기술(Technology)은 서로 다른 것도 없지만, 몸은 살아 있는 유기체이며, 기술은 그렇지 못하다. 몸은 자연적인 진화의 결과이며 지금 이 순간에도 변화하고 있지만 기술은 인간의 발명의 산물이며 인간 없이는 한 발짝도 앞으로 나아갈 수 없다. 이제 기술은 단지 도구가 아니라 인간의 정신인 동시에 몸의 확장이다. 생명과 기술의 병합은 근본적으로 인간을 인간답게 만들어 주는 인간의 본성을 반영한다.[49] 사이보그 혹은 인공지능을 철학적 연구주제로 진지하게 고려하게 된 것은 확장된 마음(extended mind)이라는 인간정신의 본성에 대한 입장 때문이다. 인공지능이 인간의 두뇌를 대신하여 인간의 두뇌를 개선하고 있는가? 아니면 인공지능의 영향력이 향후 더욱 더 어떻게 확장될 것인가? 이러한 인공지능의 두 물음은 향후 과학기술의 급속한 발전으로 인해 인간 두뇌에 획기적인 변화를 가져올 것이 확실하다. 인간의 기술화는 사이보그화 그리고 광범위하게 보급된 기술문화 속으로 스며드는 포스트휴먼화로 이해된다. 인공지능은 향후 인간의 상(像)과 기존의 인간스러움이라는 개념을 한층 변화시키게 될 것이다. 이것이 바로 미래의 포스트휴머니즘의 모습인 것이다.[50] 흔히 인간의 정신작용은

48 프랜시스 후쿠야마, 앞의 책, 101쪽.

49 신상규, 「사이보그와 매트릭스」, 이인식 기획, 『인문학자, 과학기술을 탐하다』, 고즈윈, 2012, 112–113쪽.

50 슈테판 헤어브레히터, 『포스트휴머니즘–인간 이후의 인간에 관한 문화철학적 담

머리(두뇌나 중추신경계) 안에서 일어나는 과정이라 생각해 왔다. 우리의 정신이 이제는 부분적으로 두뇌 바깥에서 일어나는 육체의 활동, 더 나아가 육체 바깥의 도구에 의해 구성되고 있는 것이다.

이처럼 기술의 진화는 21세기 들어와 더욱 박차를 가하고 있다. 21세기 차세대 기술혁명은 정보통신(IT), 생명(BT), 나노(NT) 등 어느 한 분야에 국한하지 않은 신기술 사이의 통섭 및 융합의 흐름을 지속적으로 이끌어 갈 것으로 예측하고 있다. 지난 2002년 6월 미국과학재단(National Science Foundation, NSF)의 『인간 수행의 증진을 위한 융합기술*Convergent Technologies Improve Human Performance*』에 대한 연구보고서에서 미국 내 주요 학계 연구자, 산업계 인사 및 정부기관 정책연구자 등 미래의 과학기술자들은 융합과학기술의 당위성을 주창했다. 이 보고서에 따르면, 현재의 과학기술은 새로운 제2의 르네상스 시대에 들어서 있다고 한다. 또한 16세기 르네상스 시대에 눈부시게 과학기술과 문화예술이 함께 발전할 수 있었던 것은 레오나르도 다빈치, 브루넬레스키, 첼리니와 같이 예술과 공학이 동시적으로 뛰어난 사람들이 다방면의 학제 간의 정신을 공유하며 창조적 행동을 하였기 때문이라 지적하였다. 따라서 이 보고서는 미래지향적인 과학기술의 핵심인 나노과학(N), 생명과학(B), 정보과학(I), 인지과학(C), 이 4가지 과학기술의 영역이 유기적으로 결합해야 한다고 기술했다. 이 연구보고서에서 NBIC 융합과학이 추구하고자 하는 궁극적 목표는 전 세계 "인간수행의 증진(improving human performance)"을 향상시키는 것이었다. 특히 뇌 과학은 인간의 정신, 행동에 대한 과학적인 이해를 목적으로 하는 그 특징상 인본주의적 특성을

론—』, 김연순 · 김응준 옮김, 성균관대학교 출판부, 2012, 56쪽.

부가하고자 하는 각 학문과 서로 융합하는 데 가장 적절한 학문인 것이다.[51] 즉, 나노과학, 생명과학, 인지과학, 정보과학을 연결하는 융합과학기술의 핵심에 '뇌'와 '마음'의 연구가 자리를 차지하고 있는 것이다. 인간 수행성의 수준 향상이라는 목표는 인간의 마음과 뇌를 ᅟ결하는 연구를 통해서 비로소 가능해지고 있다. 그래서 21세기 ...은 환경이 아니라 바로 인간 자신을 증진시키는 것이 목표

...과학은 이제까지 쌓아온 학제 간 지식의 융합, 더 ...하는 것이다. 따라서 21세기 미래 융합과학 ... 주제는 뇌와 마음을 연결하는 연구가 ...지도인 인간게놈(Genome)의 연구를 ...(Cognome)을 도출하는 주제가 ...부상하고 있는 것이다. 그 ...의 열쇠를 푸는 과제

...의해 주도되 ...에 유럽 ...려

...Euro-

인간의 사회적 인지와 행동의 기초가 되는 생물학적 메커니즘은 뇌 연구와 인문학의 융합에서 찾아볼 수 있다. 거대하고 복잡한 융·복합체계는 생산-유통 수단의 전산화/자동화와 인터넷망과 데이터베이스 아카이빙시스템의 전 지구적 구축을 기반으로 하여 공간과 사물의 자체의 지능화라는 방향으로 더욱 치닫고 있다.[53] 특히 디지털미디어의 속성은 미디어의 융합에서 찾을 수 있다. 미디어 융합은 문자계, 음성계, 영상계로 구분된 미디어가 하나씩 쌍을 이루거나 모두 통합되는 현상, 혹은 유선계, 무선계, 위성계, 패키지계로 구분된 정보전달 수단으로서의 미디어 계열이 공유하는 기술적 분야에 점진적으로 합쳐지는 현상을 포괄한다. 그런 의미에서 인터넷 기 통합형 디지털미디어는 미디어 융합의 전형을 보여준다. 인터 중화를 앞당긴 월드와이드웹(World Wide Web)의 출현, 기존 어 시대에는 뚜렷하게 구분하였던 신문과 방송, 잡지, 전 이 인터넷 웹사이트(website)와 포털(portal), 하이퍼텍스트 일체화되고 있다. 미디어 융합현상은 정보의 수용자가 미디어환경을 조성함으로써 기존의 수동적인 수용자 이고 정보추구적인 수용자의 개념으로 변화시키고

최근 인간의 사회생활과 뇌구조의 관계를 연구 는 사회심리학과 신경과학이 융합하여 학제 간 덕적 행동, 모방심리, 정치성향 등 점차 그 다. 즉 ① 나노공학과 나노기술, ② 바이오 전공학, ③ 정보·컴퓨터공학 및 미디어 학 및 인지과학기술 등이 그것이다.

53 심광현, 앞의 책, 356쪽.

트랜스휴머니즘(transhumanism)과 첨단기술의 발전은 미래에 어떤 약속을 하는가에 대한 논의를 증폭시키는 계기를 마련했다.[54] 먼저 트랜스휴머니즘은 인간향상기술이 인간본성을 변화시킬 수 있는 잠재력을 갖고 있다는 점을 긍정적으로 인정한다. 그래서 트랜스휴머니즘은 과학기술의 발전으로 가능해진 새로운 인간의 품위를 모색하는 태도를 일컫고 있다.[55]

트랜스휴머니즘은 싱귤래리티 대학(Singularity university) 총장인 레이 커즈와일(Ray Kurzweil),[56] 나노물리학의 개척자인 킴 애릭 드렉슬러(Kim Eric Drexler), 옥스퍼드 대학의 철학자 닉 보스트롬(Nick Bostrom) 등에 의해 주도되고 있다. 닉 보르트롬은 인간의 능력을 건강, 인지능력, 감정의 세 차원으로 본다. 모든 인간은 정신적으로나 육체적으로 건강하고, 활동적이고 생산적일 수 있는 능력을 원한다. 그리고 인간은 기억, 추론, 유추할 수 있는 사고력, 주의력과 같은 일반적인 지적 능력뿐만 아니라 유머, 이야기, 그리고 예술을 이해하고 평가할 수 있는 인지력을 지니고 있다. 또한 인간은 삶을 즐기고 자연 및 다른 사람들과 서로 정서를 교감한다. 그래서 "트랜스휴먼은 현재의 인간본성이 인간의 수명을 연장시키고, 우리의 지적 능력과 신체적 능력을 확대하며, 우리의 심리적 상태와 정서에

---

54 *Convergent Technologies Improve Human Performance*, edited by Mihail C. William Sims Bainbridge, 2002, NSF.

55 이진우, 『테크노 인문학』, 책세상, 2013, 35쪽.

56 커즈와일은 21세기 트랜스휴먼을 다음과 같이 말한다. "인간의 지능과 비교될 만하고 더 뛰어날 수도 있는 새로운 형태의 지능이 21세기 초에 지구에 등장한다는 것은 인류 역사상 그 어떠한 발견보다 중요하다. 이것은 인간지능의 창조 그 자체보다도 훨씬 중요하며 인간 행동의 모든 영역에서 커다란 영향을 줄 것이다. 예컨대 일자리 창출, 지식, 행정조직, 전쟁, 예술 그리고 우리에 대한 생각도 영향받을 것이다(Ray Kurzweil, *The Age of Spiritual Machines: When Computers Exceed Human Intelligence*, New York: Viking, 1999, 5쪽).

대한 통제를 강화하는 것을 가능하게 하는 응용과학과 다른 합리적 방법을 사용함으로써 개선될 수 있다"[57]고 주장한다.

트랜스휴머니즘은 첨단기술의 발전이 미래 어느 시점에 특이점(singularity)에 도달하여 성공적으로 융합되면, 인간을 이러한 융합기술로 개조하여 생물학적 한계를 극복할 수 있다는 것이다. 다시 말해 인간의 생물학적 신체는 도태되고 첨단기술에 의해 능력이 완전하게 증강하여 인간 이후의 존재가 출현할 것이라는 예측이다.[58] 또한 GNR은 각각 지네틱(G), 나노(N), 로보틱스(R)와 인공지능을 의미한다. 이러한 GNR은 인류가 생물학을 초월하여 폭발적 성장의 단계를 도약하면서 완전히 새로운 특이점(singularity)시대를 예고한다. 여기서 특이점은 '특별히 다른 점(singular point)'을 의미하지만, 과학기술분야에서는 다른 것을 뜻한다. 컴퓨터기술에서의 특이점은 기계가 매우 영리해져서 지구에서 인류 대신 주인 노릇을 하는 미래의 어느 시점을 가리킨다.

미국의 수학자이자 과학소설작가인 버너 빈지(Vernor Vinge, 1944~)는 「다가오는 기술적 특이점-포스트휴먼(posthuman)시대에 살아남는 방법」(1993)이라는 논문에서 인간을 초월하는 기계가 출현하는 시점을 특이점이라 부른다. 빈지는 생명공학기술, 신경공학, 정보기술, 인지공학의 발달로 인해 특이점을 2030년 이전에 지니게 될 것이라 전망한다. 그러면 특이점은 언제 나타날 것이며, 그때 인류의 운명은 어떻게 될 것인가?

미국의 컴퓨터 이론가인 레이 커즈와일(Ray Kurzweil)은 『특이점이

---

57 Nick Bostronm, "In Defense of Posrhuman Dignity", *H+Transhumanism and Its Critics*, eds. Gregory R. Hansell and William Grassie, Philadelphia: Metanexus, 2011, 55–66쪽.

58 이종관, 『공간의 현상학, 풍경 그리고 건축』, 성균관대학교 출판부, 2011, 25쪽.

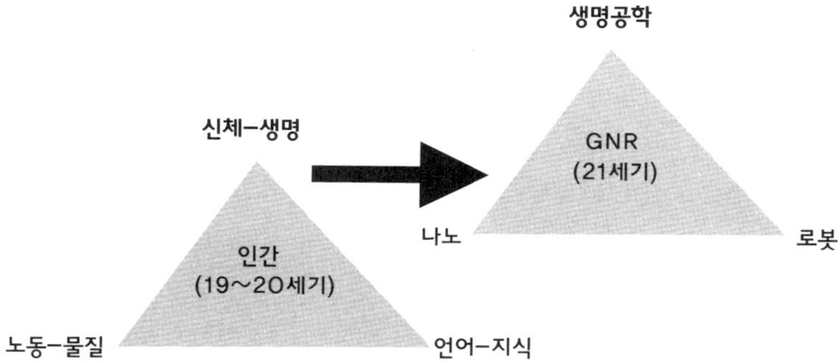

다가오고 있다*The Singularity is Near*』(2005)[59]라는 저서에서 2030년 전후에 지능 면에서 기계와 인간 사이의 구별이 사라질 것이라고 전망한다. 향후 인류의 문명은 기계와 인간 사이의 구별이 사라지고 생물학을 넘어야 할 순간을 맞게 될 전망이다. 인류문명은 곧 생물학을 넘어서는 순간을 맞이하게 될 것이며, 특이점 혁명이 가까운 시기 안에 도래할 것이라 전망하기 때문이다. 이러한 근거는 인간의 두뇌에 대한 분석이 2030년이면 끝날 것이라 예상되기 때문이다. 향후 기술 변화의 속도가 점점 빨라져서 그 변화 곡선이 수직에 근접되는 시점이 오면, 짧은 시간 안에 우리 삶의 모습이 근본적인 변화를 겪게 되는 시기가 도래한다. 그것이 바로 특이점의 시기이다. 그 시기는 마치 하등동물에서 인간이 출현한 것에 비교될 만한 역사의 변곡점으로서 인간은 현재의 시점과는 전혀 다른 형태의 삶을 살게 될 것이라는 예측이다. 따라서 특이점의 시기는 우리가 세상을 이해하는 여러 개념적 범주나 가치의 기준이 무의미하게 되는 지점인 것이다.

이와 같이 레이 커즈와일을 비롯한 학자들의 특이점에 대한 주장

59 레이 커즈와일, 『특이점이 온다』, 김명남 · 장시형 옮김, 김영사, 2007.

들은 이미 과학계에서 큰 이슈가 되고 있다. 이러한 특이점의 개념은 철학자 들뢰즈가 『차이와 반복』(2004)[60]에서 니체, 스피노자, 키에르케고르, 문학, 예술 등의 인문학자들을 비교 검토하는 관점에서도 핵심개념으로 제시되고 있다. 이러한 거시적인 사고의 틀에서 볼 때 이러한 특이점은 인문학의 새로운 정립을 요구하고 있다.

3. 유비쿼터스시대의 부상

현재 우리의 일상생활을 대대적으로 변화시키고 있는 유비쿼터스 컴퓨팅, 퍼베이시브 컴퓨팅의 상용화는 과학기술의 발전에서 비롯된다. 앞서 언급했듯이, 향후 21세기의 새로운 전략은 NBIC(Nano-Bio-Information-Coginition)를 비롯한 GNR(Genetics-Nano Robotics) 융·복합체계의 전략이 그 담론을 형성하고 있다. 다시 말해 우리의 일상사는 유비쿼터스 컴퓨팅을 통해 물리공간을 지능화시키고, 유비쿼터스 네트워킹을 통해 그것들을 네트워크로 연결하고 있는 것이다. 사람과 컴퓨터, 사물 간의 교신에 따른 새로운 패러다임의 출현으로 인해 기존 패러다임의 전환을 예고하게 되었다. 주지하듯이, 첨단정보통신 및 컴퓨터의 발명은 급속한 기술발전의 진전에 따른 새로운 패러다임과 문화를 획기적으로 바꾸어 놓았다. 대표적 실례가 유비쿼터스(ubiquitous) 컴퓨팅이다.

본래 신학용어였던 '유비쿼터스'는 편재하는 어느 곳에서나 존재하는 의미를 갖고 있다. 신이 시·공간을 초월해 존재하듯이, 컴퓨터

---

60 질 들뢰즈, 『차이와 반복』, 김상환 옮김, 민음사.

가 어느 곳에서나 존재하는 환경을 뜻한다.[61] 1998년에 미국의 마크 와이저(M. Weiser)가 유비컴퓨팅이란 개념을 창안해 냈다. 이 개념은 인간과 컴퓨터의 상호관계(Human Computer Interaction), 즉 HCI의 기존 양상의 파격적인 변혁을 위해 구상되었다. 유비쿼터스 컴퓨팅은 메인프레임 컴퓨터, 퍼스널 컴퓨터 PC를 거친 제3세대의 HCI로 구상되었다. 와이저는 이러한 유비쿼터스 컴퓨팅을 "스며 있는 기술(pervasive technology), 조용한 기술(calm technology), 눈에 띄지 않는 기술(invisible technology)" 등으로 불렀다. 그래서 유비쿼터스 컴퓨팅은 반도체 칩 형태의 초소형 컴퓨터를 우리가 생활하는 환경과 우리가 대하는 사물에 내장하는 것을 그 기본으로 한다.[62] 다시 말해 이는 반도체 칩 형태의 초소형 컴퓨터를 우리의 일상환경과 사물에 내장하는 것을 그 기본으로 한다. 이 초소형 컴퓨터들은 단거리 무선 통신기술을 통해 상호 연결되어 있다. 무엇보다 초소형 컴퓨터는 상호 연결된 공간 안에 존재하는 사람들과 자동적인 인식을 통해 최상의 컴퓨팅 서비스를 제공한다.[63] 따라서 초소형 컴퓨터는 이제까지 고립·분리되어 있던 사람들과 세계들을 실시간으로 연결하게 되었다. 이에 따라 사람들은 모든 내용들을 컴퓨터로 연결했으며 컴퓨터가 모든 것에 스며들기 시작한다.

이제 유비쿼터스는 한국의 첨단자족도시를 설계하는 단계에 들어섰다. 구체적으로 유비쿼터스는 화성 동탄 신도시에 적용되어 유비쿼터스 도시의 현대화를 실체화하기 시작하였다. 향후 2015년경 무렵이면 우리나라는 약 230만 명의 인구가 유비쿼터스 도시에 거주

---

61 최연구, 『문화콘텐츠란 무엇인가』, 살림, 2006, 31쪽.
62 이종관, 『공간의 현상학, 풍경 그리고 건축』, 성균관대학교, 출판부, 2011.
63 홍성수, 「유비쿼터스」, 김성곤 외 75인, 『21세기 문화키워드 100』, 한국출판마케팅연구소, 2004, 276쪽.

할 것이라 예상한다.[64] 카스텔(Manuel Castells, 1942~)은 이를 『네트워크 사회』[65]라 일컫고 있다. 유비쿼터스는 컴퓨터기술에 기반을 두고 있지만, 유비쿼터스의 혁명은 기존의 정보혁명과는 사뭇 다르다. 세상의 모든 사물에 컴퓨터 칩이 내장되고 이것이 네트워크로 연결된다면, 온-오프라인의 구분은 없어질 것이고 고전적인 공간 개념도 머지않아 사라질 것으로 예측한다.[66] 이런 추세에 발맞추어 최근 유비쿼터스 웹(Ubiquitous WWW)이 온갖 종류의 데이터와 정보, 지식을 새로운 방식으로 교차 연결하여 인터넷을 통합하고 있다.[67] 따라서 최근 새로운 인터넷의 환경과 문화는 '디지털 컨버전스(convergence)'[68]의 기술로 인해 21세기의 유비쿼터스 문화를 새롭게 가져다줄 것이라 전망한다.

이와 같은 유비쿼터스의 혁명은 인간과 사물을 네트워크로 연결하여 인간의 정신과 몸의 네트워크로 확장하고 있다. 기존의 이성 중

64 심광현, 『유비쿼터스시대의 지식생산과 문화정치』, 문화과학사, 2009, 9쪽.
65 마누엘 카스텔, 『네트워크 사회: 비교문화관점』, 박행웅 옮김, 한울, 2009.
카스텔은 네트워크를 상호 연관된 결절(node)의 집합이라 본다. 즉 네트워크 사회(network society)란 사회구조가 극소전자 기반의 정보와 커뮤니케이션 기술로 추진되는 네트워크로 구성된 사회를 의미한다. 왜 현대사회는 정보사회(information society)가 아니라 네트워크사회인가? 이제 현대사회는 지식정보의 역할이 증가하는 것이 그다지 중요하지 않게 되었고 오히려 그 증가가 가져오는 사회적 결과에 주목한다. 그래서 자아와 사회 사이의 관계의 변화가 중요하게 작용한다. 카스텔의 입장에서 경제, 문화 등은 이제 지구적 커뮤니케이션에 의해 가능해진 네트워크를 통해 움직인다. 우리가 이러한 네트워크를 어떻게 활용하느냐에 따라 자아나 사회이든지 간에 그 운명을 달리하게 된다. 따라서 카스텔은 『네트워크 사회의 도래』에서 신경제, 네트워크기업, 노동의 변동, 현실적 가상성 문화, 시공간의 변형 등을 진단한다. 특히 네트워크 기업과 현실적 가상성 문화는 네트워크 사회의 핵심을 이룬다. 향후 어떤 기업이든지 간에 세계화된 네트워크 내에 속하지 않으면 더 이상 생존하기가 어렵게 되었다. 즉 흐름의 공간과 초시간적 시간에 의해 장소를 대체시키고 시간을 소멸시키는 새로운 문화가 등장하고 있는 것이다.
66 최연구, 『문화콘텐츠란 무엇인가』, 살림, 2006, 31-32쪽.
67 앨빈 토플러, 『부의 미래』, 김중웅 옮김, 청림출판, 2010, 262쪽.
68 디지털 컨버전스는 휴대성, 편재성 용량, 호환성, 조작성 등이 중요하다. 기술발전과 기술융합은 새로운 문화를 맞이하고 있다.

단계	명 칭	특 징	원 동 력	시 기
1	전산화	전자공간의 프레임 마련	디지털기술의 확산 컴퓨터 고성능화/저렴화 소프트웨어 기술의 발달	컴퓨팅 혁명 (1980년대)
2	정보화		PC통신의 등장 및 확산 네트워크 인프라 확장 인터넷 보급	네트워크 혁명 (1990년대)
3	지식화	전자콘텐츠 창출로 전자공간 독립성 확보	PC와 인터넷의 보편화 초고속 인터넷 등장	디지털 경제 전환 (2000년대)
4	유비쿼터스화	물리공간과 전자공간의 실시간 융합	제3공간 출현 지능형 가전제품 등장 초고속 홈네트워크 및 무선인터넷 등장	제3공간 혁명 (현재)

심의 인문학이 유비쿼터스 인문학으로 전개되어야 하는 이유가 바로 여기에 있다. 이렇게 우리의 일상사는 인문학과 인지과학이 만나는 제3의 공간을 창출해야 하는 유비쿼터스의 시대에 살고 있다. 유비쿼터스의 혁명이나 정보통신(IT)의 혁명은 크게 4단계의 패러다임으로 설명할 수 있다. 위 도표에서 보듯이, 정보화 패러다임의 전환 방향이 전산화 ⇒ 정보화 ⇒ 지식화 ⇒ 유비쿼터스화로 전개되어 왔다. 먼저 전산화의 단계는 여러 사람이 수작업으로 처리하던 업무절차를 자동화하여 능률적 업무를 수행하는 데 목표를 두었던 초기의 정보기술 활용체계이다. 이 단계는 다른 업무와의 연계성이 없고 기계적인 업무 중심이며 네트워크 접속도 제한적이어서 비효율적이었다.

결국 이 단계는 컴퓨터가 그동안 사용했던 수작업 장부를 대체하는 것에 불과했다.[69]

그 다음의 정보화 단계는 인터넷상에서 웹 서비스가 보편화되고

69 심광현, 『유비쿼터스시대의 지식생산과 문화정치』, 문화과학사, 2009.

컴퓨터, 방송, 통신 인프라가 확충, 융합되는 시기이다. 이 단계는 수많은 정보와 서비스를 보다 쉽고 편하게 주고받을 수 있게 되고, 기업과 정부에 있어서도 다양한 업무처리의 전산화를 넘어 업무처리 과정, 생산, 전송, 이용과정에서 실시간(real time) 쌍방향으로 정보를 활용하는 데 중점을 둔다. 본격적으로 PC to PC 단계로의 시작이다. 또한 이 시기는 물리공간에 있는 모든 도서관, 박물관, 쇼핑몰, 은행, 신문 등을 컴퓨터를 통해 이용하게 된다.

셋째, 지식화의 단계는 정보화 패러다임에서 근본적인 문제에 부딪히게 된다. 과연 무수히 많은 정보의 자유로운 유통이 개인과 조직이 직면한 문제 해결에 어떤 도움을 줄 수 있느냐 하는 것이다. 이 단계는 오히려 너무 많은 정보들로 인해 혼잡을 초래할 수 있기 때문이다. 이러한 난제를 극복하기 위한 수단이 지식화의 단계이다. 지식화의 단계는 조직이 보유하고 있는 지식재산을 체계적으로 흡입, 분류, 저장, 창조하여 조직 전체의 지식수준을 높이고 지식관리시스템상에서 모든 조직 구성원이 투명하게 공유하여 조직혁신과 문제 해결능력을 높임으로써 조직의 가치와 경쟁력을 극대화한다. 즉 지식화의 단계는 단지 정보화에 그치는 것이 아니라 지식관리시스템의 구축을 통해 구성원의 문제 해결이나 원하는 정보/시스템을 제공하고 이용할 수 있도록 한다.

마지막 단계는 유비쿼터스화이다. 왜냐하면 지식화의 단계는 여전히 한계점을 지니고 있기 때문이다. 그 이전의 정보화와 지식화가 사이버공간에 기반을 두고 있다면, 유비쿼터스화는 물리적 공간에 기반을 둔다. 물리적 공간에 기반을 갖고 있지 않은 정보화와 지식화의 단계는 사이버공간상으로 어떤 문제를 인식한다고 할지라도 물리적 공간에서 모든 것을 해결할 수 없다. 따라서 최근 새로운 인터넷의 환경과 문화는 '디지털 컨버전스'[70]의 기술로 인해 21세기의 유비쿼터스 문화를 새롭게 변화시켜 줄 것이다.

그러나 유비쿼터스의 혁명은 단지 이슈로 그치는 것이 아니라, 그 시기가 언제인가에 대한 시점을 급히 요구하고 있다. 지금까지 특이점의 존재여부는 이미 과학계에서 수용되고 있는 가운데 그 시기에 대한 구체적 공방을 진행하고 있을 뿐이다. 21세기 특이점의 혁명이 우리 앞에 전격적으로 도래한다면, 기존의 인문학은 하루빨리 폐기해야 할 운명의 위기에 처하게 될지도 모른다. 결국 21세기 인문학은 새로운 타 학문과의 대화를 절실히 필요로 한다는 방증이다.

70 컨버전스(convergence)란 라틴어에서 유래했다. 이 용어는 '가까이 다가감', '접근', '집회', '모임', '일치' 등의 의미를 내포한다. 오늘날은 크게 두 분야의 영역에서 사용된다. 하나는 수학영역에서 의미하는 '수렴'의 의미를 뜻하고, 다른 하나는 기술영역에서 의미하는 '융합'의 의미로서 사용한다(천현순, 「미디어 컨버전스와 참여」, 이화인문과학 편, 『디지털 시대의 컨버전스』, 이화여자대학교 출판부, 2009, 97쪽).

제2장 해석학적 이해와 인지과학

1. 딜타이의 이해와 인지과학
2. 하이데거의 선이해와 인지과학
3. 가다머의 선입견과 인지과학
4. 하버마스의 심층해석학과 인지과학
5. 현대해석학과 인지과학

제2장

해석학적 이해와 인지과학

1. 딜타이의 이해와 인지과학

갤러거(S. Gallager)에 따르면, 해석학과 인지과학은 기본적으로 공통의 과제와 상호보완적 관계를 맺고 있다. 그는 이해와 설명 사이의 단순한 대립을 넘어서는 방법으로서 해석학과 인지과학의 관계에 대해 세 가지 관점에서 다음과 같이 물음을 제기하고 있다.

첫째, 우리는 상황을 어떻게 파악하고, 세상에 존재하는 다양한 대상들을 어떻게 학습하고 이해하는가? 둘째, 우리는 이 세계의 상황을 어떻게 파악해야 하고, 실제로 다양한 유형들이나 상황을 어떻게 인지적 관점에서 이해할 수 있는가? 셋째, 우리는 타자를 어떻게 이해하는가?[1] 갤러거는 이 물음들의 상호관계를 제대로 규명하였을 때, 마음의 연구를 보다 심층적으로 해명할 수 있다고 보았다.

1 S. Gallager, "Hermeneutics and Coginitive Science", in: *Journal of Consciousness*, 11(2004), No. 10–11, 3쪽.

먼저 해석학은 오랜 역사만큼이나 대체적으로 성서나 신화의 텍스트를 해석하는 것을 의미하였다. 초기에 해석학은 문헌학의 내용을 많이 포함하고 있었다. 그러나 해석학이 텍스트 본래의 의미를 파악하기 위해서는 객관적 이해를 통해 텍스트의 기본적인 의미를 폭넓은 사회적 맥락에 따라 검토할 필요가 있다.[2]

문헌학으로부터 해석학을 독립시켜 역사적 인식의 문제를 해명하는 데 가장 크게 기여한 철학자는 슐라이어마허(F. E. Schleirmacher, 1768~1834)다. 슐라이어마허는 역사적 맥락에 따라 이제까지 문헌학적 텍스트에 한정했던 것을 보다 확장하여 인간의 행위를 규명하고자 했다. 여기서 해석학은 인간적 활동을 고려하게 되었다. 즉 그는 지금까지의 해석학적 문제들의 범위와 영역을 보다 확장시켰다. 그는 성서나 고전 텍스트들을 어떻게 이해해야 하는가의 문제보다도 모든 텍스트나 발화의 객관적 이해를 가능하게 해 주는 방법이 무엇인가를 규명하고자 했다.[3] 그는 텍스트 읽기에 앞서 주제와 상황에 대한 선이해(preundstanding) 혹은 선입견을 갖고 있어야 한다고 보았다. 이와 같이 해석학에서는 미리 가정된 이해를 선이해 또는 선입견이라 부른다. 우리가 무엇을 이해하기 위해서는 이미 알고 있는 것(선이해)과 비교한다. 우리가 무엇을 이해한다는 것은 부분들로 이루어진 체계적인 통일성에 의해 이루어져야 한다. 이때 우리는 문장의 전체적인 의미와 개별 단어들의 고찰을 통해 그 단어의 뜻을 이해하게 된다. 동시에 전체로서의 문장의 의미는 개별적인 단어에 의존하게 된다.

---

2 해석학일반의 수용에 대한 자세한 내용은 다음을 참조: 양해림, 『현대해석학 강의-개정증보판』, 집문당, 2011.

3 G. Warnke, Gadamer: *Hermeneutics, Tradition and Reason*, Georgia Warmke, 1987, 2쪽.

슐라이어마허는 해석을 문법적 해석(Die grammatische Interpretation)과 심리적 해석(Die psychologische Interpretation)으로 구별한다. 왜냐하면 모든 언어는 '전체 언어와 언어 창작자의 사유'와 깊은 연관성이 있기 때문이다. 먼저 문법적 해석은 말하는 자를 언어에 도입한다. 그래서 문법적 해석은 주어진 텍스트 안에서 언어체계를 파악하는 것을 과제로 삼는다. 반면에 심리적 해석은 말(Rede)을 통해 자신의 생각을 전달하고자 한다. 즉 심리적 해석은 한 텍스트의 저자가 무엇을 주장하는지에 대해 이해해야 한다.[4] 여기서 심리적 해석은 주로 말하는 자의 삶의 동기를 주시한다. 그렇지만 문법적 해석과 심리적 해석은 전달방식에 따라 그 중요도를 서로 다르게 구별한다. 그 이유는 어떤 종류의 텍스트는 저자가 서술된 텍스트에서 완전히 뒤로 물러나 있기 때문이다. 또 다른 텍스트들은 저자가 다시 등장하는 과정에서 다시 이해를 하게 된다.[5] 따라서 슐라이어마허 해석학에서 문법적 해석과 심리적 해석은 그의 강의의 대부분을 차지하면서 상호 교호한다. 딜타이는 슐라이어마허의 심리적 해석을 수용하여 심층적으로 분석했다.

먼저 딜타이(Wilhelm Dilthey, 1833~1911)는 자신의 최대의 학문적 과업을 "역사이성비판(Kritik der historischen Vernunft)"[6]을 계획하는 것에서 찾았다. 또한 딜타이는 「인간, 사회, 그리고 국가에 관한 학문 역사연구에 대하여」(1875)라는 논문, 『정신과학 입문』 제1권, 그리고

4 슐라이어마허의 문법적 해석과 심리적 해석에 대한 자세한 내용은 다음을 참조: 양해림, 『현대해석학 강의-개정판』, 집문당, 2011, 38-56쪽; 강돈구, 『슐라이어마허의 해석학』, 이학사, 2000.

5 한스 인아이헨, 『철학적 해석학』, 문성화 옮김, 문예출판사, 1998, 128쪽.

6 Wilhelm Dilthey, Hans-Ulrich Lessing(Hg.), *Texte zur Kritik der historischen Vernunft*, Göttingen, 1983.

『기술적 분석적 심리학의 이념』(1895)에 이르기까지 정신과학의 심리학적 기초 놓기라는 과제에 언제나 새로운 방법을 추구해 나갔다. 딜타이가 그동안 일관된 관점을 보였던 것은 단순히 설명하는 방법에서가 아니라 이해하는 방법에서 새로운 부류의 심리학을 구상하는 것이었다. 딜타이는 정신적 삶의 현상을 제한된 수치로 명확하게 규정하고자 시도한 환원적 방법의 설명심리학 대신에 심리현상에서 드러난 인과적 설명을 있는 그대로 기술하고자 했다. 다시 말해 그는 설명심리학보다는 오히려 체험에서 주어지는 삶의 전반과 연관된 이해심리학을 선호하였다. 즉 딜타이의 이해심리학은 정신적 현상들을 설명하는 것에 그치거나 심리적 기본요소로 환원되지 않는다. 단지 그는 이해심리학을 정신적 삶에 대한 근원적인 구조연관으로 이해하고자 하였다. 여기서 우리는 "자연을 설명하고 정신적 삶을 이해한다"라는 딜타이의 유명한 명제를 도출하게 된다. 이렇게 딜타이는 이해와 설명의 구분을 유용하게 적용하고자 했다.

무엇보다 그의 과업은 인식론적 관점에서 정신과학을 정당화하는 것이었다. 딜타이 자신은 정신과학을 역사학파의 방법론으로 이해했다. 또한 정신과학은 자연과학의 방법론에 의해서가 아니라 정신과학의 보편타당한 인식론적인 기초를 정당화하고자 하는 데 있었다.[7] 따라서 딜타이에게 있어서 이해의 개념은 그의 논문 「해석학의 발생」(1900)에서 다음과 같이 발견할 수 있다.

> 이해는 인식이라는 보편 개념에 속한다. 이 경우 인식이란 아주 광범위한 의미에서 보편타당한 지식을 추구하는 과학이다. 우리는 정신적 삶의 외부에서 감성적으로 주어진 삶의 표현에서부터 인식에 이르는

7 이한구, 『역사주의와 반역사주의』, 철학과현실사, 2010, 52-53쪽.

과정을 이해라 말한다. 따라서 감성적으로 파악할 수 있는 정신적 삶의 표현이 아무리 다양하다 해도 이해는 이러한 인식으로 기술된 조건을 통해 주어진 동일하거나 공통적인 특징을 갖고 있어야 한다. 문자로 고정된 삶의 표현에 대한 기술적 이해를 우리는 해석학이라 부른다(GS, V, 332쪽, Vgl. GS, V, 319쪽).[8]

또한 딜타이는 이해의 개념을 논문 「정신과학에서 역사적 세계의 구성」에서 다음과 같이 언급한다. "우리는 외부에서 주어지거나 내부에서 인식한 부호 속에 있는 과정을 이해라 부른다"(GS, V, 309쪽). 딜타이는 이러한 이해의 개념을 다음과 같은 세 가지 관점에서 파악한다.

첫째, 이해는 직접적으로 체험에 근거하고 체험에서 나온다(GS, VII, 25쪽). 체험은 그 자체에 내적인 반복을 통해 이해를 가능하게 한다.

둘째, 이해는 삶의 표현으로서 그 표현을 이해하는 것이다(GS, VII, 205, 207쪽). '이해는 어떻게 부호로서의 의미를 가질 수 있는가?'라는 물음에서 삶의 표현이다. 이러한 삶은 내적인 경험에서 우러나오는 삶의 객관화를 제시해야 한다. 즉 "삶의 표현을 통해서 표현이 단지

---

8 Wilhelm Dilthey, *Gesammelte Schriften V*, Göttingen 1959(이하 GS라 생략하여 인용함). 딜타이의 해석학을 사회과학적인 측면으로 조명했던 조클러(Ch. Zöckler)에 따르면, 해석학은 이해의 기술로서 문자로 확정된 삶의 표현으로만 파악하는 것이 아니라 역사학의 범주학으로까지 확대시켜 수용하는 것으로 본다. 해석학은 이해의 과학을 정신적인 객관화로 일반화시키는 것이다(Christofer Zöckler, Dilthey und Hermeneutik,－Diltheys Begruendung der Hermeneutik als Praxiswissenschaft und die Geschichte ihrer Rezeption, Stuttgart 1975, 9쪽). 따라서 딜타이는 전체는 개체에서, 개체는 전체에서 이해될 수 있다고 제시한다. 이러한 전환에서 해석학의 이해가 나타난다(Ulrich Hermann, Die Pädagogik Wilhelm Diltheys, Göttingen 1970, 70쪽 ; H. H. Deißler, Die Geschichtlichkeit bei Wilhelm Dilthey, Phil. Diss, Freiburg 1949, 51쪽)고 보았다.

무엇인가 생각하거나 의도하는 데 있는 것이 아니고, 오히려 우리가 이해할 수 있는 정신의 표현으로서 어떤 의도가 없는 것으로 분명히 하고자 한다"(GS, VII, 205쪽). 따라서 딜타이에게 있어서 이해는 정신과학의 대상으로서 인간의 상황을 체험하는 것이며, 거기서 삶의 표현을 표출하여 그러한 표현을 이해하는 것이다.

셋째, 이해는 개별적인 것의 이해다(GS, VII, 207쪽). 이것은 이해된 동종성(同種性)과 이해된 연관성을 함축한다. 다시 말해 개별적인 이해는 객관적 정신을 통해 타자의 정신과 공동체의 역사를 이해하는 것이다. 왜냐하면 개별적인 이해는 자신이 주체가 되어 공동체를 이해해야 하기 때문이다.

무엇보다 이해는 타자의 이해와 낯선 삶의 표현에 대한 이해 가능성(GS, I, 33쪽; GS, V, 226쪽; GS, VII, 225쪽; GS, IX, 225쪽)을 타진하는 것이다. 그리고 이해는 서로 불균등하게 나타날 수 있는 상이한 삶의 연관에서 드러난 이해의 가능성(GS, VII, 252쪽)으로 나아간다. 이러한 관점에서 딜타이는 이해를 두 가지 측면에서 구분한다. 첫째, 광범위한 의미에서 자기 자신의 이해이다. 즉 이해는 개별적인 삶과 연관되어 있기 때문에 심리적-육체적인 삶의 통일체 안에서 각자 개인의 체험에 의해 자기를 보다 확실하게 이해해야 한다. 따라서 이해는 인간의 현존재를 본질적으로 규정하며 먼저 자기를 이해하는 것이다. 이런 점에서 이해는 각자의 체험과 연관되어 나오는 인식이다(GS, VII, 86쪽). 둘째로, 좁은 의미에서 이해는 정신적 연관을 인식한다. 먼저 거시적인 문화의 연관성과 정신의 객관성의 체계는 타자와 관련되어 있다. 이러한 좁은 의미에서 이해는 외부에서 감성적으로 주어진 부호의 과정이며, 내부의 낯선 곳에서 인식하는 절차의 과정이다(GS, V, 318, 332쪽). 이러한 이해의 구분에 따라 딜타이

이는 이해와 체험을 다음과 같은 상호작용 관계에서 찾았다.

> 이해는 체험의 전제조건이 된다. 비로소 체험은 삶의 경험에서 이해로 가까이 접근되어 가고, 체험의 주체는 전체와 일반적인 영역 속으로 나아간다. 계속해서 체계적인 지식을 수행하기 위해 개별적인 개인의 이해가 요구되고, 다른 측면에서 다시 체계적인 지식은 개별적인 삶의 통일 속에서 생동적으로 파악하는 데 의존되어 있다(GS, VII, 143쪽).[9]

위의 인용문에서 보듯이, 체험은 삶의 경험을 통해 이해로 접근하여 가는 상호 의존 관계에 있다. 체험은 일회적인 것에 머물거나 반복적으로 할 수 있으나, 단순히 체험의 경험방식 안에서 논리적인 수단으로 극복될 수 있는 것은 아니다. 서로 상관하는 이해는 개인 사이에 놓여 있는 공통성을 확인해 나가야 한다. 그렇게 했을 때 각 개인은 체험을 통해 내적인 구조연관을 의식하게 된다. 그런데 이러한 의식은 개념적이거나 지적인 것이 아니라 개별적이며 심리적이다. 이렇게 체험의 주체는 이해를 통해 가능하게 된다. 따라서 체험과 이해는 내적인 체험과 연관하여 부여받은 구조(GS, VII, 312쪽)이다. 하지만 각 개인이 체험한 것은 이해와 표현에 의해 보완해

---

9 Vgl. Arthur Stein, *Der Begriff des Verstehens bei Dilthey,* Tübingen 1926, 44쪽 ; Emerich Coreth, Grundfragen der Hermeneutik, Freiburg 1969, 29쪽 ; Günter Schultz, "Was ist und seit wann gibt es hermeneutische Philosophie?", in: *Dilthey-Jahrbuch,* Bd. 8, 1992 / 1993, 104쪽 ; Nicole D. Schmidt, *Philosophie und Psychologie,* Hamburg 1995, 52쪽. 체험에 관한 더 상세한 내용은 다음의 문헌을 참조 : Adolf Schmidt, Das Erlebnis in der Philosophie Wilhelm Diltheys, Diss. Phil. München 1917, 8-17쪽, 33-36쪽 ; Heinrich Küntzel, Über Wilhelm Diltheys Begriff der Struktur und des Erlebnisausdrücks, in ; *Deutsche Vierteljahrsschrift für Literaturwissenschaft und Geistesgeschichte,* 41(1973), 1-25쪽 ; Karl Sauerland, Diltheys Erlebnisbegriff, Berlin 1972, 1-177쪽 ; Wolfgang Erlexleben, Erlebnis, Verstehen und geschichtliche Wahrheit, Berlin 1937.

나가야 한다.[10] 딜타이는 체험과 이해의 본질적인 관계를 다음과 같이 기술한다.

> 먼저 정신세계를 파악하는 데 있어서 체험과 이해의 상호작용이 나타나고, 일반적이거나 개별적인 지식은 서로 의존되어 있어서 결국은 이러한 절차에 근거하여 정신과학이 발전하면서 점진적으로 정신세계가 계몽하여 나타난다(GS, VII, 152쪽).

위 인용문에서처럼, 정신세계는 체험과 이해의 상호작용을 통해 전진해 나간다. 또한 체험과 이해는 낯선 타자처럼 역사적 삶 속에서 드러난 객관적 지식에 의해 파악된다. 여기서 딜타이는 정신세계를 체험과 이해의 근본관계로서 밀접하게 상호작용하는 조건으로 보고 있다.

무엇보다 딜타이에게서 이해란 '너' 안에서 '나'를 재발견하는 것이다. 정신은 언제나 높은 단계들의 연관을 통해 자신을 다시 발견한다. 즉 이해는 '나' 안에서, '너' 안에서, 공동체의 주체 안에서, 문화의 개별적인 체계 안에서, 정신의 총체성과 보편사 안에서, 정신의 자기성(自己性, Selbigkeit) 안에서, 다양한 성과들의 공동 작업을 가능하게 한다(GS, V, 191쪽).[11] 여기서 이해의 주체는 그 대상과 함께한다. 이러한 이해의 주체는 모든 객관화의 단계와 동일하다. 이해의 주체는 객관화의 과정을 통해 정신적 세계의 객관성을 인식하게 된다. 이러한 이해의 방식이 과연 인식의 문제를 해결하는 데

---

10 스타인(A. Stein)에 따르면, 체험과 이해의 관계는 세 가지 주제로 그 의미를 표현할 수 있다고 본다. 즉 일반적인 인간본성의 유형, 이해된 삶의 연관성, 역사적 현실이 그것이다. 이해는 일반적인 삶의 연관의 유형 속에서 수행된다는 것이다(A. Stein, Der Begriff des Verstehens bei Dilthey, Tübingen, 1926, 44쪽).

11 Wilhelm Dilthey, *Gesammelte Schriften V*, Göttingen 1959, 191쪽.

얼마나 기여할 수 있는가?

딜타이는 텍스트뿐만 아니라 인간의 예술작품이나 사회제도를 인간의 내적 체험의 표현으로 이해하였다. 딜타이는 시간 속에서 우리의 삶, 공간 속에서 삶의 부분들에 대해 전체와의 관계를 범주적으로 분류하였다. 딜타이는 역사과정 속에서 진행되는 삶의 다양한 형태들을 전체에 대한 부분들의 내적인 관계를 맺고 있는 것으로 보았다. 따라서 이해는 전체와 부분의 관계로 맺어진 연관구조(Zusammenhang)이다. 텍스트 전체는 항상 역사적인 차원을 함축한다. 즉 내가 누구이고 텍스트의 의미가 무엇인지는 현재의 위치에서 관찰된 인간의 행동이나 언어의 의미를 다루는 방식만으로 올바르게 이해될 수 없는 물음이다. 해석학의 이러한 입장은 자연과학적 방법에 의해 인간의 의식을 다룬 학문과의 차별성을 보인다. 그럼에도 불구하고 해석학이 인간의 의식에 대한 현대의 인지과학적 모델을 해석학의 이해에 적용하고자 했던 다음과 같은 이중의 노력, 즉 '주체의 첫 번째 경험(understanding of the subject's first-person experience)에 대한 이해'와 우리의 뇌가 그러한 경험을 어떻게 생성하는지에 대한 신경과학적 설명(a neuroscientific explanation of how the embodied brain generates this experience)을 연결해 고찰함으로써 가능할 수 있다. 이러한 입장에서 '철학적(philosophical) 해석학'에 범위를 한정하기도 했다.[12]

따라서 해석학이 인지과학과는 다소 다르게 주체와 객체의 구별에 의문을 제기한 점, 지식은 그 자체가 완결된 것이 아니라 언제나 해석가의 해석활동의 결과라고 주장한 점, 그리고 해석은 개인의 선이

12 S. Gallagher, "Hermeneutics and the cognitive sciences," *Journal of Consciousness Studies*, 11, No. 10.11, 2004, 1–14쪽.

해에 기반을 두고 있다는 점, 각 개개인의 선이해는 그가 살고 있는 사회문화적 배경 안에서 체험을 통해 얻어지는 것이라는 점 등에 주목하며 인공지능의 새 활로를 모색한다. 그러나 이러한 시도가 해석학과의 연계성에 의한 인지과학의 변모를 강조하고 있다면, 인지과학의 연구성과를 경험과학의 주장들과 더불어 보완해야 한다. 특히 인지과학에서 인공지능보다는 자연지능의 연구를 통해 유기체의 지적 능력들을 해명해야 한다. 따라서 인지과학의 뇌 연구는 자연지능체계를 분석하는 데 중요한 작용을 한다.

2. 하이데거의 선이해와 인지과학

주지하듯이, 하이데거(Martin Heidegger)는 『존재와 시간』(1927)에서 현존재의 해석학을 구체적으로 서술하였다. 하이데거 해석학의 핵심 용어인 "현존재(Dasein)"[13]는 '지금 존재하고 있는 것', '구체적인 상황 속에 있음', 그리고 '인간존재 바로 그것'을 가리킨다. 하이데거는 우리는 어떻게 살 것인가를 언제나 고뇌하며, 그러한 고민이 인간이 갖고 있는 고유한 특성이라 보았다. 그는 이러한 특성을 실존이라 불렀다.[14] 하이데거의 관점에서 실존이 해석이며, 해석은 곧 실존이

---

13 하이데거는 딜타이(W. Dilthey)의 영향을 받아 자신의 철학적 형성과정의 초기에 '삶'의 개념을 현존재에 대한 앞선 개념으로 사용했다. 하이데거의 1921/1922년 겨울학기 강의에서 철학의 이해와 삶의 근본범주에 대한 내용적인 삶의 분석은 『존재와 시간』에서 일치점을 보여주고 있다. 그는 삶의 개념이 지닌 '희미함'을 존재론적으로 규명하기 위해 '현존재'라는 용어로 대체하기 시작했다. 즉 '삶=현존재', 삶에서 그리고 삶을 의해 존재함(Leben=Dasein, in und durch Leben)(마르틴 하이데거, 『존재론』, 이기상 · 김재철 옮김, 서광사, 2002, 27쪽).

14 M. Heidegger, *Sein und Zeit*, Tubingen, 1972(이하 *SZ*라 생략하여 인용함), 436쪽.

다. 우리는 일상 속에 살면서 자신의 존재에 대해 언제나 질문을 하며 새로운 자기 자신의 가능성을 향해 끊임없이 태도를 결정한다. 즉 우리는 매일 일상생활 속에서 살아간다. 살아가고 있다는 것은 언제나 특정한 정서 또는 기분의 상태에 있다는 것을 의미한다. 하이데거는 이런 인간을 현존재라 불렀다.[15]

인간은 항상 무엇인가를 하고자 하며, 어떤 것과 관계를 맺고자 한다. 하이데거는 우리 인간은 본래 이성적일 수도 있으며 비이성적일 수도 있다고 말한다. 그러나 하이데거는 어떤 모습이 이성적인가, 비이성적인가를 미리 설정해 놓고 생각하는 것이 아니라 평균적인 일상성 속에서 현존재의 본래 모습을 살펴야 한다고 강조한다. 하이데거의 철학은 인간이 평균적인 일상성 속에 내던져져 있다는 사실에서 출발한다. 우리는 세계에 던져져 살아가고 있기 때문에 세계 전체를 객관적 사물로 볼 수 있다는 생각은 근본적으로 불가능하다. 하이데거는 이것을 기투(企投, Entwurf)라 불렀다. 여기서 기투라는 의미는 '지금의 상태로부터 벗어나도록 던져 버리는 것'이다.

그러나 그 기투는 의식적으로 숙련된 계획에 따라 "어떤 태도를 취하는 것이 아니라 前의식적이고 前반성적인 태도로 나아간다."[16] 현존재는 세계-내-존재에 대해 전체적으로 존재가능성을 열어 밝힌다. 그리고 현존재의 자기이해 자체는 기투라는 실존론적 구조를 갖는다. 그러나 그 기투는 의식적으로 숙련된 계획에 따라 "어떤 태도를 취하는 것이 아니라 前의식적이고 前반성적인 태도로 나아간다."[17] 하이데거의 현존재의 구조 속에는 자기 자신의 존재가능성을 스스로

---

15 M. Heidegger, *SZ*, 142–148쪽.
16 M. Heidegger, *SZ*, 145쪽.
17 M. Heidegger, *SZ*, 145쪽.

보여주고자 하는 특정한 존재가 속해 있다. 그것은 현존재가 자신의 존재로서 갖고 있는 개시성 가운데서 적극적으로 열려 있다. 이것이 곧 하이데거의 기투인 것이다.[18] 이렇게 그는 인간의 근본구조를 어떤 "상황에 처해 있음(Befindlichkeit)", "던져져 있음(Geworfenheit)"이라 말한다.

인간존재는 다양한 다른 존재자(존재 그 자체)와 똑같은 존재자일 수 없으며, 타자의 존재자를 그 자체로서 이해(Verstehen)할 수 있는 존재자이다. 하이데거는 이해를 가능하게 하는 전제조건을 선구조(Vorstrukure)라 보았다. 이러한 선구조는 세 가지의 계기를 통해 이루어지며, 해석학적 상황(hermeneutische Situation)을 구성한다.[19] 해석학적 상황은 이해가 갖고 있는 선(vor)이라는 구조와 해석이 지니는 '로서(als)'라는 구조와 관계를 맺는다. 선구조는 '먼저 가짐(Vorhabe)', '먼저 봄(Vorsicht)', 그리고 '먼저 파악(Vorgriff)함'을 말한다. '먼저 가짐'은 해석에 앞서서 주어진 것이며, 현존재에게 자신의 '먼저 봄'을 가능하게 한다. '먼저 가짐' 속에서 어떤 것을 보게 되는데 이때가 '먼저 봄'이다. 현존재가 이러한 '먼저 봄'을 통해 '먼저 가짐' 속에서 이해된 것을 일정한 개념 속에서 파악하는 것이 '먼저 파악함'이다. 해석은 해석자의 의도와 의견과 태도에 의해서 구성된다. 이것을 하이데거는 다음과 같이 기술한다.

> 모든 해석은 그의 먼저 가짐(Vorhabe), 먼저 봄(Vorsicht), 먼저 파악함(Vorgriff)을 지닌다. 해석이 이론적인 해석이라는 형태를 띠면서 연구라고 하는 명료한 과제로 바뀌면, 우리가 해석학적 상황이라 부르

---

18 M. Heidegger, *SZ*, 221쪽.
19 M. Heidegger, *SZ*, 308쪽.

> 는 이러한 전제들의 총체는 해석되어야 할 대상에 대한 경험 속에서, 경험을 토대로 선행적으로 해명되고 확보되어야 한다. 해석학적 존재론은 (…) 일차적인 현상적 성격을 고찰하면서 주제적인 존재자를 앞서 가짐 속으로 끌어들여야 한다.[20]

위의 인용문에서처럼, 하이데거의 해석은 선구조와 동시에 순환성을 갖고 있다. 여기서 이해의 순환성은 인간존재의 실존적 구조이다. 무엇보다 현존재는 스스로를 기획하는 존재양식이다. 그리고 현존재는 자신을 고유한 가능성에로 향하게 한다. 하이데거는 이러한 구조의 특징을 이해와 해석이라 표현한다. 이해는 인간존재의 근본 양태이다.

인간은 주관과 객관이 분열하기 이전의 원상태에서 현상들을 체험한다. 그렇다고 하여 모든 인식이 주관적인 곳에 머무르는 것은 아니다. 우리가 사물들에 대해 생각하고 인식하는 행위도 던져진 상황 안에서 행해지며, 이것과 동떨어진 객관적 인식은 없다. 그래서 하이데거는 주관-객관의 대립을 떠나 존재를 문제의 중심에 둔다. 그는 처음부터 주관과 객관의 이분법 자체를 부정한다. 왜냐하면 이러한 이분법은 어디에선가 세계와 동떨어진 중립적인 인식자를 상정하고 있기 때문이다. 하이데거는 이분법의 부정을 통해 우리가 세계와 관계하면서 우리 존재에 있어서의 세계의 의미를 언제나 해석하고 있다고 한다. '관계한다'는 표현은 무엇인가 만들어내다, 무엇인가 정리하여 살피다, 무엇인가 쓸모 있게 하다, 무엇인가를 포기하고 분실하다, 계획하다, 달성하다, 탐지하다, 질문하다, 고찰하다, 서로 논하다, 규정하다 등을 뜻한다. 이러한 관계성을 하이데거는 배려적

---

20 M. Heidegger, *SZ*, 232쪽.

관심이라 표명했다. 즉 이에는 자기 자신이 무엇인가를 조달하기 위해 배려함과 동시에 어떤 일들이 제대로 잘되지 않을 것이라든지, 실패할 수도 있다는 걱정도 포함된다. 예컨대 중단, 나태, 단념, 휴식 등은 배려적 관심의 결손적 상황이기 때문에 여기에는 가능성으로서의 배려적 관심을 전제해야 한다. 해석은 이러한 배려적 관심에 의해 생긴다. 하이데거는 일상성 속에서의 배려적 관심을 중시하고 인간이 외부세계와의 만남을 인식하는 주축이 되어야 한다고 말한다. 따라서 그는 사물을 단지 사물적 존재로 바라보는 전통적 과학관이나 논리학에 근거한 인식은 현존재의 존재구조를 제대로 밝혀낼 수 없다고 생각한다.[21]

하이데거에게 있어서 기분(Stimmung)은 현존재로서의 존재를 인식하는 것이 아닌 해명하는 데 있다. 기분은 원래 해명하는 기능을 가진다. 현존재는 구체적이고 일상적인 세계 내에서 '거기에 있음'으로 인해 세계의 일상적인 사실을 인식하면서 살아간다. 그래서 그의 이해는 자신이 실존하고 있는 생활세계의 맥락에서 자신의 존재 가능성을 파악할 수 있는 능력이다. 따라서 하이데거는 선이해(preunderstanding)를 다음과 같이 세 가지 관점에서 이해한다.

첫 번째 선이해는 존재를 가장 보편적인 개념으로 본다. 선이해는 고대 그리스 존재론에 근거한다. 아리스토텔레스는 "존재는 모든 것 중에서 가장 보편적이다"라고 말한다. '존재가 가장 보편적인 개념이다'라고 규정할 경우, 존재라는 개념은 명확하다. 하지만 그 보편성을 어떻게 이해할 것인지에 대한 물음이 제기되어야 한다. 모든 다양한 존재자에 보편적으로 통용되는 사용되는 존재의 단일성을 어떻

21 사에키 유타카, 앞의 책, 254-256쪽.

게 풀어야 할 것인지가 과제로 남는다.

두 번째 선이해는 '존재'라는 개념을 정의할 수 없다고 보는 관점이다. 존재는 자연물처럼 정의하는 개념으로 파악되지 않고 존재자를 서술하는 방식으로 규정하지도 않는다. 하지만 존재가 정의 불가능하다고 해서 존재에 대해 물음을 던지지 않아야 하는 것은 아니다. 그렇기 때문에 보다 절실하게 존재하는 물음을 제기해야 한다.

세 번째 선이해는 존재를 자명한 개념으로 간주한다. 우리는 일상에서 아무 문제없이 존재라는 용어를 사용하고 이해한다. 하지만 그것이 올바른 이해의 기준이 될 수 없다. 존재이해의 자명성은 보다 분명하게 분석의 대상으로 삼아야 한다.[22]

이렇게 하이데거의 선이해는 전통철학의 선험적 이성, 즉 지금까지 딜타이로 수렴되었던 기존 해석학의 인식론적 이해들 및 역사적 이성들을 존재론적으로 이해한다. 이것은 하이데거의 철학이 우리의 이론과 실천에서 보다 구체적이고 현실적으로 인식하고 진리의 보편성을 말해 줄 수 있다는 것을 의미한다. 다시 말해 하이데거에게서 선이해는 인간들 자신의 고유성이라 부르는 본래적 심성과 동일한 맥락으로 이해할 수 있다. 하이데거는 후설이 정의내린 현상학적 강령, 즉 '사실 자체로!'라는 구호에 따라 세계-내-존재의 현존재로서의 이해와 연관된다.

하이데거의 선이해는 그의 현상학적 해석학의 한계를 짚어봄으로써 해석학적 이해의 문제가 정신주의적인 초월성에 있음을 밝혀내고 있다. 하이데거의 현상학적 해석학에서 나타난 이해의 형이상학적 초월성은 특히 그의 후기사상에서 정신주의적 초월성을 인정하는 입

---

22 이기상, 『하이데거의 존재사건학』, 서광사, 2003, 373–375쪽.

장에서 유래한다. 하이데거의 핵심용어인 현존재는 '지금 존재하고 있는 것', 즉 구체적인 상황 속에 있는 인간존재를 가리킨다. 인간존재는 다른 다양한 존재(존재 그 자체)와 동일한 존재일 수 없으며, 그 밖의 존재자의 존재 자체를 이해(Verstehen)할 수 있는 존재자이다.

하버마스는 『현대성의 철학적 담론』[23]에서 하이데거의 존재론적 전환, 즉 존재론적 선이해로의 전환을 인정한다. 하버마스는 하이데거의 『존재와 시간』이 궁극적으로 주관성의 막다른 골목에 처해 있음을 발견한다. 하버마스가 보기에 하이데거의 『존재와 시간』이 탄생했던 배경에는 보다 분명한 맥락을 은폐시켰다. 19세기 이후의 관념론뿐만 아니라 제1차 세계대전 이후 리케르트로부터 막스 셸러에 이르기까지 독일철학을 압도했던 새로운 존재론적 전환이 있었다는 것이다. 당시 세계적으로 타당성을 갖고 있었던 신칸트주의가 붕괴되던 이 시기에 중요한 문제는 前칸트적 존재로의 복귀가 아니었다. 존재론적 사유형태는 초월론적 주체성을 인식의 영역 밖으로 확장시키고 구체화시키는 데 기여하였다. 딜타이, 베르그송, 짐멜은 선험론적 종합의 생산활동과 삶과 의식을 생동감 있게 전개하였다. 그러나 이들은 여전히 의식철학의 표현주의적 모델을 벗어나지 못했다. 하이데거는 체험을 객관화시키고 주체성의 표상을 수용하지만, 그들의 의식철학의 근본개념들에 근본적인 문제를 제기하였다.[24]

하버마스의 하이데거에 대한 주된 공격은 '현존재의 누구(who of Dasein)'를 어떻게 밝혀내야 하는가이다. 하버마스의 지적처럼, 현존재의 누구는 단순히 자아 또는 주체와 동일시할 필요는 없다. 현존재 혹은 인간의 실존은 세계가 경험한 맥락일 뿐이다. 현존재는 존

---

23 J. 하버마스, 『현대성의 철학적 담론』, 이진우 옮김, 문예출판사, 1997.
24 J. 하버마스, 앞의 책, 175쪽.

재양식들의 체험된 지평을 의미하는 '세계-내-존재'로서 규정된다. 현존재의 동의어로서 세계-내-존재는 "처음부터 그리고 세계 없이는 결코 단순한 주체나 자아도 없다. 즉 본래적인 현존재는 어떤 변화가 없는 상황을 가리킨다. 그러한 현존재는 오직 세계 관계와 존재양식들에 대한 세심한 주의를 통해서만 구별된다."[25] 하이데거에 있어서 이해는 존재 가능성을 파악할 수 있는 능력이다. 즉 이해는 인간존재의 근본양태이다. 이와 같이 하이데거의 해석학이 이해의 존재론적 차원들과 관계를 맺음에 따라 해석되는 것과 그것을 해석하는 사람은 서로 독립적으로 존재하지 않는다. 다시 말해 하이데거는 물리적인 객관적 세계와 정신적 세계는 어느 한쪽이 없이는 존재가 불가능하다고 말한다. 하이데거의 주장은 서구문화에 깊이 뿌리 내려온 인식론적 이분법, 즉 객관과 주관의 이분법을 정면으로 거부한다. 이러한 맥락에서 하이데거는 사물을 지각하기 위해서는 반드시 사물에 대한 우리의 지식에 상응하는 내용을 **인간의 마음속**에 갖고 있어야 한다는 견해에 정면으로 도전하였다. 그는 인간의 인지기능이 정신적 표상의 조작에 기초를 두고 있지 않은 것으로 본 것이다.

위노그라드(Terry Winograd)는 인공지능을 비판하기 위해 하이데거의 해석학 이론을 거론한다.[26] 드레퓌스(Hubert L. Dreyfus)도 "우리가 일상적 삶 속에서 살고 있는 삶의 사회적 목표, 그리고 그 안에서 인간들이 담당한 역할의 맥락들은 사실들의 어떤 집합으로서 표현될 수 없다는 하이데거의 착상"[27]에 눈여겨보아야 한다고 강조한다.

인지과학과의 교류를 가능하게 하기 위해서는 향후 다른 자연과학

25 M. Heidegger, *SZ*, 161–163쪽.
26 이인식, 『지식의 대융합』, 고즈윈, 2008, 92–93쪽.
27 이초식, 『인공지능의 철학』, 고려대학교 출판부, 1993, 34쪽.

과의 교류를 어떻게 구체적으로 전개해 나갈 것인가를 고민해야 한다. 인지과학은 인간과 동물의 마음에서 그리고 컴퓨터를 통해 각종 정보처리가 어떻게 일어나며, 그러한 정보처리를 통해서 마음 또는 지(知)가 어떻게 가능하게 되고 구현되고 있는가를 탐구한다. 인지과학은 이러한 탐구를 통해 마음과 각종 지(知)의 본질을 이해하고자 하는 종합학문이다.[28] 여기서 우리는 하이데거의 『존재와 시간』(1927)에서 드러난 해석학적 현상학의 이해를 주시해 볼 필요가 있다. 하이데거는 해석학을 존재론의 광범위한 맥락에서 고찰했다. 하이데거의 존재론은 세계에 어떤 부류의 사물들이 존재하며, 그 부류들은 서로 어떤 관계에 있는가를 규명해 내는 데 있다. 그에게 있어서 해석학은 우리의 지식과 세계 안에 있는 다른 대상 사이에 존재하는 유사성과 차이점에 관한 문제를 다루어야 한다고 보았다.

이러한 존재론적 문제와 씨름하고 있던 하이데거는 후설(Edmund Husserl, 1859~1938)의 현상학(phenomenology)적 방법을 통해 인간의 존재에 대한 연구를 수행해 나갔다. 현대 현상학자인 드레퓌스(Dreyfus)와 매킨타이어(McIntyre)가 보기에 하이데거나 후설의 인지개념들은 인지주의의 심적 표상과 같은 역할을 해야 한다.[29] 매킨타이어가 지적하듯이, 인지주의가 표방하는 표상주의와 계산주의는 서로 양립할 수 없는 명제이다.[30] 여기서 매킨타이어는 하이데거의 현존재(Dasein)

---

28 이정모, 「체화된 인지접근과 학문간 융합」, 『철학사상』, 제38집, 서울대학교 철학사상연구소, 2010, 31쪽.

29 H. Dreyfus(ed.), *Husserl, Intentionality, and Cognitive Sciencs*, Cambridge, Mass.: MIT Press, 1982: M. McIntyre, "Husserl and the Representational Theory of Mind", H. Otto and J. Tuedio(eds.), *Perspectives on Mind*, Dordrecht; Reidel, 1986, 64쪽.

30 M. McIntyre, "Husserl and the Representational Theory of Mind", H. Otto and J. Tuedio(eds.), *Perspectives on Mind*, Dordrecht; Reidel, 1986, 70쪽.

해석학에서 인지의 개념을 적용할 수 있다고 보았다. 하이데거의 현상학과 인지주의는 모든 의식행위와 외적 대상 사이의 인과적 관계, 육체적 행위나 사회적 상호작용, 뇌의 신경생리학적 상태들에 대한 자연주의적 이론과 그 영역을 달리한다.

인지심리학자 윌슨(M. Wilson)은 '체화된 인지'를 상황 지워진 인지, 시간의 압박 속에 있는 인지, 인지 정보처리의 부담이 환경에 떠맡겨진 인지, 환경의 인지체제의 일부분인 인지, 몸에 바탕을 둔 인지로 각각 분류한다.[31] 여기서 중요한 관점은 마음과 인지는 몸에 근거하고 있다는 것이다. 인지과학은 '뇌가 마음이다'라는 전통적 관점에서 벗어나 환경과의 상호작용에서 근거를 찾는다. 이제 인지과학은 몸에 근거하여 마음으로 다시 전이(轉移)하여 간다. 따라서 우리가 메를로퐁티나 하이데거의 현상학적 해석학을 인지과학에서 진지하게 음미해 보는 이유가 여기에 있다.

하이데거의 해석학적 이해는 무(無)규정적이고 탈(脫)원칙적이다. 이런 점에서 그의 이해는 전(pre)-합리성이다. 여기서 이해는 현상학적 초월을 통해 이미 인식론적 거리가 무화(無化)된 세계-내-존재에서 적어도 전통적인 철학과 기존의 해석학이 주장해 왔던 주관성과 객관성으로부터 자유로운 사실성(sachlichkeit)을 견지하게 된다. 이 경우에 존재론적 실존은 고립성의 문제가 수면 위로 떠오르게 된다. 하이데거는 고립적인 유아론(唯我論)의 덫을 언어의 역사성에서 찾아나간다. 즉 그는 언어에서 비(非)은폐되는 존재(Sein)의 역운을 통해 유아론의 덫을 비켜 나간다. 하이데거가 보기에 이해는 사유이고, 언어 없는 사유는 불가능하다. 따라서 이해의 사실성은 언어와 언어

31 M. Wilson, "Six view of embodied sognition", in: *Psychonomic Bulletin and Review*, 9(4), 2002, 625–636쪽.

가 만나는 대화의 장에서 가능할 수 있다. 이해의 상호주관성 혹은 이해의 사실성은 진정한 대화에서 실현된다. 상호주관성은 다른 사람의 주관성과 지향성을 지각하는 관점에서 상호 간의 작용을 조율하는 우리의 능력을 말한다. 이러한 능력이 부족할 경우, 우리는 다른 사람들과의 사회적 소통에 결함이 있음을 인식하게 된다. 예컨대 지적(知的)인 스펙트럼장애와 정신분열증, 정서장애, 인격의 결함, 정신병 등이 그것이다.

하이데거의 해석학적 이해는, 전통철학의 선험적 이성을 극복하는 이론적 성과를 보였음에도 불구하고 역사를 정신의 역사로 이해한다. 이는 이제까지 해석학의 역사주의적 이해를 현상학적 존재론의 차원에서 반복한다. 하이데거는 아리스토텔레스에게서 현존재를 표현하기 위한 중요한 증명들을 발견해 냈다. 그 증명들은 아리스토텔레스의 『니코마코스 윤리학』 제6권에서 찾아냈다. 그 책에서 하이데거는 다음과 같이 중요한 구절을 논의한다. "영혼은 긍정 또는 부정을 통해 다섯 가지의 태도에서 참된 것과 관계한다. 즉 어떤 것을 생산할 수 있는 능력, 학문, 실천 영리함(Klugheit), 지혜, 인지(Vernehmen)가 그것이다. 또한 추측과 억측에서 영혼은 기만당할 수 있다."[32] 이렇게 하이데거의 이해이론은 인지과학의 모방이론에 비추어 고찰함으로써, 해석학적 이해의 보편성을 신경현상학(neurophenomenology)적 수준에서 고려해 볼 수 있다.

그러나 하이데거가 자연과학의 성과들을 통해 직접 대화를 시도하고 있지는 않다. 그럼에도 불구하고 해석학이 인지과학을 매개로 삼아 '자연과학적인 경험의 책임성'을 간접적으로 모색하는 작업은 의

---

32 Aristoles, *Nicomachean Ethics*(이하 *NE*로 생략하여 인용함), University of Notre Dame Press, Notre Dame, 1984, 1518.

미 있다. 따라서 이러한 관점은 자연과학적 결과들이나 철학의 형이상학적 가정들 혹은 선험적 가정들을 전혀 연결 짓지 않았던 초기의 인지과학과 다르게 적극적으로 시도하는 인지과학의 철학적 특성에 비추어 볼 때, 오히려 생산적이다. 인지과학이 주목하고 있는 주체가 상황적/문맥적 이해라는 점에서 해석학의 철학적 과제는 인지과학의 자연과학적인 경험에서 양자 간의 간극을 찾아내야 한다. 인지과학에서 체화된 인지의 접근은 뇌, 몸, 환경이 하나로 결합된 체계를 이루는 데서 발생한다. 하이데거의 선이해는 다른 해석학이론에서와 마찬가지로, 체험의 구체성을 강조한다. 그리고 그의 선이해 개념이 전통의 인식론적 한계를 상당부분 극복하고 있음에도 불구하고 형이상학적인 전제를 여전히 함축하고 있다.

현대해석학의 이러한 상황은 하나의 철학적 신념일 수 있지만, 레이코프(G. Lakoff)와 존슨(M. Johnson)이 언급한 바와 같이, "자연과학이 정직성을 유지하기 위해서 철학적 정교화가 필요"[33]하다. 따라서 하이데거 철학이 진정성을 확보하기 위해서 '자연과학적인 경험'을 제대로 정립하지 못했다면, 현대해석학은 자연과학적 성과들을 적극적으로 수용해야 한다. 하이데거는 자연과학에서 많은 영향력을 행사하고 있는 인간의 마음과 육체에 대한 유물론적인 해석이나 생물학적 견해에 대립적인 입장을 보여 왔다. 이런 관점에서 하이데거는 인간이 물질이나 동식물과 근본적으로 다르며, 인간의 마음뿐만 아니라 신체까지도 본질적으로 상이하다고 보았다.[34] 하이데거의 선이

---

33 G. 레이코프 · M. 존슨은 방대한 그의 저서 『몸의 철학』에서 신체화된 서구사상에 대한 부제를 걸고 고대 이오니아 철학의 출생부터 현대 영미철학에 이르기까지 인지과학과 연관하여 광범위하게 다루고 있다(G. 레이코프 · M. 존슨, 『몸의 철학』, 임지룡 외 옮김, 박이정, 2008).

34 박찬국, 「개시성으로서의 마음」, 서울대학교 철학사상연구소, 『마음과 철학-서양

해는 브로카의 좌반구와 우반구의 자연과학적 뇌 실험의 연구에서 어느 정도 그 단서를 찾아낼 수 있다.

파리의 유명한 외과의사인 브로카(p. Broca)는 좌반구와 언어사실의 상해 사이에 있는 관계를 확립하였다. 그가 두 개의 뇌반구 사이에 있는 기능의 비대칭에 대해 첫 번째 증거를 제시했던 1865년에 이르러 역사는 시작된다. 브로카는 오른손잡이와 왼손잡이들 사이의 현상이 동일하다는 것을 암시했다. 손으로 하는 선호도나 능력은 두뇌의 기능적 측성화와 공통적이다. 조직체의 우측부분을 명령하는 좌반구는 대부분의 인간에게 우위에 있다. 이런 이유로 사람들은 일찍부터 왼손잡이에 관심을 가졌다. 오랫동안 선입견 및 선이해가 이 문제를 지배해 왔다. 오늘날까지 어떤 모델도 이 놀라운 현상을 설명하는 방법을 찾아내지 못했다.[35]

뇌과학자 이언 맥길크리스트는 일상적 기능을 두 가지의 관점에서 본다. 그는 뇌 반구들 사이의 차이에 대해 규명해 내고자 했다. 예컨대 내가 쓰는 망치는 당연히 그것을 쓰는 행동의 맥락 속에 놓이게 되며, 나의 연장도 마찬가지다. 그는 좌반구와 우반구를 구분하여 일상세계를 조명하고자 했다. 인간의 뇌는 수백만 년 동안 많은 변화를 보여 왔다. 현재 우리의 뇌는 이성적, 언어적, 분석적인 좌반구와 직관적, 비언어적, 창의적인 우반구로 이루어져 있다. 대부분의 사람들이 좌반구를 중시하고 우반구를 낮추어 평가한다. 뇌 과학자들은 좌반구는 논리적, 분석적, 언어적, 계산적, 조직적, 순차적, 계획적이며, 우반구는 총체적, 직관적, 비언어적, 종합적, 사교적, 공감적, 즉흥적이라 파악한다.[36] 이처럼 좌우 반구는 각자 다른 기능

편 하』, 서울대학교 출판문화원, 2012, 92쪽.

35 조르쥬 비뇨, 『인지과학입문』, 김언자 외 옮김, 만남, 2002, 117쪽.

을 담당하며 많은 면에서 서로 독립적인 두 개의 뇌처럼 행동한다. 대뇌의 좌반구와 우반구는 "뇌량"[37]으로 연결되어 있다. 인간의 의식은 좌반구와 우반구를 알아차리고 우반구가 좌반구를 알아차릴 때, 두 반구가 각자 상대 반구에게 반응할 때 등장한다.[38] 예컨대 내가 살고 있는 세계, 내 팔, 망치질하는 행동, 이러한 일이 일어나는 주변세계는 손안에 있는(zuhanden) 것들이다(우반구). 이와 대조적으로 무엇인가가 잘못되어 이 흐름을 방해할 때 조사할 대상(좌반구)이 되어 관심을 그것으로 끌고 갈 때는 '눈앞에 있는 것'이 된다.

하지만 상황은 분석적 도식(좌반구)으로 보다 훨씬 복잡하고 생생하게 나타난다(우반구). 사물은 양쪽 반구에서 서류처리(좌반구)되거나 살아가는 것(우반구)으로 머물지 않고, 항상 이리저리 움직인다. 물론 일부의 측면은 한쪽 반구에 속하고, 또 다른 측면은 다른 쪽 반구에 속한다. 이런 측면들이 끊임없이 왔다가 물러가는 역동적인 과정을 형성한다. 사람들은 자신에게 익숙한 장소와 질서(우반구)를 갖고 있는 일상생활들에 대해 하이데거가 비본래성(좌반구)이라 부른 것과 연관된다.[39]

우반구는 아무것도 하지 않는 일상이라는 의미가 아니라, 나의 일상세계, 가족, 내가 좋아하는 것들의 일부를 구성하는 사물들이라는 의미에서 친숙하다. 그것은 물질적 사물들에 등을 돌리지 않고 오히

---

36 에릭 호프만, 『이타적 인간의 뇌』, 장현갑 옮김, 불광출판사, 2012, 53쪽.

37 뇌량은 2억 개 이상의 신경섬유로 이루어진 활꼴 모양의 신경다발로서 뇌에서 가장 커다란 구조물 중 하나다. 또한 약 5만 개의 신경섬유로 구성된 더 작은 신경다발도 하나 있다. 이것의 이름은 전교련(anterior commissure)으로 좌우 반구의 측두엽 전측부를 연결한다.

38 에릭 호프만, 앞의 책, 59쪽.

39 이언 맥길크리스트, 『주인과 심부름꾼, 두뇌 속에서 벌어지는 은밀한 배신과 정복의 스토리』, 김병화 옮김, 뮤진트리, 2011, 259-260쪽.

려 구체적이고 개별적인 사물들에 관심을 쏟는다. 이것은 하이데거에게서 발견할 수 있는 "바위든, 나무든, 인간존재든 간에 물리적 존재와 실질에 대한 개인적 민첩성, 그리고 사물들 간의 민감성을 드러내는 것이다."[40] 주지하듯이, 뇌신경은 뇌의 일부이자 우리 몸의 일부다. 거울뉴런에 따른 모방의 상호 행위성의 근원을 우리 몸의 기능, 즉 체화된 정신으로서 논증하는 작업을 통해 해석학적 이해의 거시적인 '상호주관성'의 차원으로써 인지과학의 미시적 이해의 차원을 포괄한다.

이해에 대한 해석학적 탐구는 후설의 현상학적 방법을 통해 새로운 전환기를 맞았다. 하이데거가 보기에 기존의 해석학은 이해를 '타자의 상황을 감지할 수 있는 삶의 표현에 함축된 의미를 파악할 수 있는 심오한 능력'을 갖고 있다. 그래서 그는 인식론적 주관에 의한 동일성의 철학(Identitätsphilosophie)을 반복한다. 그러한 이해는 진리와 가치의 객관성 및 보편성을 띨 수밖에 없다. 이러한 보편성은 자연과학에서 언급하는 설명의 보편성과 맞서는 이원론적 한계에 갇혀 있다. 하이데거는 현상학적 논리를 통해 삶의 세계 내부에서 기능하는 합리성과 연관하여 정신과학을 위한 보조분야가 아닌 인간의 세계 전체를 포괄하는 인지로 확장함으로써, 과학적 인식의 근거를 제공하는 해석학의 위상을 높였다. 그러나 하이데거의 이해는 여전히 정신주의적인 전통으로부터 자유롭지 못하였고, 이러한 상황은 이후의 해석학자들에게 전승되어 현대해석학의 근원적 한계를 보여주었다.

궁극적으로 자연과학에 입각한 인지과학이 구체적 현실성을 지향

40 이언 맥길크리스트, 앞의 책, 258쪽.

하고 있다면, 이러한 지향점은 해석학과의 필연적 조우를 통해 상호 장점들을 극대화해 나갈 수 있다. 특히 하이데거의 선이해의 해석학은 자연과학과 인문학, 그리고 공학과의 만남을 통해 인간의 간격을 메우는 데 생산적 소통을 위해 보다 더 적극적으로 전개해 나가야 할 것이다.

3. 가다머의 선입견과 인지과학

딜타이의 이해심리학에서 추구하였던 보편적 해석학은 자연과학의 객관성에 대한 탐구를 인문학의 차원에서 실천하고자 했다. 반면 가다머(Hans-George Gadamer)는 『진리와 방법*Wahrheit und Methode*』(1960)의 저서에서 자연과학을 통해 부여해 왔던 객관성이나 보편성이라는 특혜에 의심을 보이면서 그동안 묻혀 있던 선입견의 개념을 끄집어 내어 검토한다. 가다머의 선입견 개념과 인지과학은 최근 거울뉴런 이론에 관련된 인지와 행동문제에 대해 커다란 연구 성과를 이끌어 냈다.

인지과학자 야코보니(Marco Iacoboni)는 저서 『미러링 피플*Mirroring People-The New Science of How We Connect With Others*』(2008)[41]에서 거울신경이론을 이해하는 데 핵심적인 개념들을 발견해 낸 바 있다. 그는 거울뉴런(mirror neuron)을 인간 행동의 비밀을 푸는 열쇠라 말한다. 그는 거울뉴런에 대해 "지금까지 인간과 세계를 설명했던 모든 이론들을 이제 수정해야 할 것"이라 진단한다. 무엇보다 최근 거

41 마르코 야코보니, 『미러링 피플』, 김미선 옮김, 갤리온, 2009.

울뉴런의 발견은 인간이 어떻게 사회적 · 정치적 · 경제적 동물로 진화했는지, 그리고 마음을 읽는 세포가 어떤 것인지, 이에 대한 비밀들을 서서히 벗겨내는 계기를 제공했다.

지금까지 객관성과 보편성을 추구하고자 하는 시도는 자연과학과 마찬가지로 인문학에 대한 잘못된 이해에서 출발한 것에 지나지 않았다. 모든 인식의 활동이란 근본적으로 "선입견(Vorurteil)"[42]이나 전통(Tradition)에 근거를 두고 있다. 예컨대 예술적 이해, 사회적 · 심리적 자기이해, 과학적 이해들은 선입견에 기반한다. 먼저 가다머의 입장에서 선입견은 영향사(Wirkungsgeschichte)에 의해 제약받는다. 가다머는 인간의 인식에 대한 딜타이의 이원론적 구분, 즉 자연과학적 대상의 인식을 설명(erklären)으로서 구분하는 반면에 정신과학적 대상의 인식을 이해(verstehen)로 구분한 것에 의문을 품는다. 그래서 가다머는 정신과학과 자연과학의 구분은 잘못된 이분화의 결과라는 결론을 이끌어냈다.

우리는 전혀 정보가 없는 상태에서 그 누군가에 대해 추측을 하고 미리 판단을 내린다. 우리는 이를 선입견이라 부른다. 통상적으로 선입견은 부정적인 관점으로 인식되고 있지만, 사실상 우리 뇌가 제대로 작동하기 위해서는 선입견이 반드시 필요하다. 최근 들어 신경과학자들은 선입견의 개념에 대해 관심을 보이기 시작했다.

---

42 가다머가 언급하는 선입견은 독일어로 Vorurteil이다. 이 말은 Vor+urteil의 구조로 되어 있다. Urteil이 판단이라는 의미이기 때문에 Vor+urteil을 그대로 우리말로 옮기면 선+판단이 된다. 선입견이 일상적으로 일종의 편견 혹은 편견을 유발하는 요인이라면 선판단은 그러한 편견과는 직접적인 관계가 없다. 선판단은 우리가 우리 자신의 삶의 역사를 담고 있다는 의미에서의 역사성이 이해가 발생하는 과정에서 하게 되는 역할을 가리킨다. 즉 우리 삶의 역사가 선판단으로 작용해서 우리가 어떤 것을 '~로서' 받아들이게 해 준다는 뜻이다(최고원, 『해석과 비판』, 인간사랑, 2012, 47쪽).

하지만 가다머는 오래전부터 선입견의 개념에 대해 고찰해 왔다. 가다머는 선입견이 우리의 인식 가능성을 방해하는 것이 아니라 우리 이해의 가능성을 열어줄 것이라 생각한다. 왜냐하면 선입견이 있어야 추측할 수 있는 과정을 논의할 수 있기 때문이다. 하지만 추측이 얼마나 많은 역할을 하는지는 그다지 중요하지 않을 수 있다.[43] 먼저 우리가 갖고 있는 선입견은 고정관념에서 나온다. 예컨대 전혀 모르는 사람이 무엇을 알고 행동을 할지 짐작하게 해 주는 최초의 단서는 남자인지 혹은 여자인지에 대한 성별의 관심이다. 아이들은 세 살만 되면 이미 이런 선입견을 갖게 된다. 남자아이라면 트럭 장난감을 갖고 놀고, 여자아이는 인형놀이나 간호사 놀이를 기대한다. 상대방이 우리가 알고 있는 사람과 여러 부분에서 서로 다르다는 것을 알아채는 순간 우리의 뇌는 소통을 까다롭게 조정한다. 우리의 뇌는 서로 공통점이 많지 않을 때, 우리가 어떤 지식을 공유하고 있는지 제대로 알지 못한다.[44]

가다머는 선입견에 대해 긍정적 입장을 견지한다. 앞서 언급했듯이, 가다머에 따르면, 이해의 기원은 선입견이다. 하지만 우리가 선입견의 존재를 직접 확인하는 것은 불가능하다. 선입견은 이해 안에 이미 실현되어 있기 때문에 우리가 이해를 중단하고 직접 대면할 수는 없다. 우리 인간은 이해하는 존재이다. 인간은 누구나 다른 개성을 갖고 있기 때문에 처음부터 이해하는 것은 불가능하다. 그럼에도 불구하고 가다머는 선입견이 실제로 이해에 많은 영향을 미치고 있음을 확신한다. 하이데거의 노선에 따르는 가다머는 해석학을 언

---

43 크리스 프리스, 『인문학에게 뇌과학을 말하다』, 장호연 옮김, 동녘사이언스, 2009, 267쪽.

44 크리스 프리스, 앞의 책, 268–269쪽.

어에 의한 만남이라 규정한다. 인간은 자신의 세계를 이해함에 있어서 해석의 활동에 끊임없이 관계한다. 특히 가다머는 '이해가 어떻게 발생하고 있는지'에 대해 많은 관심을 보여 왔다. 이해는 지나간 과거의 사건이나 지평융합이 어떻게 발생하는지를 규명하는데 있었다. 우리는 역사적인 존재이며 우리 각자는 이해의 유일한 지평을 갖고 있다. 타자를 이해하는 사건은 선판단 혹은 선입견, 그리고 우리의 전통에서 일어난다. 이해는 이러한 맥락에서 발생한다.[45] 선입견을 전제하지 않고는 이해가 발생하는 과정을 정확히 설명할 수 없다. 일반적으로 사람들은 선입견을 부정적인 시선으로 바라보고, 그다지 긍정적 관점으로 인식하려고 하지 않는다. 계몽주의의 전통은 선입견을 긍정적으로 보지 않았고 부정적으로 평가했던 선입견과 대치시키는 데 성공했다. 계몽주의의 관점에서 보자면, 선입견은 '본래 반성적 결과로 인정받는 판단'이란 개념과 대치된다. 예컨대 어떤 판단이 다른 사람의 판단과 일치할지라도 자기의 개성을 유지할 수 있지만, 선입견은 그렇지 않다. 선입견은 어떤 원천이나 그 출처가 불명료하다.

선입견은 두 가지 측면에서 개인적인 것이라 할 수 없다. 왜냐하면 선입견은 역사적으로도 구체적인 개인의 판단에서 나오는 것이 아니기 때문이다. 선입견은 내 자신이 지니고 있는 것이지만, '나'라고 하는 개인을 앞서간다. 말하자면 선입견은 선(先)개인적(vorpersönlich)이다. 무엇보다 가다머는 계몽주의 이래로 그동안 무시당했던 선입견의 권리를 되찾고자 했다. 가다머에게 있어서 선입견은 비개인적인 결합이 결코 아니며 사회 및 문화의 전통과 연결시킬 수 있다고

---

45 Mahin Chenari, "Hermeneutics and theory of mind", in: *Phenomenology of cognitive Science*, vol. 8, 2009, 24쪽.

보았다.[46] 단적으로 가다머는 전통의 권위개념이 부정적인 뜻을 갖게 된 것도 계몽주의 때문이었다고 주장한다. 계몽주의자들은, 선입견은 이성을 잘못 사용할 때 저지르기 쉽다고 말한다. 다시 말해 권위란 이성을 전혀 사용하지 않음으로써 생기는 오류이다. 올바른 진리를 인식하기 위해서라도 권위에 대한 철저한 배제가 요구된다.[47] 따라서 가다머는 선입견에 대해 다음과 같이 말한다.

> 우리가 인간의 유한한 역사적 존재양식을 따르고자 한다면, 정당한 선입견이 존재한다는 것에 대한 인정과 선입견 개념의 근본적인 복권이 요구된다.[48]

위 인용문에서처럼, 가다머는 계몽주의가 비판적인 의도를 갖고 전개하였던 지금까지 사용해 왔던 선입견 개념의 근본적인 전환을 요구한다. 가다머는 계몽주의에서 그동안 배제해야 할 것으로 여겼던 선입견일지라도 그렇지 않다는 것을 인정해야 한다고 말한다. 그는 계몽주의 이래로 부정적 의미로 통용되어 왔던 배척해야 할 선입견에 대해 분명한 한계를 그었다. 그동안 선입견은 전통, 권위 등 일정한 역사적 지평에 의해 제약받았다. 하지만 선입견은 아직 학문적으로 반성되지 않은 이해이기 때문에 이해에 여전히 영향을 끼칠 수 있다. 이런 점에서 가다머는 계몽주의가 역사적 전승을 전적으로 부인한 것은 아니라고 말한다.[49] 그의 관점에서 근대 계몽주의는 역사적 전승을 선입견 없이 다음과 같이 이해하는 것이다.

---

46 카아 하머마이스터, 『한스-게오르그 가다머』, 임호일 옮김, 한양대학교 출판부, 2004, 47쪽.
47 H. G. Gadamer, *Wahrheit und Methode*(이하 *WM*으로 약칭하여 인용함), 4Auflage, J. C. B. Mohr Tübingen 1975, 281쪽.
48 H. G. Gadamer, *WM*, 261쪽.
49 H. G. Gadamer, *WM*, 276쪽.

> 계몽주의가 이성에 비추어 불가능하거나 무의미한 것으로 보이는 모든 전승을 오직 역사적으로 과거의 표방방식으로 돌아가서 이해될 수 있을 뿐이라고 확신한다면, 낭만주의와 함께 등장한 역사적 의식은 계몽주의의 철저화를 의미한다. 왜냐하면 이성에 거역하는 전승이라는 예외적인 사례가 역사의식에서는 보편적인 상황이 될 수 있기 때문이다. 이성을 갖고 보편적으로 접근할 수 있는 의미란 거의 믿을 수 없게 되어 과거 전체는 물론 동시대의 사고까지도 결국 역사적으로만 이해될 수 있다.[50]

또한 가다머는 계몽주의로부터 요청받았던 선입견을 다음과 같이 극복해야 한다고 말한다.

> 계몽주의가 일괄적으로 요청했던 모든 선입견의 극복은 그 자체가 또 하나의 선입견이며 이러한 계몽주의적 선입견에 대한 생각을 수정해야 비로소 우리의 인간존재뿐만 아니라 우리의 역사적 의식까지도 지배하고 있는 유한성에 대한 적절한 이해의 길이 열린다.[51]

위의 인용문처럼, 가다머의 관점에서 선입견을 어느 정도 극복했다고 할지라도 권위와 전통의 타당성 여부에 따라 문제가 발생할 소지가 언제나 잠재적으로 잠복해 있다. 권위의 타당성이 판단을 대신하였을 경우에 권위는 사실상 선입견의 원천이 된다. 그러나 계몽주의는 권위가 진리의 원천이 될 수 있다는 사실을 배제한다.[52] 사람들은 모두 자신이 처해 있는 공동체의 가치로부터 자유로울 수 없다. 그래서 사람들은 선입견 안에서 영향을 주고받는 존재이다.

---

50 H. G. Gadamer, *WM*, 280쪽.
51 H. G. Gadamer, *WM*, 280쪽.
52 이동희, 『변증법과 해석학의 대화』, 생명의 씨앗, 2006, 82-83쪽.

어느 누구라도 이미 선입견을 갖고 있을 뿐만 아니라 선입견 이외의 다른 이해를 한다. 이렇게 가다머는 선입견을 선이해, 선판단, 전승, 영향사와 같은 개념을 사용하여 자기 이해의 출발점으로 삼고자 했다.

한 사람이 사용하는 언어에 함축하고 있는 생각과 그 언어 안에 깃든 해석을 통해 선입견을 학습하게 된다. 우리는 언어의 활동으로 인해 변화하게 되며, 또한 언어는 사람들에 의해 변화한다. 가다머는 이러한 언어와 해석의 변화과정을 중요한 요소로 보았다. 왜냐하면 가다머는 이 변화과정에서 인간존재의 본질을 중요한 결정요소로 보았기 때문이다. 이와 같이 가다머는 우리가 살고 있는 현실에서 언어의 성격을 강조한다. 이런 점에서 그는 역사가 인간에 속해 있는 것이 아니라 인간이 역사에 속해 있다고 보았다. 우리는 자기반성에 의해 우리가 살고 있는 사회에서 자기 자신을 이해한다. 그렇게 하였을 때 인간존재의 본질은 역사성을 통해 이해하게 된다. 따라서 가다머는 인간존재는 역사성으로 인해 자기 자신을 완전하게 이해할 수 없다고 보았다. 인간은 그 자신이 역사에 속해 있기 때문에 자신들이 사용하는 언어에 의해 자신의 존재를 아주 분명하게 설명할 수 없다.

가다머는 정신과학에서 모든 인식의 바탕을 이루는 이해에 대해 '존재 자체'의 텍스트와 해석자 사이의 상호관계에서 찾았다. 이해는 역사적 과거의 사실과 전승된 텍스트의 의미연관(Sinnzusammenhang)에 의해 역사적 사건을 취급한다. 여기서 가다머의 이해조건은 바로 전통, 권위, 선입견과 같은 역사성에 의한 의미연관에서 찾아볼 수 있다. 가다머가 보기에 이해의 조건은 과거의 선입견에만 얽매여 있는 것이 아니라 현재와 긴밀하게 연관을 맺고 있다. 즉 시간의 지평들은 고립되어 있거나 일방적인 수직적 관계가 아니라 지평융합(Horizontverschmelzung)에 있다. 가다머는 선입견에 근거한 지평융합의 개념을 전통의 운동과 해석자의 상호작용이라는 현재주의적 방법론에서 적용하여 그 해결방안을 찾고자 했다.

가다머에게 있어서 모든 이해는 일종의 대화이다. 대화는 텍스트나 전통에 의해 내려온 의문점에 대해 답변을 하며 해석자들에게 질문을 하는 일종의 주고받는 만남의 장이다. 이러한 대화는 전통적인 운동과 해석자의 상호작용, 즉 해석자와 해석대상의 반복적인 상호작용과 텍스트 의미의 지속적인 교환에 의해 완수된다. 하지만 대화하는 사람들 사이의 사고방식에서 담론적 실천을 강조하는 권력구조를 예민하게 반응하는 것에 경계해야 한다.

무엇보다 전통은 상호 텍스트를 이해하는 데 중요한 역할을 한다. 가다머에 따르면, 우리는 과거의 한 시대 속으로 들어가서 상징적 생산물의 의미와 정신을 완전히 복원할 수 있다는 과도한 생각을 피해야 한다. 모든 지식이 역사적 조건에서 생겨난다는 사실은 역사적 조건에서 결코 자유로울 수 없다는 것을 뜻한다. 가다머는 해석 과정에서 역사적 조건에 둘러싸인 선입견을 회피할 수는 없으나, 그 선입견이 의사소통을 가로막지 못하기 때문에 필연적 조건이 된다고 말한다. 그래서 가다머는 해석학적으로 훈련된 의식 속에서 선입견을 올바르게 구분해 내야 한다고 보았다. 즉 그는 이해에 작용하는 선입견의 역사를 영향사(Wirkungsgeschichte)에서 찾아낸다. 선입견은 해석학적 상황에 대한 인식, 그리고 그 특징을 이루는 지평, 해석자와 텍스트 사이의 대화, 물음과 답변하는 것 사이의 변증법, 전통의 개방성 등을 밝혀내야 하는 것이다. 해석학적 경험이 언어의 수행방식으로 이루어졌다는 점에서 해석하는 사람 사이에 언제나 대화를 수행하게 된다. 언어는 단지 실제적인 대화(Dialog), 즉 묻고 대답하는 가장 내면적인 진리에 대한 답변을 포괄해 내야 한다.[53] 이런 점에서 언어의 본질은 대화에서 찾아 나가야 하는 것이다. 대화는 상호이해(Verstandigung)의 과정이며, 다른 사람 내면에 들어가 상대편의 관점을 인정하여 진정한 대화를 타당성 있게 진행해야 한다. 그런데 진정한 대화의 성립조건은 단지 타인을 개별적인 존재(Individualität)로 이해하지 않고, 상대방이 말한 것을 진정성 있게 이해하며 상대방이 생각한 것을 근거로 그 의미가 무엇인지를 찾아내어 합의를 이루어내야 한다.[54] 그렇게 되었을 때 "언어는 대화 상대자 사이에서 합의를 이루는 주된 역할"[55]을 하게 된다.

이런 관점에서 가다머는 이해의 의미를 다음과 같이 함축하고 있다. 첫째, 인간이 존재하는 유일한 현실세계에서 언어는 창조된다. 둘째, 사람 사이의 대화는 단지 정보를 전달하는 데 그치는 것이 아니라 사회적 행위의 한 형태를 이루어낸다. 셋째, 언어는 문자 그대로의 의미만을 지닌 것이 아니라 말하는 사람과 듣는 사람이 공유하는 배경지식에 의존한다. 넷째, 인간이 세계를 이해하는 데 있어 지식은 명백하게 표상되는 것이 아니다. 이러한 가다머의 언어이해의 흔적을 따라 인지과학과의 만남을 시도해 볼 수 있다.

인지과학자인 위노그라드는 가다머의 언어에 대한 견해를 수렴하여 인공지능을 공격하는 근거를 제공해 주고 있다. 위노그라드가 보기에 인공지능은 객관적인 대상의 존재를 인정하고 그러한 대상에 대한 정보를 획득하여 마음의 표상을 구축하는 것이었다. 왜냐하면

---

53 Damir Barbarić, "Zur Sprachauffassung H. G. Gadamers", in: *Internationale Zeitschrift für Philosophie*, Heft, 2, 1996, 230쪽.

54 H. G. Gadamer, *WM*, 363쪽.

55 H. G. Gadamer, *WM*, 361쪽.

인간의 지식은 표상의 보고(寶庫)이기 때문이다. 여기서 표상은 추론을 위해 언어가 된다. 즉 인간은 사유를 통해 이러한 표상을 조작한다. 그러나 가다머는 인공지능이 주장하는 관점과는 다소 다르게 주체와 객체 사이의 구분에 대해 의문점과 지식은 항상 해석활동의 결과에서 발생한다고 주장했다. 앞서 언급했듯이, 가다머의 해석은 개인의 선입견에 기초하고 있다. 각 개인의 선입견은 우리가 살고 있는 사회와 문화적 배경의 전통 안에서 체험을 획득하게 된다. 해석은 한 사람의 삶에 대한 체험과 전통 안에서 어떤 상황이 발생했는지를 주시하고 있기 때문에 지식은 주관적인 것도 객관적인 것도 아니다. 다시 말해 지식은 어느 개인에게 독립되어 있는 것이 아니다.[56]

위노그라드는 지식이 사실에서 무엇인가를 얻어내거나 조작으로 표상될 수 없기 때문에 인공지능이 인간의 인지와 언어의 본질에 대해 오해하고 있다고 가다머를 비판한다. 인간의 본질과 심성의 정체성에 대한 전통적인 접근방식은 주로 사변적이고 상식적인 경험에 의존한 경향이 많았다. 특히 기존의 방식은 인간의 이성과 지능의 역할을 과대하게 부각하면서 다른 존재와의 관계를 지나치게 차별화시켰다.

앞서 고찰했듯이, 가다머의 선입견이론은 이해의 과정을 과거의 단순한 결과물의 축적이 아니라 현재와 과거의 지평융합에 의해 밝혀내는 것이다. 이러한 규명작업은 프로네시스의 개념을 통해 점차 확장되었다. 가다머는 플라톤과 아리스토텔레스의 입장에 대립각을 나타냈던 예거(W. Jaeger)의 주장에 동조하여 존재와 가치의 분리,

56 이인식, 『지식의 대융합』, 고즈윈, 2008, 95쪽.

형이상학과 윤리학의 분리, 이론적 합리성과 실천적 합리성의 구분에 대한 비판을 통해 보다 구체적인 이론을 제시하고자 했다.

현대해석학은 다양한 학제적 연구를 통해 새로운 관점들을 보완해야 하는 과제를 안고 있다. 비록 현대해석학이 현대현상학과 유사한 중첩적인 관점을 갖고 있다고 할지라도, 인공지능의 견해는 서로 다르다. 다시 말해 드레퓌스(H. Dreyfus)[57]와 튜링의 연구를 통해 어느 정도 인공지능이 현상학과 밀접한 연관성을 갖고 있다는 것은 널리 알려져 있었지만, 해석학과의 관계는 제대로 알려지지 않았다. 드레퓌스는 『컴퓨터가 할 수 없는 것*What Computers can't Do?*』에서 처음으로 인공지능의 비밀에 도전하였고 튜링(Alan Turing, 1912~1954)은 『계산하는 기계와 지능*Computing Machinery and Intelligence*』(1950) 발표를 통해 그 내막을 밝혀내고자 했다. 그는 논문의 첫 문장에서 "기계는 생각할 수 있는가?"라고 단호하게 묻는다. 그는 이러한 물음에 대한 답변으로서 모방게임(imitation game)이라는 흥미로운 아이디어를 제안한다.[58] 예컨대 모방게임은 남자, 여자, 질문자 세 사람에 의해 진행된다. 질문자는 남자이건 여자이건 그다지 문제 삼지 않는다. 질문자는 다른 두 사람과 동떨어진 방 안에 머물고 있다. 질문자는 두 사람을 〈X〉와 〈Y〉로 알고 있을 뿐이다. 모방게임은 질문자가 던지는 다양한 질문에 대해 두 사람의 답변을 요구하는 방식으로 진행된다. 그러나 두 사람은 반드시 질문자에게 판단 착오를 일으킬 수 있는 답변을 시도해야 한다.[59] 튜링은 자신이 제시한 검사를 통과한 기계가 있다고 한다면, 그것은 지능을 갖고 있는 것

---

57 H. Dreyfus(1992), *What Computers Still Can't Do: A Critique of Artificial Reason*, The MIT Press, Cambridge, MA, U.S.A.
58 장 라세구, 『인공지능 창시자 튜링』, 임기대 옮김, 동문선, 2003.
59 이인식, 앞의 책, 65-66쪽.

으로 이해할 것을 제안한다. 어떤 인공지능 기계가 인간으로 오인될 만큼 지능적으로 행동한다면, 그 기계는 인간처럼 지능적이라는 것이다. 따라서 튜링에 따르면 인공지능의 주된 목표는 최소한 튜링검사를 통과할 수 있는 기계를 제작하는 것이었다.[60]

위에서 언급한 드레퓌스의 이론은 인간과 기계의 기본적인 차이점을 강조한다. 드레퓌스는 생물학, 심리학, 인식론 및 존재론의 네 가지 측면에서 인공지능 연구진들이 잘못된 기본전제에 대해 희망을 갖고 있다고 말한다.[61] 그는 인공지능을 인간과 기계와의 기본적인 차이점을 강조한다. 즉 인공지능은 생물학, 심리학, 인식론 및 존재론(Ontology)의 네 가지 측면에서 인공지능 연구진들이 잘못된 기본전제에 대해 희망을 드러내 보이고 있다고 다음과 같이 지적한다.

첫째, 생물학적 측면에서 인공지능은 기능적으로 뇌가 컴퓨터와 비슷하게 동작하는 것을 전제한다. 하지만 뇌는 컴퓨터에서 사용되는 디지털 방식과는 다르게 정보가 아날로그 형태로 처리되기 때문에 인공지능은 초창기부터 인간의 뇌를 정확하게 복제하는 시도를 포기할 수밖에 없다. 그 대신에 마음이 작용하는 연구에 집중하게 되었다.

둘째, 심리학적 측면에서 인공지능은 인간의 마음을 기호로서 구성할 수 있다. 동시에 인공지능은 기호를 조작하는 능력을 갖고 있기 때문에 마음이 컴퓨터처럼 작용한다. 이런 점에서 드레퓌스는 인간이 소리를 듣고 이해하거나 시각적 이미지를 보거나 해석하는 능력을 프로그램으로 만들어 컴퓨터 안에 집어넣는 일이 불가능하기

60 이영의, 「자연지능, 인공적으로 구현하기」, 한국과학창의재단·교수신문 기획, 『지식의 이중주』, 해나무, 2009, 195쪽.

61 인간과 기계의 차이에 대한 자세한 내용은 다음을 참조: 이인식, 『지식의 대융합』, 고즈원, 2008, 68-70쪽.

때문에 인간의 지능을 컴퓨터로 실현시키는 시도는 결코 성공할 수 없다고 보았다.

셋째, 인식론적 전제하에서 인공지능은 인간의 모든 행동을 규칙에 의해 기술할 수 있기 때문에 인간의 행동을 완벽하게 시뮬레이션하는 컴퓨터를 만들어낼 수 있다. 드레퓌스는 자전거 타는 사람에게서 인식론적 전제의 오류를 끄집어낸다. 기계에서 인간의 지적 수준의 지능적인 행동을 기대하는 것은 애당초 불가능한 목표설정이다.

넷째, 존재론적 전제는 세속적인 지식의 문제와 연관되어 있다. 인공지능은 인간들의 세속적인 지식과 완전히 무관하며, 컴퓨터의 프로그램에 필요한 요소로서 독립적으로 분류될 수 있다는 것에 반대한다.[62] 인간의 뇌가 복잡한 시스템의 구조로 이루어져 있다는 사실은 뇌의 각 부분마다 세포의 종류와 배열이 각기 다르다는 것을 의미한다. 이는 간, 신장, 심장 등의 기관과 매우 다른 기능에서도 알 수 있다. 동일한 뇌세포라도 그것을 보조하는 교화세포의 구성이 다르다. 이는 뇌가 그 자체로 매우 다양한 영역들로 구성되어 있다는 것을 암시한다. 하지만 이 영역들은 독립체가 아니라 서로 밀접한 관계를 갖고 있으며 서로 계층을 이룬다. 뇌는 그 역할 수행을 하는 데 있어서 광대한 병렬 네트워크와 유사하다. 뇌의 각 부분이 다른 역할을 수행하는 영역들이라면, 뇌가 자신의 쾌락을 위해 특정 명령을 내린다고 하더라도 다른 부분들이 서로 견제하고 감시할 수 있다. 따라서 '뇌가 자신의 쾌락을 위해 몸을 속인다'는 판단도 추론해 낼 수 있다.

---

62 이인식, 『지식의 대융합』, 고즈원, 2008, 68-70쪽.

하지만 현대해석학과 인공지능의 학제적 접근은 아직까지 미흡한 단계에 머물러 있기 때문에 정보교환이 원활하게 이루어지고 있지 않다. 향후 현대해석학과 인공지능의 만남은 인문과학과 자연과학, 공학과의 경계를 허무는 학제적 연구의 한 전형을 이루는 계기를 마련할 수 있다. 인간지성의 가장 위험했던 모험은 지난 과거부터 현시점에 이르기까지 자연과학, 공학 그리고 인문학을 함께 연결하고자 하는 노력이었다. 즉 현대해석학은 자연과학, 공학의 통합·융합을 지향하는 새로운 학문이어야 한다. 따라서 현대해석학과 자연과학, 공학과의 통섭적 사유를 더욱 필요로 하기 때문에 학제적 접근방법은 종합과 통합의 능력으로 가는 시험의 길이 될 것이다.

4. 하버마스의 심층해석학과 인지과학

4-1. 심층해석학

하버마스의 해석학은 해석학적 전통과 다소 차이가 있다. 하버마스는 다양한 지식의 역사적-해석학적, 그리고 해방적 이해관계를 전제해야 한다는 기존의 해석학자들의 입장과 유사한 노선에 서 있다. 하지만 그의 해석학은 단지 인지적/이론적 해석에 머물러 있지 않다. 그의 해석학은 단순히 대상 지향적인 이해의 이론이기보다는 오히려 인간해방을 지향하는 실천적 이론의 토대를 구축하고자 하였다. 하버마스는 신마르크스주의를 표방하는 프랑크푸르트 학파의 일원으로서 마르크스주의로부터 이데올로기 비판의 정신을 계승한다. 그는 지식이 신비주의적이고 물화된 사회의 소산이기 때문에 이에 대한 비판적 성찰을 통해 극복될 수 있다고 확신했다. 그리고 해석학을 인지적 차원을 넘어 실천적 차원으로 승화하려는 시도를 한다. 이러한 그의 비판적 해석학은 방법론적으로는 프로이트 전통의 정신분석학의 방법, 즉 정신분석가가 상담자의 정신세계를 심층 분석하는 방법을 차용하여 이데올로기적 왜곡현상을 이데올로기 비판이라는 심층사회학적 비판을 통해 치유하고자 한다.

하버마스의 해석학은 통상적으로 두 가지 유형으로 구분한다. 하나는 '심층해석학(Tiefenharmeneutik)'이다. 이는 개인과 사회집단의 의사소통에 있어서 왜곡된 의미의 현실을 비판적으로 들추어내고 성찰하는 해석학이다.[63] 다른 하나는 '일상적인 의사소통으로서의 비판적 해석학'이다. 이는 사회과학과 행동과학의 연결점을 형성하여 언어에서 다루어지는 사회현실을 해석하는 것이다.

먼저 하버마스의 심층해석학은 특히 마르크스의 이데올로기 비판과 프로이트의 심리분석을 적극 활용한다. 일반적으로 해석학과 심리분석 사이의 대립은 해석학과 자연과학 사이의 구분에서 나타난 것이다. 이것은 그 이전에 딜타이가 이해와 설명을 구분한 것에서 비롯된다. 하버마스는 이러한 이해와 설명 사이의 구분을 심층해석학이라 불렀다. 이는 사람들을 포함하는 특별한 사회적 실천의 중요성에 대한 해석학적 이해의 조합을 의미했다.[64] 하버마스의 심층해석학에서 심층적 의미를 이해하려면, 발화에 대한 존재론적 · 도덕적 · 실천적 전제들을 먼저 이해해야 한다. 그러한 이해는 이미 전제한 조건들의 타당성에 대한 입장을 분명하게 취했을 때보다 보다 완벽하게 이해할 수 있다. 하버마스는 심층해석학을 다음과 같이 설

63 김영한, 『쉴라이에르마허에서 리꾀르까지-현대해석학의 흐름』, 숭실대학교출판부, 2011.

64 Shaun Gallagher, "Hermeneutics and the Cognitive Sciences", in: *Journal of Consciousness Studies*, 11, no. 10-11, 2004, 2쪽.

명한다.

> 해석자가 관찰하는 것은 상징적 표현이 어떤 조건하에서 타당한 것으로 수용되거나 거부되는지 하는 점이다. 해석자가 주목하는 것은 언제 참여자의 행위계획이 합의구성을 통해 조정되는지, 그리고 언제 여러 행위자들의 행위 연관성에 대해 합의를 이루어내지 못해 산산조각 나는지 관찰하는 것이다. 그러므로 참여자가 예, 아니오 또는 기권 등으로 반응하는 행위맥락을 벗어날 경우 어떤 표현의 의미론적 내용들은 해석자에게 불분명해질 수밖에 없다. 그리고 참여자가 의미론적 내용들을 파악할 수 없다면, 해석자는 예/아니오를 이해하지 못한다. (…) 이러한 이유들을 근거로 삼아 이해의 과정은 진행된다. 그러나 만일 화자가 그 표현의 타당성을 옹호하는 이유를 해석자가 생각해 내야 한다면, 해석자는 타당성 주장을 평가하는 과정으로 끌려들어가게 된다. 왜냐하면 이유의 성격 자체가 제3자의 태도, 즉 긍정, 부정, 회피 등의 반응 없이는 기술될 수 없기 때문이다.[65]

위와 같이 하버마스는 심층해석학의 전제조건들을 해석자와 참여자 사이의 의미론적 내용들의 합의에서 이루어지는 긍정과 부정, 혹은 회피의 반응에서 찾았다. 하버마스는 이러한 심층해석학을 정신분석학에 적용함으로써 수행하고자 하는 비판적 사회과학이론의 출발점을 의사소통능력이론에서 발견한다. 그의 심층해석학은 왜곡된 의사소통을 일상적인 의사소통으로 환원시키는 데 그 목적이 있다. 그래서 그의 심층해석학에서 기술하고 설명하는 내용은 왜곡된 의사소통을 메타해석학과 분리하는 것이다.[66] 이런 점에서 하버마스는 프로이트의 메타 심리학적 이해를 적극 수용한다. 그리고 그는 이제까지

---

65 Jüergen Habermas, *The Theorie des kommentiven Handeln*, Frankfurt. a. M., 1985, 157쪽.

66 김영한, 앞의 책, 344쪽.

정신과학의 해석학에서 이해의 한계성을 극복하고 이데올로기 비판으로부터 메타해석학(Metahermeneutik)[67]으로 그의 이론을 확대해 나간다. 여기서 하버마스는 인과율(因果率)에 따라 언어분석(Sprachanalyse)을 심리학적인 분석과 연관시켰다.[68] 따라서 그는 정신분석의 심리적 이론구조를 다음과 같이 세 단계로 요약한다.

첫째, 메타심리학 혹은 메타해석학의 단계이다. 이 단계에서 프로이트의 신경이론은 언어의 변형 및 행동병리학에 대한 설명뿐만 아니라 에고(ego)-이드(Id)-슈퍼에고(Super ego)의 모델 및 본능이론을 포함시킨다. 즉 메타심리학은 대화의 분석을 통해 상황에서 드러나는 해석의 논리를 제시한다.[69] 따라서 메타심리학은 분석자와 환자가 참여하는 의사소통형식의 반성에서 시작된다.

둘째, 메타심리학적 단계는 일반적 해석의 단계와 구별된다. 여기서 일반적 해석은 임상경험에서 얻은 자료뿐만 아니라 경험과학의 이론으로 구성된다. 일반적 해석은 어린이의 정신병리학에 체계화된 이론을 제공한다. 따라서 일반적 해석은 어린이와 부모 사이의 상호행위의 유형, 동기의 증후군, 학습메커니즘(대상선택)을 서술한다.

셋째, 환자의 치료가 개인적 삶의 역사를 재구성하는 단계이다. 환자의 실제적 사건들은 일반적 해석체계에서 종합되며, 그 단편적인 정보들은 대화를 통해 얻어내어 분석해 나간다.[70] 프로이트는 이해 불가능한 생활에서 표현하는 영역을 구분하기 위해 체계적으로 왜곡된 의사소통의 경험을 찾아낸다. 즉 체계적으로 왜곡된 의사소

---

67 J. Habermas, *Erkenntnis uns Interess*, Frankfurt. a. M., 1972(이하 *E.I.*,라 생략하여 인용함), 309쪽.
68 J. Habermas, *E.I.*, 266쪽.
69 J. Habermas, *E.I.*, 310쪽.
70 D. Held, 앞의 책, 322쪽.

통의 영역은 확장시켜 나가면서 사회체계가 안고 있는 병리적 · 임상적인 현상에서 찾아낸 자료를 효과적으로 활용한다.[71] 여기서 신경증세의 출현 및 신경증에 의해 왜곡된 생활표현의 형식들을 구분한다.[72] 특히 하버마스는 프로이트의 정신분석을 언어로서 수행해 나간다. 여기서 그는 정신분석을 언어분석으로서 적용했던 로렌저(A. Lorezer)의 장면적 이해를 원용한다.[73] 장면적 이해란 분석자가 환자의 신경증세 장면을 전이상황의 유사한 장면과 연관시켜 그 의미를 해독하는 것을 말한다. 전이상황은 신경증세 장면에서 유아기적 본래의 장면에 대해 '기호화된 관계'라는 것을 밝힐 수 있는 근거를 제공한다. 전이상황에서 의사는 환자가 반성할 수 있는 무대의 주연 역할을 한다. 그래서 그는 이러한 전이상황을 통해 '유아기적 장면의 반복(Widerholung fruhkindlicher Szenen)'으로 해석한다. 이렇게 하여 전이상황은 신경증세적 표현에 대해 이론적 근거를 구축한다.[74]

장면적 이해는 체계적으로 왜곡된 의사소통의 원인을 지적해 낼 수 있다는 점에서 일종의 설명적 이해이다. 이런 측면에서 장면적 이해는 자연적 의사소통능력으로만 설명될 수 없는 이론적 전제조건에 기반하고 있다. 무엇보다 신경증세적인 장면은 체계적으로 왜곡된 처음의 조건과 관련시켜 설명해야 보다 효율적으로 이해될 수 있다.[75] 이러한 설명을 통해 장면적 이해는 의사소통능력에 관한 일반이론으로 간주한다. 따라서 하버마스는 심층해석학의 언어분석에 대한 장면적 이해를 세 가지 측면에서 가정한다.[76] 여기서 이론적

---

71 J. Habermas, *E.I.*, 138쪽.
72 J. Habermas, *E.I.*, 138쪽.
73 Alfred Lorenzer, *Sprachzerstörung und Rekonstruktion*, Frankfurt. a. M., 1976, 104쪽.
74 J. Habermas, *E.I.*, 136쪽.
75 J. Habermas, *E.I.*, 138쪽.
76 로렌저는 장면적 이해를 환자가 자기반성의 행위에서 타당하다고 인정하는 본래의

가설은 가다머의 철학적 해석학과는 근본적으로 다르게 구별된다.

① 정신분석학자는 왜곡되지 않은 이상적인 의사소통의 구조에 대한 선(先)개념을 갖고 있어야 한다.

② 정신분석학자는 의사소통의 체계적인 왜곡의 원인을 상징의 전언어적(前言語的) 조직화와 언어적 상징조직화의 두 단계로 분리하여 추적해 나간다.

③ 정신분석학자는 유년기의 인성형성에서 상호작용의 연관성과 일탈의 사회화과정에서 나타난 왜곡의 발생을 설명해야 한다.[77] 여기서 심층해석학의 이해는 언어에 대해 체계적인 선(先)이해를 요구한다.[78] 하버마스의 심층해석학적 이해는 일반적인 해석학의 이해와 구별하였을 때 새로운 계기를 마련할 수 있다. 이러한 구분은 정신분석에 대해 이해하는 대상이 갖고 있는 특수한 성향을 찾아내는 데 있다.[79] 일반적인 해석학의 이해는 전통에 의해 형성된 의사소통행위 안에서 정립되는데 이것은 선이해(先理解)를 통해 가능해진다.[80]

반면 심층해석학은 체계적으로 왜곡된 의사소통을 선이해에 의해 의사소통능력이론의 체계로서 정당화시켜 나간다.[81] 하버마스는 해석학적 경험을 심층적으로 파헤쳐 '체계적으로

장면을 재구성하는 목적을 갖고 있다. 그는 그 실례로 소년 한스의 공포증의 예를 들고 있다. 장면적 이해는 세 가지 유형으로 나뉜다. ① 일상적인 장면, ② 전이 장면, ③ 본래의 장면. 장면적 이해는 병리학적으로 경화된 의사소통형태의 의미를 공중의 의사소통으로 번역할 수 있게 해 준다(J. Habermas, *E.I.*, 138쪽).

77 J. Habermas, *E.I.*, 139쪽.

78 J. Habermas, *E.I.*, 148쪽.

79 J. Habermas, *E.I.*, 265쪽.

80 J. Habermas, *E.I.*, 148쪽.

81 J. Habermas, *E.I.*, 148쪽.

왜곡된 의식'의 증상에 대해 설명하고 의식에서 나타난 이데올로기 비판으로 전개해 나갈 것을 강조한다. 따라서 하버마스의 의사소통능력이론은 왜곡된 의사소통을 와해시켜 사회적·정치적인 차원에서 거짓된 합의와 참된 합의를 구별할 수 있는 기준을 마련할 수 있다고 보았다.[82] 그러므로 심층해석학은 합리적인 담화의 규제원칙을 제시할 수 있어야 하며, 근본적인 합의와 승인된 정당화에 담겨져 있는 왜곡된 의사소통을 찾아내야 한다.[83] 결국 하버마스의 심층해석학은 자기반성을 통해 타당성을 획득해 나가는 데 있다.

하버마스의 비판적 해석학은 최근에 인지과학적인 연구와 여러 측면에서 충돌한다. 하버마스가 심층해석학에서 제시하고 있듯이, 언어를 단순하게 통사론이나 의미론이 아닌 화용론의 차원에서 다루고 있다. 그리고 그가 이데올로기 비판의 문제를 한갓 이론적 제시에 머무르지 않고 생활세계의 의사소통행위로 구체화하고자 시도했다는 사실도 그러한 흐름을 어느 정도 반영한다. 하지만 하버마스는 인간들 사이에서 발생하는 의사소통에 국한하였기 때문에 이성 이외의 감정의 문제를 경시하고 있으며 몸이나 비언어적 유형의 행동의 실천을 적극적으로 고려하지 않았다. 그의 이론이 인간들 사이에서 의사소통만을 국한하여 전개하였을 경우, 이는 비직관적일 뿐 아니라 실천적 행동의 측면에서 여전히 비판의 여지가 있다. 따라서 하버마스의 의사소통행위 이론의 이성주의적 사유체계는 긍정적으로 받아들일 수 있지만, 실천적 행위 측면에서 체계적으로 반영되지 못했다.

---

82 J. Habermas, *E.I.*, 151쪽.
83 J. Habermas, *E.I.*, 158쪽.

하버마스의 비판적 해석학에 대한 비판의 준거점은 최근의 인지과학적 성과에서 찾을 수 있다. 이러한 인지과학에서의 성과는 특히 뒷장에서 살펴보게 될 '거울뉴런'에서 잘 드러난다. 철학적 시각에서 인지과학의 성과들은 해석학과 연관하여 논의할 때, 거울뉴런에 기초해서 일어나는 다양한 인간현상들을 발견할 수 있다. 여기서 해석학과 인지과학이 만날 수 있는 접점을 제공한다. 뇌과학자들의 해석에 의하면, 거울뉴런의 역할은, 먼저 행동에 대한 관찰을 면밀히 조사하고 상상의 데이터를 통해 인간의 행동에 맞는 운동으로 바꾸는 기능을 한다. 이른바 거울뉴런은 '지각-행동 사이클 작용'을 함으로써, 인간의 신체에서 타자와의 공감, 비명제적 차원에서 타자와의 공통 경험, 공감의 원천, 심리적 시뮬레이션, 타자의 이해, 모방 그리고 거울뉴런이 자리하고 있는 언어기능과 관계한다. 이러한 거울뉴런의 다양한 기능들이 인간들로 하여금 사회인지에 근거한 사회적 상호작용을 가능하게 한다. 이렇게 거울뉴런은 인간사회의 구성 및 그것을 통한 진화의 기제로 이해된다.

4-2. 하버마스와 인지과학

하버마스는 모든 인지주의적 · 합리주의적 · 이성주의적 방향의 이론가들이 생각하는 것과는 다르게 사회적 상호작용은 인지 · 사고작용을 매개하지 않고도 지각과 행위가 직접 연계하여 일어난다는 사실을 강조한다. 인간들의 사회적 소통과정에서 출현하는 공감은 뇌의 거울뉴런에 기반해 일어나는 작용이다. 즉 공감은 심적 차원에서 타자, 즉 텍스트 · 예술작품 · 영화장면의 내용, 그리고 원저자와 상대방과 소통할 수 있는 기반을 형성한다. 공감은 감정적/정서적 감정이입을 넘어서 타자행위와 그 결과들을 몸까지 동반하여 모방하는 기능을 한다. 하버마스의 의사소통행위이론이 인간의 소통하는 능력들을 매우 제한된 측면에서 전개하고 있기 때문에 실천적 측면이 표면적으로 드러난 것보다 현실성이 떨어질 수 있다.

하지만 하버마스의 논점을 보다 원활히 하기 위해서 언어문제가 거울뉴런이론의 기반 위에서 연관되어 있음을 필요로 한다. 왜냐하면 하버마스가 자신의 비판적 해석학의 핵심으로 삼고 있는 개념이 바로 언어행위이기 때문이다. 인지과학의 연구성과에 대한 하버마스의 비판은 단지 비판의 차원에 한정하여 머물지 않는다. 하버마스의 비판적 해석학이 해석학의 전통에서 인지주의적 전회를 통해 인지과학적 연구결과들과 서로 정합할 수 있는 것은 의미 있는 작업이다.

하버마스는 2004년 일본 도쿄에서 학술상을 받은 「자유의지와 결정론」[84]이라는 논문에서 최근의 인지주의 뇌 연구에 대한 철학적 성찰을 시도하였다. 하버마스는 리벳(Benjamin Libet) 실험에 근거하여 자유의지와 결정론의 인과성이론을 중심으로 현대 영미철학자들과의 긴장관계를 고찰했다. 최근 뇌 연구의 실험결과에서 드러난 가치 있는 철학적 관점에 활발한 논의를 제공하면서 새롭게 뇌과학이 수용되고 있는 중이다. 1980년대 이후부터 급속히 부상하고 있는 자유의지 이념에 대한 회의론의 형성에 절대적 기여를 하였던 현대의 뇌과학적 연구성과물들을 토대로 한다. 이제까지의 마음=뇌라는 데카르트식의 단순화된 패러다임에 벗어나고 있다. 21세기 초에 들어와서 서구의 철학계는 이러한 단순화된 위험성에 강력히 반발하면서 경험과학의 논의들에 대해 적극적으로 가담하고 있다. 즉 현재 인지과학의 경험과학적 연구의 새로운 변화들이 향후 새로운 패러다임으

84 Jürgen Habermas, "Freiheit und Determinismus", in: *Deutsche Zeitschrift für Philosophie*, 52(2004), 871–890쪽.

로 통합될 수 있는 기초 작업들이 활발하게 이루어지고 있다. 21세기 들어 신경생리학과 인지공학 연구자들을 비롯하여 철학, 심리학, 의학, 사회과학 분야 등에서 뇌 연구를 적극적으로 개진하고 있다. 이러한 논의의 중심은 "우리가 뇌의 기능 속에서 **자유의지**를 반영할 것인가 아니면 자유의지와 뇌의 기능은 별개로 존재하기 때문에 각기 개인의 선택의 문제로 남겨놓을 것인가?"[85]에 대한 것이다.

지금까지 뇌 연구의 실험결과는 이미 관찰된 심리학적 조건으로부터 정신과정을 설명하고자 하는 것으로서 "환원주의적 연구전략"[86]을 확정한 것처럼 보일 수 있다. 즉 정신과 마음은 물질적인 본성과 분리할 수 없으며 오히려 물질적 본성으로 환원될 수 있다. 자유의지는 정신 개념이 아니라 물질 영역으로 편입되어야 한다는 견해가 지배적이 되기 시작했다. 이러한 연구전략의 단서는 행위자 자신의 정신적 원인을 자유의지의 전제조건에서 시작함으로써 일반적인 인과론적 연관관계에서 발생하는 신경생리학적 상태를 자연법칙에 적용할 수 있다. 물론 이러한 인과론적 결정론은 행위하는 주체의 일상적인 자기이해와 반드시 일치하지는 않는다. 따라서 뇌 연구는 모든 행위주체의 명백한 논증을 통해 자유의지의 관점을 합리적으로 설명하고 있다.

현재 진행되는 뇌 연구는 한편으로 모든 행위주체에게 명백한 논

85 샘 해리스, 『자유의지는 없다』, 배현 옮김, 시공사, 2013: 프란츠 M. 부케티츠, 『자유의지, 그 환상의 진화』, 원석영 옮김, 열음사, 2009.

86 환원이란 낱말은 광범위하게 사용된다. 어떤 경우에는 환원주의란 말뜻은 모욕 내지 남용되는 용어로 쓰이기도 한다. 환원주의는 행동주의와 동의어로 사용되기도 하며 유물론, 부르주아 자본주의, 실험주의, 생체실험주의, 공산주의, 군국주의, 사회생물학, 무신론 등과 같은 뜻으로 사용되기도 한다. 무엇보다 환원이란 이론들 사이의 관계를 말한다(패트리샤 처칠랜드, 박제윤 옮김, 『뇌과학과 철학』, 철학과현실사, 2006, 409–410쪽).

증을 통해 자유의지의 관점을 합리적으로 설명할 것을 요구하고 있으며, 다른 한편으로 뇌 연구는 자연의 본질로서의 인간을 포함한 보편주의의 표상(Bild)에 대한 욕구를 어떻게 만족시킬 수 있는가를 묻고 있다. 주지하듯이, 칸트는 『순수이성비판』(1781)에서 자연의 인과율과 더불어 현상과 지성계에서 논의되는 이원론의 가치를 인과율로서 화해시키고자 했다. 오늘날 우리는 칸트와 같은 위대한 철학자들의 형이상학적 배경을 수용하지 않더라도 인과율을 적용할 수 있다. 그러나 우리는 칸트를 통해 인식의 선험적 조건에 대해 익숙해져 왔으며 서양과학사에서 다윈 이후 과학혁명에서 배워 온 지식과도 일치해야 했다.

따라서 뇌 연구는 자유의지에 대해 학문적 논의뿐만 아니라 신문지상에서도 활발한 토의가 벌어지고 있다. 독일에서 발간되는 잡지 『뇌와 정신』[87]에서 독일 과학자들은, 자유의지 문제는 향후 20~30년 안에 뇌과학적으로 해명될 것이라 예측한다. 자유의지의 문제는 오랜 철학사에서, 자유의지와 행위의 책임의 귀속문제는 결정론과의 관계 속에서 항상 논의되어 왔다. 자유의지와 결정론은 그동안 서로 상반된 입장을 보여 왔는데, 하나는 양립불가능성(incompatibilism)이고, 다른 하나는 양립론(compatibilism)이다.[88] 이러한 논의들은 아직 명확한 답변을 내리지 못한 채 여전히 논쟁 중에 있다.

---

87 *Gehirn & Geist*의 특집호, 2004, 가을.

88 양립불가능성의 결정론을 믿는 강한 결정론자(hard determinism)와 비결정론을 믿는 자유의지론자로 나누어진다. 강한 결정론자는 자유의지는 한낱 착각(illusion)에 불과할 뿐이라고 주장하며, 자유의지론자들은 이 세계는 비결정론이기 때문에 우리는 자유롭게 선택이 가능하다고 믿는다. 양립론자들은 약한 결정론자(soft determinists)들이다. 대다수의 철학자, 인문주의자, 종교 사상가들은 자유의지자들이며, 강한 결정론자들은 과학자들이다(안건훈, 『자유의지와 결정론』, 집문당, 2006, 17-22쪽 참조; 샘 해리스, 『자유의지는 없다』, 배현 옮김, 시공사, 2013, 23-36쪽).

4-3. 리벳실험

뇌 연구 논쟁의 출발점은 이미 1970년~1985년에 걸쳐 신경생리학자 벤자민 리벳(Banjamin Libet, 1914~2007)의 실험[89]을 통해 이루어졌다. 리벳실험은 그동안 인지과학과 철학계의 해묵은 논쟁 주제였던 '자유의지란 무엇인가'에 관한 논란을 다시 불러일으키는 중요한 계기를 제공했다. '우리에게 무엇인가를 시작할 자유의지는 없지만, 무엇인가를 그만둘 자유의지는 있다'는 수정된 가설도 제기되었다. 자아는 하나인가, 아니면 여럿인가를 둘러싼 논란도 벌어졌다. 또한 저명한 인지과학자인 대니얼 데닛(Daniel C. Dennett)은 자유의지도 다른 인지능력들과 마찬가지로 '진화의 산물'이지만 리벳실험 자체가 자유의지의 존재를 부정하는 결론이 되진 못한다고 비판했다. 따라서 지금까지 자유의지의 논의와 관련해 "뇌과학의 연구에 활기"[90]를 불어넣은 인물은 다름 아닌 신경생리학자 리벳이었다.

리벳은 이미 1980년대에 결단(의지), 행위, 그리고 이들과 관련되어 일어나는 뇌의 사건 사이에서 서로 어떤 인과관계를 보이는지 알아보기 위해 실험을 했다. 실험에 앞서 리벳은 우선 몇몇 준비작업을 했다. 뇌 및 손 근육에서의 전기적 변화들을 측정하기 위해 피실험자의 뇌에는 전극장치를 그리고 피실험자의 손에는 근전도계

---

89 리벳실험의 자세한 내용은 다음을 참조: Chr. Geyer(Hg), Hirnforschung und Willensfreiheit. Zur Deutung der neuesten Experimente, Frankfurt. a. M., 2004: Daniel C. Dennett, 이정모 옮김, 「자유의지에 대해 인지과학이 말해주는 것」, 『의식의 과학적 탐구』, 아카넷, 2002, 49-95쪽: Michael Pauen, Illusion Freiheit?,-Möglichkeit und unmögliche Konsequenzen der Hirnforschung, Frankfurt. a. M., 2004, 196-209쪽: 양해림, 「뇌과학과 자유의지의 문제-하버마스의 자유의지와 뇌 연구의 논의를 중심으로-」, 『동서철학연구』, 제50집, 한국동서철학회, 2008, 154-174쪽.

90 B. Libet, "Readiness-potentials preceding unrestricted 'spontaneous' vs. pre-planned voluntary acts", in: *Electroencephalography and clinical Neurophysiology*, 54, 1982, 322-335쪽.

를 부착했고, 어떤 행위를 하기로 마음먹은 시간을 피실험자가 알 수 있도록 하기 위해서 특수한 시계를 하나 장치했다. 이는 모니터 상에서 하나의 점이 원을 따라 시계방향으로 회전을 하는 장치인데, 이때 원은 보통의 시계와 마찬가지로 60칸의 눈금을 갖고 있다. 그리고 점은 원을 2.56초 만에 한 바퀴 회전할 정도로 보통의 시계 초침보다도 상대적으로 빠른 편이었다.(그림 참조) 이런 준비작업 이후에 리벳은 실험의 피실험자들에게 자신이 원하는 때 임의로 자신의 손목(혹은 손가락)을 까딱이라는 지시를 내렸다.[91] 다만 피실험자들 자신이 손을 움직이기로 마음을 먹은 때가 언제였는지 혹은 그러한 느낌을 경험한 순간이 언제였는지는 모니터상의 시계장치를 보고, 그 시계에서의 점 위치를 보고 기억해 두었다가 나중에 실험자에게 보고하라고 일렀다. 이와는 별개로 리벳은 피실험자들이 손을 까딱

91 B. Libet, 앞의 논문, 1982, 324쪽.

하기로 결정한 후에 경우에 따라서는 그것을 마지막 순간에 취소(veto)하게 할 수도 있도록 하여 뇌에서 어떤 변화를 동반하는지의 여부를 확인하는 실험을 수행하기도 했다.

실험을 통해 리벳은 피실험자들이 자신들의 손목을 실제로 까딱하는 행위를 수행하기 0.2초(200millisecond(msec) 1천 분의 1초) 전에 그렇게 하고자 마음먹고 결정을 한다는 사실을 알게 되었다. 그런데 하나의 특이한 사실은 피실험자들이 이렇게 일정 행위를 일으키고자 마음을 먹기 0.35초 전에 이미 뇌에서는 준비전위(Bereitschaftspotential 혹은 Readiness Potential: RP)[92]가 활성화되고 있는 것이 포착되었다는 점이다. 이것은 사람들이 어떤 행위를 하고자 마음을 먹기 0.35초 전에 뇌에서는 이미 그에 대한 준비작업이 진행되고 있었다는 것을 의미한다. 구체적으로 리벳은 실험참여자들이 뇌에서 측정한 RP와 그들이 보고한 결정시점 사이에 0.35초 정도의 시간 차 혹은 잠재기가 있다는 것을 발견하였다. 리벳이 고안해 낸 인위적인 실험상황에서 RP가 바로 손목을 까딱이게 하는 원인이라는 점에는 이견의 여지가 없다. 리벳은 손목을 움직이고자 하는 충동을 처음 자각한 순간에 점이 시계의 어느 위치에 있었는지를 실험 참여자들이 눈여겨보아 두도록 했다. 실험 참여자는 그 위치를 실험자에게 말해 주게 된다. "당신이 생각하기에 결정내리고 있다고 여겨질 때, 사실상 당신은 손목을 까딱해야겠다는 생각이 들기 얼마 전에 뇌에서 의식되지 않은 채 일어나는 실질적인 결정을 물끄러미 바라보고 있을

92 이는 독일의 두 신경생리학자 코른후버&데케(H. Kornhuber & L. Deecke)에 의해 발견되었다. 자세한 내용은 다음을 참조: "Hirnpotentialänderungen bei Willkürbewegungen und passiven Bewegungen des Menschen: Bereitschaftspotential und reafferente potentiale", in: *Pflügers Archiv für die Gesamte Physiologie*, vol. 284: 1965, 1-17쪽.

뿐이다."

자발적인 행위는 자신이 움직이기를 원한다는 것을 의식적으로 알게 되기 전에 뇌에서 의식되지 않고 시작하는 것으로 보인다. 그러면 자발적인 행위에서 의식할 수 있는 의지의 역할은 무엇인가?[93] 이 물음에 답변을 하기 위해 의식할 수 있는 의지가 근육을 움직이기 시작한 대략 0.15초 이전에 나타난다는 점에 주목할 필요가 있다. 이는 RP보다 이후이기는 하지만, 의식적인 과정의 최종결과에 영향을 미칠 수 있는 충분한 시간이다. 0.15초가 아니라 0.01초라고 말해야 한다. 근육이 움직이기 전 마지막 0.05는 1차 운동 피질이 척수운동의 신경세포를 활성화시키는 데 걸리는 시간이다. 이 동안에는 대뇌피질의 다른 부분에서 오는 정보로 행위가 이루어지는 것을 막을 수 없다. 이는 우리에게 매우 홍미로운 사실을 제공해 준다. 우리는 흔히 손을 까딱하는 것과 같은 일을 우리가 그렇게 하고자 마음을 먹었기 때문에 일어난 일이라고 생각하기 마련인데, 이 실험의 결과는 우리가 무엇인가를 하게 되는 것은 우리의 뇌가 그 궁극적 원인이라는 사실을 보여주고 있기 때문이다. 이때 사건의 진행은 단지 마음에 '통고'될 따름이다. 사태가 이렇게 되었을 때, 마음은 이제 더 이상 행위사건의 주인공이 될 수 없다. 그 대신 사건은 단지 우리의 몸에서 무엇이 일어나고 있는지를 나타내 주는 계기판에 불과한 것처럼 보인다. 하지만 사태관계를 다소 혼란스럽게 하는 실험적 사실이 하나 더 있다.

이는 위의 경우와는 다르게 본래 무엇인가를 하기로 마음먹었던 결심을 실제로 수행하기 바로 전에 취소/거부(veto)할 경우, 예를 들

93 B. Libet, "Unconscious Cerebral Initiative and the Role of Conscious Will in Voluntary Action", in: *The Behavioral and Brain Sciences*, 8, 1985, 529–539쪽.

어 손목을 까딱하기로 마음을 먹었다가, 이를 실제로 실천하기 바로 전에 포기하는 경우에는 RP가 따로 기록되지 않았다. 그러면 이러한 경우, 마음은 뇌 과정에 의해 지배된다고 할 수 없는 것처럼 보인다. 그것은 오히려 비록 능동적인 행위구성은 아니라 하더라도 일정 정도에서는 행위에 영향을 미치는 인과요소인 것처럼 보인다. 그 역할은 마치 검열자의 그것과 유사하다고 하겠다. 이렇듯 리벳의 신경과학연구는 모든 자발적인 행위가 어떤 의식적인 의지작용의 활동과는 독립적으로 뇌에 의해 시발된다는 사실을 보여준다. "뇌는 그러한 결심이 섰다는 보고 가능한 의식적인 자각이 있기 이전에 행위를 시작했다거나 적어도 시작할 준비가 되었다는 것을 결정한다."[94]

리벳실험은 이후 보다 정교화된 실험들에 의해 보완되었다. 한편, 리벳실험은 실험자의 요구로 피실험자가 일정하게 손을 움직이는 경우, 이때 피실험자는 손목을 움직이겠다고 따로 마음을 먹을 필요가 없기 때문에, RP가 과연 손목을 움직이겠다고 결정했을 때의 그 마음 상태와 관련된 현상인지, 아닌지를 확신할 수 없게 된다. 실험은 이 문제를 확실하게 해결하기 위해 실험자는 오른쪽 손을 움직일 것인지 아니면 왼쪽 손을 움직일 것인지를 피실험자들에게 위임하였다. 이러한 부류의 실험은 하가드/아이머(P. Haggard/M. Eimer)[95]에 의해 수행되었지만, 그 실험결과는 리벳의 경우와 동일했다.

다른 한편, 우리는 RP가 손을 까딱하기로 마음을 먹은 결정 때문

94 B. Libet, "Unconscious cerebral initiative and the role of conscious will in voluntary action", in: *Neurophilosophy of Consciousness*, Boston: Birkhäuser, 1993, 276쪽.

95 P. Haggard & M. Eimer, "On the relation between brain potentials and the awareness of voluntary movements", in: *Experimental Brain Research*, 126(1), 1999, 128-133쪽.

에 생겨난 것이 아니라 오히려 실험자의 요구를 충실히 따르고자 하는 피실험자의 심리 상태, 즉 '언젠가는 손을 움직이겠다'고 마음을 먹을 때, 그 사건에 해당되는 뇌 현상은 혹시 아닌지 의문을 품어볼 수도 있다. 이를 확인하기 위해 네테네(R. Näätänen)[96]가 이에 대한 실험을 수행했다. 그는 독서에 열중하다가 어느 한 임의적인 순간에 갑자기 무엇인가를 하고자 결심하고 이때 RP의 변화가 어떤지를 실험했다. 실험이 이렇게 진행될 경우, RP는 적어도 피실험자가 실험자의 요구에 따라 '어떤 일정의 순간에 일정의 행위를 하겠다'라고 마음먹었기 때문에 나타나는 현상은 아니다. 왜냐하면 이 실험에서 행위는 그러한 준비작업을 거치지 않고도 매번 그 행위를 하기로 마음먹은 결정에 뒤따라 일어나기 때문이다. 실험이 이런 방식으로 진행되었음에도 불구하고 실험의 결과는 역시 리벳의 경우와 같았다. 다시 말해 실험자의 지시를 기억하는 것과 같은 준비기간을 거치지 않고 임의의 순간에 갑자기 결정을 해 행동하는 경우라 할지라도 RP의 출몰은 리벳의 경우와 다르지 않았다. 이는 리벳실험의 결과에 대한 해석에 별 이상이 없음을 나타내준다. 이후에도 리벳실험을 반증하는 뚜렷한 실험은 아직 없었다.

리벳실험은 그 밖의 실험을 통해 피실험자들을 시각적으로 보여주는 실험결과를 발표했다. 그것은 뇌에서의 준비전위(RP)와 (손 까딱) **행위(A)** 그리고 이 행위를 일으키는 **의지/결정(D)** 간에 다음과 같은 형태의 시간 순서가 존재한다는 것이었다.

RP ----------- D ------------ A

96 Risto, Näätänen, "Brain physiology and the unconscious initiation of movements", in: *Behavioral and Brain Sciences*, 8(4): 1985, 549쪽.

이런 실험의 결과는, 의지가 뇌에서의 RP에 의해 선행되기 때문에, 행위를 일으키는 것은 의지가 아닌 RP인 것으로 보인다. 하버마스에 따르면, 신경생리학적 사건과 주관적 체험에서부터 나오는 뇌에서의 준비전위의 시간적 결과에 따라 이러한 상태는 행위의 원인을 제공한다. 즉 뇌 과정은 인과적 역할을 하는 행위 자체를 기술하는 의지활동 없이도 의식적인 행위를 결정한다. 따라서 자기의 의도를 제시하고자 하는 심리학적 연구는 참여자가 일정한 상황에서 행위를 수행해 나간다. 물론 리벳실험은 결정론적 테제에 대해 서술한 증거에 대한 부담을 전적으로 짊어지는 것은 아니다. 분명한 실험의 순서는 행위를 수행(Ausführung)하는 것과 행위의 의도 사이에서 단지 미세한 초의 일부분(Bruchteile)에 대해 자의적인 **육체운동**에 통제를 가하는 것이다. 그래서 이러한 행위부류에 대해 실험결과가 일반화되었건 그렇지 않건 간에 질문을 설정할 수 있다. 또한 이러한 관점에서 선행된 설명에서 관찰한 미세한 초의 의미가 불분명하게 남아 있다는 것을 통해 지속적으로 이의를 제기한다.[97]

자발적인 행위는 자신이 움직이기를 원한다는 것을 의식적으로 알게 되기 전에 뇌에서 의식되지 않고 시작하는 것으로 보인다. 그렇다면 자발적인 행위에서 의식할 수 있는 의지의 역할은 무엇인가? 이 물음에 답변을 하기 위해 의식할 수 있는 의지가 근육이 움직이기 시작 대략 150msec 전에 나타난다는 점에 주목할 필요가 있다. RP보다 이후이기는 하지만 의식적인 과정의 최종결과에 영향을 미칠 수 있는 충분한 시간이다. 150msec가 아니라 100msec라고 말해야 한다. 근육이 움직이기 전 마지막 50msec는 1차 운동 피질이

97 Jürgen Habermas, 앞의 논문, 872쪽.

척수운동 신경세포를 활성화시키는 데 걸리는 시간이다. 이 동안에는 대뇌피질의 다른 부분에서 오는 정보로 행위가 이루어지는 것을 막을 수 없다.

4-4. 하버마스와 리벳실험의 결과들

철학자들은 종종 자유의지의 논쟁과 관련하여 뇌과학자들과 대립하여 원인과 이유(理由) 사이에 놓여 있는 기본적인 논의를 소홀하게 다루어 왔다. 여기서 현대 철학자들은 뇌 연구자들에게 범주적 실수를 범했다고 말한다. 뇌의 과정은 일정한 원인의 이유(Gründe)에 대한 논증방법을 인과적으로 진행시킨다. 그러나 인간은 이유에 근거하여 먼저 원인을 다룬다. 인간은 의지에서 자유롭다. 왜냐하면 인간은 이유에서부터 자유의지를 다루는 것이지 원인으로부터 나오는 것이 아니기 때문이다. 그러면 원인과 이유 사이의 차이는 어떻게 성립되는가? 주지하듯이, 원인과 이유 사이의 구별에 대한 물음은 근대 철학자에게도 상세하게 논의되어 왔다. 행위의 설명은 인과론적 설명이어야 한다는 도날드 데이비슨(Donald Davidson)의 현대적 입장과 연관된다. 즉 "이원론과 잘못된 실험결과에 대해 이유와 원인의 관계가 의미하는 것"[98]에 대해 두 가지 측면에서 인과론적 설명의 가능성을 찾아볼 수 있다. 한편으로, 우리는 뇌 과정에서 일어나는 의식적인 체험의 형식으로서 이유를 파악한다. 즉 이유는 명제적인 내용과 주장(Einstellung)하는 것 사이에서 논리적-의미론적으로 연관된다. 이유는 신경물리학적인 사건의 복잡한 연쇄고리로서 신경생리학적 실험으로 설명된다. 즉 이유는 명제적인 내용과 주장하는

---

98 D. Davidson, "Actions, Reasons, and Causes", in: *The Journal of Philosophy*, 1963, 685-700쪽.

것 사이에서 논리적이고 의미론적인 연관에 의한 '신경물리학적인 사건의 복잡한 연결고리'를 반영한다. 이런 점에서 이유는 내적인 체험에 관계하며 내적으로 체험된 양태이다. 그러나 이유는 제3의 외적인 신경생리학적 양상에 대해 원인으로 작용한다.

다른 한편으로, 우리는 다른 의미에서 이유를 이해할 수 있다. 즉 이유는 자기 스스로 본래의 행위와 인간에 대한 설명방식으로서 이해한다. 우리가 이미 어린 시절에 자신이 기억했던 것을 억지로 설명하고 합리화하려는 입장을 보이는 이유는 사회문화적 맥락들이 서로 다르기 때문이다. 우리는 행위방식을 쉽게 설명할 수 있고 배울 수 있다. 하지만 이러한 설명은 우리가 다루어 왔던 원인과 관련하여 실제적인 동기를 동일시하려는 것은 아니다. 즉 우리는 원인에서부터 다루고 있지만, 이러한 행위는 이유로부터 설명된다.[99]

리벳은 의식적인 균형과정(Abwägungsprozesse)의 역할에 대한 실험결과를 다양한 관점에서 설명한다.[100] 리벳은 무의식으로 수반된 행위에 대한 통제기능을 '수행한 것과 의식적으로 의도한 것' 사이의 진행과정에서 자유의지를 언급한다. 예컨대 자유의지가 다른 행위와의 갈등을 예견하는 한에서 규범적인 기대를 고려할 수 있는가 하는 것이다. 이러한 것을 설명할 수 있어야 자유의지는 무의식의 의식이라는 현상에 대한 행위를 거부(Vetos)할 수 있게 된다. 여기서 하버마스는 피터 비어리(Peter Bieri)의 "자유의지의 무근원적(無根原的) 수용"에 대한 우려에 동조하면서 그의 **해석학적 · 현상학적인 설명방식**

99 G. Roth, "Worüber Hirnforscher reden dürfen –in welcher Weise?", in; *Deutsche Zeitschrift für Philosophie*, 52(2004), 232–233쪽. Ders., "Das Problem der Willensfreiheit", in: *Information Philosophie*, Dezember, 2004, 15쪽.

100 B. Libet, Haben wir einen freien Willen?, in: Chr. Geyer(Hg.), *Hirnforschung und Willensfeiheit*, Frankfurt. a. M., 209–224쪽.

을 받아들인다.[101] 자유결정론의 행위는 이유에 의한 의지의 행위와 연관되어 있다. 그렇지만 행위를 결정한 순간이 합리적인 조건과 반드시 연관되어 있는 것은 아니다. 특히 비어리는 우리가 심사숙고한 결과에 대한 합리적 상황을 세심히 관찰한다. 즉 우리가 어떤 의지를 보였을 때, 행위는 어떻게 자유스러운가? 부자유가 외부에서 제시된 강압으로부터 경험한 것이라면, 우리는 자신의 의지를 행위함으로써 각기 다르게 행위하는가? 이러한 물음들은 어느 정도 제한된 자유의 두 순간에서 나온다. 따라서 피터 비어리는 결정론적 자연사건과 함께 제한된 자유를 받아들여 조정하고자 한다. 즉 "어떤 대안에 대해 생각한 것은 나의 역사에서 함께하는 총체적인 사건이고, 궁극적으로 모든 규정된 의지를 확정하게 된다."[102] 행위의 단계는 다음과 같이 도식화할 수 있다.

균형 잡다 (Abwägen) →→→→→→	계획하다 (Planen) →→→→→→	행위하다 (Handeln) →→→→→→	평가하다 (Bewerten) →→→→→→

〈행위단계의 모델〉

하버마스는 행위의 선택을 다음과 같이 파악한다. 한편으로 행위자는 최종 실천적 판단을 해야 할 때, 행위선택의 균형감을 견지할 수 있어야 한다. 즉 능력, 특성, 상황에 맞게 가능한 놀이공간 내에서 적합한 행위에 대해 대안을 설정한다.

그러나 행위자는 균형 있는 선택을 신뢰해야 하며, 그 믿음을 통

101 P. Bieri, *Das Handwerk der Freiheit*, München, 2001.
102 P. Bieri, 앞의 책, 166쪽.

해 다른 것을 행위 한다. 왜냐하면 심사숙고한 행위자는 제한된 상황에 대해 다양한 **이유의 설명**을 통해 능력, 특성 그리고 그 밖의 상황을 변화시킬 수 있기 때문이다. 이러한 의미에서 다른 것을 행위 하는 것은 무제한적으로 자유롭지 않다. 행위자는 숙고한 과정에 의해서만 행위하는 것이 아니다. 왜냐하면 합리적인 동기라는 것은 그것을 설정함에 있어서 반드시 이유를 근거로 삼지는 않기 때문이다. 여기서 합리적 동기는 임의적인 것이 아니라 규칙적으로 전개되어야 한다. 다른 것의 행위가 결정되었다고 판단하였다면, 행위는 다른 것을 원하는 것이 된다. 다른 한편으로 이유에 대한 행위의 근거는 이미 서술한 상황에서 관찰한 결과의 원인모델에 따라 파악하지 않는다. 판단의 절차는 행위자가 결정한 행위를 가능하게 한다. 즉 처음에 파악하였던, 이유를 설명하는 자연과정을 통해 행위는 힘을 잃게 될 수 있다. 그렇지만 행위자가 문법적으로 틀렸다고 말하는 것은 아니다. 즉 행위자가 다른 것을 판단하고자 할 때, 그는 다른 것을 언제나 원한다.[103] 즉 우리는 긍정하거나 부정하는 것에 대해 원인을 제공하는 인과적 요구가 있다고 말한다. 우리가 당사자의 생각을 미처 파악하지 못했더라도, 생각하고 판단하는 자로서 영향을 받고 원하는 행위를 받아들인다. 이러한 의미에서 자유는 조건에만 친숙해지기 쉬운 것은 아니다. 자유는 조건을 요구하며 자유 없이는 생각할 수 없다.

브랜덤(R. B. Brandom)에 의하면, 이유에 의한 "합리적 동기라 부르는 것은 이유에 의해 주어지고 받아들여진" 공적인 과정에 의해서 참여자들의 관점을 설명할 수 있다는 것이다.[104] 그렇기 때문에 이

103 Jürgen Habermas, "Freiheit und Determinismus", in: *Deutsche Zeitschrift für Philosophie*, 52(2004), 875쪽.

유는 정신적인 언어에서 담론의 사건을 기술해야 한다. 다시 말해 이유는 언어 속에서는 '생각하다, 확신하다, 긍정하다, 추측하다'와 같은 술어를 포함한다. 브랜덤에 의하면, 경험적인 언어가 문법적인 이유를 들어 무엇인가 맞거나 틀리다는 것을 포함하는 주체의 명제적인 입장과 관련되어 있다고 본다. 이러한 시각에서 이유는 주체에서 진행되는 자연사건의 배후에서 이와 유사한 담론을 전환시킨다. 결정론은 신경생리학적 사건에 의해 종종 방해받는다. 참여자는 관찰자가가 잘 알아채지 못한 변화의 원인을 밝혀낸다. 그리고 참여자는 자유의지와 행위결정론의 간극을 이해할 수 있는 이유를 각인시켜 나간다.

하버마스의 관점에서 제한된 자유의 합리적 수용은 **이유**와 **원인**에 대한 동일한 사태에서부터 성급한 존재론적인 일원론에 근거를 둔다. 그 근거에 따라 하버마스는 신경생리학적으로 확정된 과정의 체험형식을 주관적 측면의 이유로서 설정한다. 이러한 주관주의는 도날드 데이비슨(Donald Davidson)으로 대표되는 '인과론적 행위론'에 대한 과실에서 기인한다. 우리가 이원론의 입장을 취할 때, 그 전달방식은 문제가 되지 않는다. 먼저 이유부터 다루고자 하는 것은 정신적인 근본원인을 이유에서 동일화하고자 한다. 그리고 정신적 근본을 원인에서부터 출발하고자 하는 것은 이유에 대한 신경생리학적인 과정을 밝혀내고자 하는 것 때문만은 아니다. 우리는 신경생리학적 사건에서 나타나는 어떠한 비신경생리학적인 것을 설명함으로써 그 이유를 파악하고자 한다. 따라서 행위자가 이러한 행위를 수행하

---

104 브랜덤의 합리성이론에 대한 자세한 내용은 다음을 참조: Udo Tietz, "Normen, Regeln und Interpretationen–Robert Brandoms Projekt einer pragmatischen Theorie ser Rationalität", in: *Zeitschrift für philosophische Forschung*, Bd. 58. H. 1, 2004, 80–103쪽.

는 근거가 될 때, 행위의 원인으로서 원함, 주장, 의향, 설득 그리고 가치정향 등은 중요한 요소로 간주된다.

비록 데이비슨 자신이 환원주의를 거부했다고 할지라도, 정신적인 것과 물리적인 것의 간격의 연관성을 행위자유이론에 의해 원인에서부터 이유로 전개할 것을 제안 받는다. 이러한 확약만으로 환원주의의 이론을 해결할 수는 없다. 무근원적-무조건적 자유의 이념화된 개념은 과도한 힘을 갖고 있으면서 삶에서 새로운 인과과정을 불러오지만, 이러한 행위는 오히려 무기력에 빠질 수 있다. 그러나 이유에서 동기를 부여받은 행위자유는 합리적 동기와 원인에 대한 행위의 차이를 명확하게 규명하지 못한다. 우리는 이러한 행위의 설명을 제한된 자유에서 말한다.

행위의 합리적 설명은 일상적인 인과의 설명처럼 행위사건의 실제적인 발단에 대해 충분하게 설명하지 못한다. 왜냐하면 행위의 이유를 근거 짓는 힘은 행위자의 의지와 연결하기 위하여 충분하게 조건화되어 있고, '결정에서 주어진 것', 그리고 주어진 상황에서 다루었던 주체에 대해 전제조건화되어 있기 때문이다. 이유에 의한 동기는 이유를 밝혀내기 위해 주어진 행위자의 합리적인 입장만을 요구하는 것이 아니라 행위의 통찰에 의해 규정된다. 이러한 주체의 관계 때문에 주체는 이유(G)에서 행위(H)를 수행해 나간다. 그리고 G는 공공연하게 행위 H의 원인이 되어 왔던 진술을 동등하게 취급하는 것은 아니다.[105] 일상적인 인과설명을 구분하는 데 있어서 합리적인 행위의 설명은 동일한 결론으로 도출되는 것은 아니다. 또한 합리적인 행위동기의 과제는 설명을 전환하기 위해 충분하게 예측하

105 J. Searle, *Freiheit und Neurobiologie*, Frankfurt. a. M., 2004, 28–36쪽.

지 못한다. 책임 있는 행위자는 단지 이유에 의한 동기를 취급하는 것이 아니라 행위자 스스로 기술한 것을 처음에 근간으로 하여 파악한다. 그것은 비로소 행위자가 당사자(Urheber)로 되는 것이다.

현재 행위에 대한 자발성[106]은 자신의 경험 안에 어떤 익명적인 원천이 있는 것이 아니라 당위를 서술하는 주체로서 나타난다. 게다가 당사자로서 행위자를 이해할 수 있다. 왜냐하면 행위는 자신의 육체로부터 동일화시켜 왔고 행위자가 능력을 부여하였거나 힘이 쇠퇴한 몸으로서 존재하기 때문이다. 행위자는 몸으로서 경험된 유기체적인 실재라 할 수 있다. 왜냐하면 행위자가 당위의 근거로서 주체적인 본성을 경험하기 때문이다. 신경생리학적으로 관찰한 관점에서 뇌가 의식적으로 진행되는 과정은 인과론적 결정론으로부터 행위의 자유가 단지 이유를 통해 제한되는 것이 아니라 오히려 '자연적으로 제한된' 자유에서 나온다. 왜냐하면 몸으로서의 육체는 언제나 자신의 육체이기 때문에 우리가 할 수 있는 것을 규정한다. "존재를 규정하는 것은 구성적인 자기규정의 배경이다."[107]

4-5. 리벳실험의 과제

리벳실험은 뇌과학의 연구물과 양립 가능하게 철학적으로 재구성된 자유의지의 이념을 제시하였고 다음과 같은 과제들을 여전히 남기고 있다.

첫째, 인간의 자유의지 현상은 단지 고전적인 의미의 개념적인 정의의 규정이 아니라 현실적으로 적용 가능한 실질적 사태들과의 관

106 자발적 통제실험에 대한 자세한 내용은 다음을 참조: G. Roth, *Füllen, Denken, Handeln*, Frankfurt. a. M., 2003, 518–528쪽.

107 M. Seel, *Sich bestimmen lassen*, Frankfurt. a. M., 2002, 288쪽.

계에서 연구되어야 한다. 따라서 이제까지 자유의지 문제를 주로 개념적 수준에서 다루어왔던 인문학적 자유의지의 논의에 대해 방향을 전환하여 뇌과학과 같은 자연과학적 연구성과물들을 근간으로 전개되고 있다.

둘째, 자유의지의 문제에 대한 경험과학적 맥락에서의 연구 경향은 이미 1980년대 뇌신경생리학자 벤야민 리벳(Benjamin Libet)의 실험이 인간의 자유의지를 반증하는 듯한 결과물을 내놓은 이후로 르네상스 시대를 맞이하면서 현재 영미나 유럽권에서 하나의 시대적 경향으로 자리매김하고 있다. 철학이 이러한 연구결과들을 우리의 상황에 반드시 수렴해야 하는 것은 아니라 할지라도 시대적 추세를 고려해야만 하는 상황에 이르렀다. 이러한 관점에서 자유의지의 문제는 우리 상황에서 철학적으로 규명해야 할 필요성이 대두되었다.

셋째, 현재 위와 같은 방식의 자유의지 연구가 국내 철학계에서는 그다지 활성화되지 못했다. 다만 영미계통의 대니얼 데닛(Daniel Dennett)이나 폴 & 패트리샤 처칠랜드(Paul & Patricia Churchland) 등을 중심으로 하는 심리철학, 진화심리학 그리고 이와 간접적으로 관련된 주로 진화론적 방향의 몇몇 "학문분야들의 번역본 형태"[108]로 일부가 소개되어 그 주제가 간헐적으로 인지되고 있는 실정이다. 물론 국내에서도 마음의 문제와 관련된 다양한 주제들의 학제 간 연구가 시도되고 있다. 하지만 자유의지에 대한 논의는 주로 철학적 시각에서 논의가 진행되고는 있지만, 뇌과학적 연구 성과들을 고려해서는 간헐적으로 진행되고 있을 뿐이다. 국내에서도 선진국들처럼 1997년 이후 '뇌 연구의 촉진법'을 제정하여 뇌과학 연구의 발판을

---

108 앤드루 브룩 외 편저, 석봉래 옮김, 『다니엘 데닛』, 몸과 마음, 2002; 패트리샤 처칠랜드, 박제윤 옮김, 『뇌과학과 철학』, 철학과현실사, 2006.

마련했지만, 아직까지는 뇌과학적 연구가 자유의지 연구와 활발하게 교류하고 있지 못하는 형국이다.[109] 이러한 공백을 매우기 위해서도 자유의지와 뇌 연구의 학제적 연구는 절실히 필요한 시점이다.

넷째, 자유의지의 논의가 경험과학적 자료들을 근간으로 연구되고 있다고 할지라도 오히려 자유의지론의 위기를 고조시키고 있다는 점이다. 자유의지의 이념은 인간의 자율성, 자유, 책임, 권리, 의무, 벌, 인정, 인간 존엄 등, 인류의 지대한 문화적 구성원리들에 초석을 다졌다. 자유의지의 이념은 뇌과학적 연구성과들에 미루어 보았을 때, 인류의 이념사로부터 퇴출위기에 처해 있는 상황에 직면해 있다. 이런 상황에서 자유의지 문제를 정확하게 재검토하는 작업은 그 어느 때보다도 더 시급한 과제가 되었다.

다섯째, 자유의지의 문제가 뇌과학적 자료들에 의해 퇴출위기에 처하게 되는 동안에, 그런 주장이 제기되기까지는 다양한 과정들이 개입되어 있다. 개념적 규정, 연구하고자 하는 대상·현상의 구성, 실험의 고안 및 진행, 실험결과의 해석 등의 작업들이 그 실례들이다. 그런데 이 모든 과정들은 종종 무비판적으로 진행되거나 문제시되지 않는 경우가 있다. 예를 들어 '자유의지', '결정', '인과' 등의 개념들에 대한 의미론적 혼란, 연구대상으로서의 '자유의지'의 구성 문제, 자유의지의 연구방법상의 문제, 실험결과들에 대한 해석상의 문제, 자연 및 과학에 대한 세계관의 문제 등 다양한 형태의 문제들

109 뇌 연구에 박차가 가해지기 시작한 시기는 1990년대부터이다. 이때부터 미국, 유럽, 일본 등 선진국을 중심으로 뇌에 대한 본격적인 연구가 이루어지기 시작했다. 미국은 1990년대를 '뇌 연구 10년'이라는 선언법을 공포하여 뇌 연구에 선두주자를 자처했고, 유럽은 1991년에 '유럽 뇌 연구 10년'을 선포해 그 뒤를 이었다. 후발 주자 일본은 21세기를 '뇌의 세기'라 명명하고는 뇌 연구에 방대한 정책적·경제적 지원을 하고 있다. 이들 국가들에 비하면 한국은 한발 늦었다. 또한 뇌과학적 맥락에서의 자유의지 연구에서도 한국은 이들 국가들에 한참 뒤처져 있다.

이 나타난다. 이런 과정들이 심각한 수준의 문제에 직면한다면, 뇌과학적 결과들이 자유의지를 반증하기에는 아직 시기상조라는 사실임을 보여줄 수 있다. 그럼에도 불구하고 그런 부류의 문제들은 뇌과학자들의 '강한 목소리'에 밀려 아직 체계적으로 연구가 활성화되지 못하고 있는 현실이다.

여섯째, 리벳실험은 정신과 물질이 동일하다는 관점이 해체되면서 다양한 환원주의적 전략들이 있어 왔다. 프린즈(Wolfgang Prinz)는 리벳의 실험을 다음과 같이 해석한다. "그 실험에 의하면, 의식적 의도가 형성되기 이전의 결정은 이미 그 이전에 뇌에서 내려진 것으로 보인다. 이러한 언급이 정확하다면, 행위 의도는 행위결정의 인과적 원인을 더 이상 규정하지 못한다. 추측하건대 행위결정은 리벳이 무의식적 과정이라고 언급한 다른 어떤 과정들에서 유래한다." 또한 싱어(Wolf Singer)는 "우리들의 행위를 결정하는 것은 비물질적인 자유의지가 아니라 우리들의 뇌 상태"[110]라고 말한다. 즉 우리가 자유롭게 결정을 한다고 믿는 동안에 그 모든 것들은 사실상 뇌에서 그 원인을 찾는다. 그리고 사람들은 주어진 실제 상황에서 다르게 할 수 없었기 때문에 그렇게 행동한 것이다. 자유의지는 단지 환상일 뿐이다. 그것은 적어도 개념적 차원에서 그러하다는 것이다.

프린즈는, "자유의지는 선험적인 진리를 나타내는 것이 아니라 단지 하나의 문화적 산물"[111]이라 말한다. 그러나 자유의지가 환상에 불과하다는 견해는 단지 개념적 차원에서만 한정하여 주장되는 것이 아니다. 그것은 이제 심리학적 차원에서도 주장된다. 리벳실험과 관

---

110 W. Singer, Verhaltungen legen uns fest, Ch. Geyer(Hg.), *Hirnforschung und Willensfreiheit*, Frankfurt. a. M., 2004, 30–65쪽.

111 Prinz, W., "Der Mensch ist nicht frei. Ein Gespräch", in: Ch. Geyer(Hg.), *Hirnforschung und Willensfreiheit*, Frankfurt. a. M., 2004, 20–26쪽 참조.

련하여 브레트마이어(Bruno G. Breitmeyer)[112]는, 실험에서는 전통적으로 문제가 되고 있는 내성(introspection)이나 느낌에 대한 방법을 사용하고 있기 때문에 문제가 될 수 있다. 하지만 더욱 문제가 되는 것은 이 방법이 그 밖의 복잡한 사건들을 수행하고 있다는 데 있다.

리벳실험은 리벳에 의해 양화된 형태로 재현되었다. 리벳과 그 밖의 실험결과들[113]에서 드러난 자유의지는 상세하게 기술될 수 있는 뇌 상태이다. 주우(Jing Zhu)[114]에 따르면, 실험자가 피실험자에게 실험과 관련해 RP에 대한 일정의 지시를 내렸을 때, 그 지시를 숙지 및 따르고자 마음을 먹는 상태에서의 피실험자의 뇌 상태로 볼 수 있다고 주장한다. 즉 RP는 내가 손가락을 까딱하기로 결심한 순간의 심적 상태가 아니라, 실험자의 지시를 받고 앞으로 어느 순간엔가 손을 까딱하겠다고 마음을 먹은 심리적 상태에 해당되는 뇌 상태라는 것이다. RP에 대한 해석이 이러할 경우, 리벳의 실험결과는 자유의지의 이념에 반하는 데이터가 더 이상 아니게 된다. 그러나 리벳의 실험이 실제 이러한 방식으로 해석될 수 있는가는 다른 문제이기도 하다. 또한 리벳실험에 대한 해석은 다른 뇌과학적 사실들과 충돌하기도 한다.

롤맨(G. B. Rollman)[115]에 따르면, 피실험자가 시계 위의 점 위치를 인지하는 데는 0.4초가 걸린다. 이는 손목을 움직이기로 결정을

---

112 B. G. Breitmeyer, "Problems with the psychophysics of intention", in: *Behavioral and Brain Sciences* 8, 1985, 539–540쪽.

113 이런 연구결과들은 독일어권의 경우 G. Roth(2003), C. Geyer(2004)에 그리고 영미권의 경우 Daniel. M. Wegner(2002), Daniel C. Dennett(1991/1994) 등에 의해 보고되고 있다.

114 Jing, Zhu, "Reclaiming volition: An alternative interpretation of Libet's experiment", in: *Journal of Consciousness Studies*, vol. 10, Issue 11, 2003, 61–77쪽.

115 Gary B. Rollman, "Sensory events with variable central latencies provide inaccurate clocks", in: *Behavioral and Brain Sciences*, vol. 8, 1985, 551–552쪽.

하고 시계를 보고 시간을 측정했을 경우, 손목을 움직이기로 결정한 시간은 측정된 시간보다 적어도 0.4초가 빨라야 한다는 뜻이다. 이는 RP가 일어난 시간에 근접하는 시간이다.[116] 그렇다면 리벳실험의 결과와 자유의지의 문제는 서로 충돌할 일이 없다. 그런데 리벳실험은 종종 그런 시간 차이가 무시된 상태에서 해석되면서, 자유의지 환상론의 구성에 사용되곤 한다. D. Salter[117], S. Pockett[118], G. Gomes[119]가 이와 같은 논지를 펼쳤다. G. Roth는 독일의 한 일간지 *FAZ(Frankfurter Allgemeine Zeitung)* 2003년 12월 31일자에서 "의지의 자유는 환상일 뿐이다. 인간들이 행위를 할 때 갖게 되는 자유의식은 자기기만에서 유래한 것일 뿐"이라고 말한다. 이 방향의 논의에 선봉에 서 있는 또 다른 인물은 Daniel Wegner[120]이다. 그는 결정이나 행위할 때에 우리가 자유의지를 가졌다고 느끼는 것은 그 자체가 환상이기도 하지만, 이 환상조차 뇌의 구성물이라고 말한다. "뇌는 우리가 행위를 의식적으로 유발한다는 하나의 심적 느낌을 만들어낸다. 그러나 신경계의 그러한 느낌은 일종의 환상일 뿐이지 사실과 부합하지 않는다. 즉 우리가 우리의 행위를 의식적으로 의도한다고 해서 행위가 실제로 의도에 의해 유발되는 것은 아니다. 그것은 단지 그렇게 보일 뿐이다."

116 Gerald S. Wasserman, "Neural/mental chronometry and chronotechnology", in: *Behavioral and Brain Sciences*, vol. 8, 1985, 556-557쪽.

117 D. Salter, "Voluntary process and the readiness potential: asking the right questions", in: *Behavioral and Brain Sciences*, 12, 1989, 181-187쪽.

118 S. Pockett, "On subjective back-referral and how long it takes to become conscious of a stimulus: A reinterpretation of Libet's data", in: *Consciousness and Cognition*, 11, 2002. 144-161쪽.

119 G. Gomes, "The interpretation of Libet's results on the timing of conscious events: A commentary", in: *Consciousness and Cognition*, 11, 2002, 221-230쪽.

120 Daniel R. Wegner, The illusion of conscious will, MIT Press, 2002.

이런 견해는 앞에서 언급되었던 그 밖의 다른 뇌과학적 결과들에 의해 뒷받침되고 있는 것처럼 보인다. 이렇게 되면 자유의지 이념은 일종의 환상일 수도 있다는 생각이 가능해진다. 이런 견해는 사실상 일련의 실험들에 의해 뒷받침되고 있다.

5. 현대해석학과 인지과학

현대해석학은 인지과학의 성취를 통해 그 결함들을 보완함으로써 인식의 체계를 보다 더 정확히 규명해 내고자 노력하고 있다. 실제로 최근의 인지과학은 해석학과 많은 부분에서 서로 유사한 연구성과들을 생산해 내고 있다. 주지하듯이, 인지과학은 전통적인 영미철학의 가정들에 의해 정의 내려진 맥락에서 출발하였다. 인지과학은 1950년대 초부터 20세기 후반에 이르기까지 기초과학으로서 자리잡은 일종의 과학혁명이었다. 즉 인지과학은 인간의 마음과 뇌, 컴퓨터 정보, 디지털 세계, 인공물 등을 보는 기존의 관점을 새롭게 형성한 인지주의의 혁명이었다.[121]

딜타이 이후 현대해석학은 그 해석의 범위를 텍스트에서 인간 존재로 더욱 확장하여 철학적 해석학과 인간학적 해석학의 형태로 전환했다. 특히 하이데거와 가다머, 하버마스는 해석학을 인간이해 가능성에 대한 존재론적 물음과 비판적 물음들로 발전시켰다. 그러나 이러한 전환 속에서 현대해석학은 인과적 관계로써 인간의 자연적

121 B. J. Baars, *The cognitive revolution in psychology*, New York; Guilford Press, 1986; 이정모, 『인지과학-학문간 융합의 원리와 융합』, 성균관대학교 출판부, 2009, 24쪽.

행위들을 탐구하고자 했던 고전적 심리학을 비롯한 모든 과학의 분과들과는 다른 종류의 학문이라는 판단을 유지하고자 했다. 전통적으로 해석학이 내적 삶의 체험과 동기를 통해 인간 개인들의 행위를 이해하고자 했던 시도도 이와 같다. 내적 삶이란 처음과 끝으로 이루어진 직선의 체계가 아니기 때문에 언제나 다양한 학문과의 끊임없는 소통이 필요하다.

앞서 언급했듯이, 1950년대 후반에 등장한 인지과학의 인지주의적 패러다임은 마음과 컴퓨터가 본질적으로 동일한 추상적 원리를 구현하는 정보처리체계(Information Processing System)라는 생각에서 출발했다. 인지주의의 정보와 정보사회라는 개념은 문화에 새로운 중심개념으로 부각되었다. 그래서 인지주의는 인간의 마음, 뇌, 컴퓨터를 연결하는 네트워크를 중심으로 이 세계를 바라보게 되었다. 인지주의는 현상학에서 강조하고 있듯이, 세계의 존재를 괄호 친 뒤에 남게 되는 심적 상태가 세계를 표상하는 심적 표상에 연관되어 있다는 표상주의를 표방한다. 여기서 마음과 세계 사이의 표상적 관계는 심적 표상에 의해 매개되는 매개적 관계이다. 따라서 인지주의는 인지과학과 심리철학계의 의미론적 지향성이 의식 내재적인 고유한 속성인지의 문제를 둘러싸고 양분되어 있다. 이러한 사실은 현상학과 인지과학, 심리철학과의 학제적 연관성을 시사하고 있다.[122] 이렇듯 인지과학은 마음과 마음작용의 한 하위 양태인 지능과 연관되어 있다.

무엇보다 인지과학 발전의 역사에서 정보처리가 맡아온 역할은 아주 크다. 정보처리의 개념은 수학과 물리학을 비롯하여 언어학, 인

---

122 이승종, 『크로스오버 하이데거』, 생각의 나무, 2010, 51-52쪽.

류학 그 밖의 수많은 사회과학 연구자들에 의해 채택되었다.[123] 종합적으로 인지과학은 다음과 같은 특징을 갖고 있다. 첫째, 인간은 정보처리체계이다. 인지과학에서 뇌와 마음, 컴퓨터는 본질적으로 동일한 추상적 원리를 구현하는 정보처리의 체계이다. 인지과학은 정보처리의 체계로서 정보를 입력한다. 이 정보는 하나의 상태에서 다른 상태로 변환되어 가는 과정을 겪는다. 둘째, 정보처리체계의 기본 기능은 정보를 변환하는 것이다. 셋째, 정보처리체계는 표상을 다룬다. 표상이 인간의 마음이든지, 인공지능시스템이든지 간에 그 체계의 작동을 다룬다. 즉 마음과 지능의 내용은 대상을 직접 다루는 것이 아니라 그 대상을 상징(기호)으로 변환한다. 즉 대상을 표상으로 변환하여 정보의 단위로 삼는다는 의미이다.[124] 이는 인간을 일종의 '정보처리시스템'으로 보는 메타이론에서 출발한다. 이러한 생각은 컴퓨터의 발전, 특히 인공지능의 발전을 생겨나게 했는데, 문제해결 과정에서 추론을 통해 인지과정의 연구방법에 대한 정보처리에 접근한다. 이러한 인지과학의 발전에 따라 현대해석학은 하버마스가 제시한 바와 같이, 이해의 실천성에 주목하여 이해의 보편성에 대한 규명작업이 진행 중이다. 따라서 현대해석학은 추상적 초월성을 보충하는 방식으로 해석학의 지평을 점차 확장해 나가고 있다.

---

123 조지프 르두, 『시냅스와 자아』, 강봉균 옮김, 동녘사이언스, 2011, 52쪽.
124 이정모·김청택, 「통합적 학문 인지과학으로서의 인지과학: 현황과 전망」, 김세균 편, 『학문간 경계를 넘어』, 서울대학교출판문화원, 2011, 493쪽.

제3장 현대해석학과 거울뉴런

1. 거울뉴런이론의 정의
2. 거울뉴런의 기능
3. 거울뉴런과 현대 인지과학의 사회적 소통
4. 현대해석학과 거울뉴런의 통섭

제3장
현대해석학과 거울뉴런

1. 거울뉴런이론의 정의

나는 공감적인가 적대적인가? 이 물음들은 이탈리아 출신의 생리학자인 파르마 대학교의 자코모 리촐라티(Giacomo Rizzolati)가 지난 10년간 수행해 온 독창적이고 상상력이 풍부한 연구를 통해 주목받아 왔다. 거울뉴런(거울신경세포)[1]은 이탈리아 파르마 대학의 뇌신경과

---

1 성인의 뇌는 1.4킬로그램 정도의 주먹만 한 크기인데 그것은 1천억 개(어떤 뇌과학자는 1조라고도 말한다) 이상의 뉴런(neuron) 또는 신경원(신경세포)이라 불리는 세포들의 덩어리로 구성되어 있다. 우리가 무언인가 새로운 것을 학습할 때는 이들 신경원들 사이에 새로운 회로의 연결이 이루어진다(장현갑, 『마음 vs 뇌』, 불광출판사, 2009, 19쪽). '거울뉴런(mirror neurons)'은 감각기관의 정보를 통해 다른 동물의 행동을 거울처럼 비추는 뇌신경세포로서 '전운동피질'과 '하두정피질', 뇌섬엽, 상측두피질, 중전두영역 등의 작은 신경세포 회로에 존재한다(Marco Iacoboni, Mirroring People-The New Science of How We Connect With Others(『미러링 피플』, 김미선 옮김, 도서출판 겔리온, 2009). 언어를 매개로 하는 대뇌 부위에는 브로카 영역(Broca's area)과 베르니케 영역(Wernik'es area)이 있다. 브로카 영역은 우리가 발음할 수 있도록 해 준다. 베르니케 영역은 감각언어를 담당한다. 특히 브로카 영역에서 발견된 거울뉴런(mirror neuron)은 영장류와 인간에게서 나타나는 흉내 내기 동작 그리고 공감과 언어의 기원과 관련이 있다. 두 언어영역이 '궁상속'이라는 두꺼운 신경다발과 연결되어 있다(박문호, 『뇌 생각의 출현』, 휴머니스트,

학자인 리촐라티를 주축으로 한 연구팀에 의해 발견되어 1996년 「브레인(Brain)」지(誌) 4월호에 발표되었다. 원숭이를 대상으로 연구를 하는 리촐라티와 그의 동료들은 원숭이의 뇌 안에 있는 뉴런들 하나하나의 활동을 기록했다. 이 뉴런은 두뇌활동에 기록되는 원숭이나 그 밖의 다른 원숭이가 어떻게 반응하는지를 관찰했다. 원숭이가 땅콩에 손을 뻗으면 그 원숭이의 전전두엽 부위의 신경이 발화되는 것이 기록된다. 기록장치를 스피커에 연결하면 어떤 뉴런이 발화할 때마다 딱딱거리는 소리를 들을 수 있다. 어느 날 리촐라티는 이 소리를 듣고 깜짝 놀랐다. 동물 스스로 땅콩을 잡으려고 손을 뻗을 뿐만 아니라, 사람이 이 동물의 눈앞에서 손을 뻗을 때도 같은 소리가 들렸던 것이다. 이때부터 원숭이가 어떤 운동을 할 때에도 반응하고, 사람이 하는 같은 운동을 원숭이가 관찰만 할 때에도 반응하는 뉴런을 거울뉴런(mirror neuron: 거울신경세포)라 일컬었다. 그리고 다른 원숭이나 인간이 포도에 손을 뻗을 때 그 행위를 관찰하는 원숭이의 뉴런 또한 발환된다. 이렇게 뉴런은 자신의 행위와 동일한 목표를 갖는 타인의 행위에 둘 다 반응한다는 것이다.[2]

구체적으로 이 연구팀은 원숭이의 뇌에서 운동지령을 보내는 부위에 전극을 삽입했다. 그들은 마카크 원숭이가 땅콩을 잡기 전에 전두피질의 F5 영역의 뉴런이 활성화된다는 사실을 관찰했다. 이 영역은 前운동피질이라 불리는 커다란 영역 안에 위치하고 있다. 이 영역에는 손에 쥐기, 들기, 찢기, 그리고 물건으로 입 가져가기 등의 손의 행위들을 전문적으로 부호화하는 뉴런들이 수백만 개나 들어 있다. 이어진 실험에서 연구팀은 원숭이가 땅콩을 까거나 다른

2009, 112쪽).

2 마이클 S. 가자니가, 『윤리적 뇌』, 김효은 옮김, 바다출판사, 2009, 142쪽.

누군가가 땅콩 까는 소리를 들었을 때에도 특정 부위의 세포가 활성화된다는 사실을 알아냈다. 뇌영상 실험을 통해 우리 인간에게도 다양한 몸 동작에 반응하는 거울뉴런이 있음을 확인했다. 이 거울뉴런들은 우리에게 동작에서 반영되는 다른 사람들의 생각과 느낌에 공명하는 능력을 부여함으로써 인간의 감정이입과 마음의 이론을 자연스럽게 설명해 준다. 즉 인간에게 자기공명영상촬영(fMRI)을 통해 다른 사람의 손동작과 얼굴 표정 등을 보게 한 후, 원숭이들과 마찬가지로 F5에 해당하는 '전두엽'[3]을 포함하는 뇌의 특정 부분이 마치 자기가 손을 움직이고 얼굴 표정을 하는 것처럼 같은 부위에서 활성화된다는 사실을 알아냈다. 연구팀은 이 뉴런을 **거울신경세포**라 이름 붙였다.[4]

리촐라티가 거울뉴런이라는 새로운 개념을 고안해 냈을 때, 거울뉴런이란 어떤 행동을 거울 속에서 수동적으로 재현하여 그 행동을 실제로 행할 때와 똑같은 반응을 일으키는 신경세포를 의미하였다. 즉 거울뉴런은 마법과 같은 힘을 지닌 새로운 개념의 탄생을 뜻한다. 거울뉴런은 우리가 관찰한 타인의 행동을 무엇이든지 마음속에서 그대로 본뜰 수 있다는 것을 의미한다. 만일 인간의 뇌도 우리가 직접 체험하거나 집중적으로 관찰하거나 또는 공감한 것 사이에 사실상 아무런 차이를 두지 않고 있다면, 여기에서 우리의 사회적 행동을 이해할 수 있는 열쇠를 밝혀낼 수 있다. 이렇게 거울뉴런이론은 뇌 연구의 초석이 되었다. 예컨대 우리는 산부인과 병원에서 신생아실의 아기들이 부모의 얼굴표정을 흉내 내는 모습을 종종 볼

---

3 전두엽은 대뇌반구의 앞에 있는 부분으로 기억력, 사고력 등을 주관하고 다른 연합 영역으로부터 들어오는 정보를 조정하고 행동을 조절하는 기관이다.

4 제러미 리프킨, 『공감의 시대』, 이경남 옮김, 민음사, 2010, 101–102쪽; 크리스 프리스, 『인문학에게 뇌과학을 말하다』, 장호연 옮김, 동녘, 2009, 234–235쪽.

수 있다. 출생 직후에 모방이 가능한 것은 우리가 다른 사람의 행동을 지켜볼 때, 마치 자신이 그 행동을 하는 것처럼 활성화되는 신경세포 집단이 뇌 안에 존재하기 때문이다. 이 뉴런은 남의 행동을 보기만 해도 관찰자가 직접 그 행동을 할 때와 똑같은 반응을 나타내고 있어 남의 행동을 그대로 비추는 거울과 같다는 의미에서 거울뉴런이라 일컫는다.

거울뉴런 덕분에 우리는 웃고, 춤추고 운동하는 방법을 배울 수 있다. 거울뉴런을 이해하면 왜 다른 사람이 웃는 모습을 보면 전염되어 입을 벌리게 되고, 슬픈 영화를 보다가 주인공이 눈물을 흘리면 왜 **감정이입**(empathy)이 되어 울게 되는지를 알 수 있다. 또한 우리는 책을 보거나 읽을 때에 주인공에게 감정이입이 되어 그의 고통을 마치 자기가 당한 것처럼 느끼기 때문에 종종 눈물을 흘린다. 우리는 영화 속의 주인공이 괴한에게 쫓기거나 정신적인 충격에서 헤어 나오지 못할 때에 마치 자신의 위협을 받고 있는 것처럼 공포와 위협을 느끼기기도 한다. 이렇게 사람은 거울뉴런을 이용하여 남의 행동을 모방할 뿐만 아니라 그 의미를 깨달을 수 있다.[5]

캘리포니아 샌디에고 캠퍼스의 빌라야누루 라마찬드란(V.S. Ramachandran) 연구팀과 스코틀랜드 세인트앤드루스 대학의 앤드류 휘튼 연구팀은 거울뉴런이 감정을 관찰하고 이해하는 것과 관련이 있다는 이론을 바탕으로 자폐증 징후 중 일부가 거울뉴런 신경계의 손상 때문에 발생할 수 있다고 주장했다. 이러한 징후는 사회적 기능의 결여, 감정이입의 결여, 흉내 내기의 능력 부족, 언어능력의 결손들에 의해 발생한다. 특히 라마찬드란은 거울뉴런의 발견이 인류 진화의 수많

---

5 이인식, 『지식의 대융합–인문학과 과학기술은 어떻게 만나는가–』, 고즈윈, 2008, 153–154쪽.

은 수수께끼들을 이해할 수 있는 열쇠라고 본다. 그에 따르면, 리촐라티의 거울뉴런의 발견은 언어진화와 관련이 있지만, 리촐라티는 그것이 인류진화의 다른 중요한 부분들을 이해하는 데 중요하다는 점을 대체로 간과했다는 것이다. 언어는 우리의 생각과 의도를 전달하는 데 도움을 준다. 하지만 다윈 이후로 이러한 비범한 능력이 실제로 어떻게 진화해 왔는가는 생물학자, 심리학자, 철학자들을 당혹스럽게 해 왔다.[6]

앞서 살펴보았듯이, 리촐라티는 전극을 이용하여 거울뉴런을 연구했지만, 캘리포니아 샌디에고의 연구팀은 전극을 사용하지 않고 인간에게서 나타나는 거울뉴런을 실험하였다.[7] 거울뉴런은 인간의 감정에 관여한다. 예컨대 우리가 다른 사람이 웃거나 우는 모습을 볼 때, 거울뉴런은 우리 스스로의 얼굴이 웃거나 우는 것과 똑같이 발화한다. 거울뉴런은 곧 인간의 감정을 주관하는 변연계에 신호를 보낸다. 얼굴은 드디어 표정을 짓고 슬픔, 기쁨을 느낀다. '관찰하고 흉내를 내십시오!' 이는 로스앤젤레스의 데이비드 제펜 의학전문대학원의 야카보니(Maro Iacaboni)를 중심으로 한 연구팀의 거울뉴런실험에서 피실험자들에게 두 가지의 과제를 제시하는 데서도 나타났다. 피실험자들은 자기공명단층촬영기 속에 누운 상태에서 기쁨, 놀라움, 두려움을 드러내는 사람들을 보았다.

첫 번째 단계에서 피실험자들은 단지 그 얼굴들을 관찰만 해야 했고, 두 번째 단계에서는 흉내 내고 내적으로 공감해야 했다. 그 결과 두 과제 모두의 경우에서 활동한 신경세포의 네트워크가 광범위하게 일치하였다. 전운동영역과 전뇌의 경계 부위, 즉 일부 측두

---

6 스티븐 핑거 외, 『마음의 과학』, 이한음 옮김, 미래엔, 2012, 40-41쪽.
7 마이클 가자니가, 『왜 인간인가』, 박인균 옮김, 추수밭, 2009, 238쪽.

엽과 섬엽 그리고 편도체가 관련되어 있었다. 관찰과 내적인 공감의 유일한 차이는 이 영역들에서의 활동이 약간 더 활발했다는 것이다. 야카보니는 자신의 연구결과를 다음과 같이 해석했다. 우리는 다른 사람들의 감정표현에서 지각한 것을 깊이 공감함으로써 이해한다. 분명히 공감은 외부의 관찰을 통해 신경시스템에서 강화되고 반영되는 것에서 드러난다. 거울뉴런과 관련이 없는 다른 한 실험은 정반대로 사회적인 태도가 얼마나 깊숙이 뇌에 고착되어 있는지를 분명히 해 준다.[8]

야카보니에 의하면, 자기와 타자 사이의 피할 수 없는 상호의존성을 가리키는 뇌세포인 거울뉴런은 인간을 사회적 존재로서 구성하게 하는 필수요건이라 본다. 예컨대 전화 도중에 상대방이 보지 않음에도 몸짓을 하거나 심지어 맹인에게 이야기할 때조차 제스처를 취하는 경향이나 각종 모방중독 현상, 자폐증 등도 거울뉴런의 작동으로 설명된다. 다시 말해 다른 사람의 몸짓을 한 번도 본 적이 없고 날 때부터 맹인인 사람까지도 말을 할 때 몸짓을 하는 현상 또한 감정이입과 공감의 메커니즘에 거울뉴런이 결정적인 역할을 하기 때문이다. 따라서 자아의식의 개발은 공감의식과 얽혀 있는 것이다.

공감의 용어가 자리 잡게 된 시기는 1909년 근대 심리학이 의식과 무의식의 내적 역학 원리를 탐구하기 시작한 시점과 일치한다. 그들이 공감의 존재를 인식하고 그것을 토론할 적절한 은유를 발견하고 깊이 감추어진 복합적인 의미를 증명할 수 있게 된 것은 **마음의 이론**(theory of mind)이 정립되어 자아의식이 발달했을 시기였다. 마음의 이론으로 인간은 가장 깊숙한 내면의 느낌과 생각의 성격을

---

8 마르틴 후베르트, 『의식의 재발견–현대 뇌과학과 철학의 대화–』, 원석영 옮김, 프로네시스, 2007, 210쪽.

다른 사람의 깊숙한 감정과 연관 지어 생각하게 된 것이다.[9] 이렇게 공감하려는 인간의 본능을 자극하여 다른 사람의 행위에 대해 일종의 내적 '모방'(mimesis)을 촉진하는 것이 거울뉴런의 기능이다.[10] 따라서 야카보니는 인간의 자기공명영상촬영을 찍어 '거울뉴런-대뇌피질의 섬(insula)-변연계'로 이어지는 해부학적 연결망을 발견했다. 이것은 다른 사람의 감정을 우리가 모방한다는 사실을 보여준다. 우리는 모방하면서 다른 사람과 공감한다.

에델만(Gerald M. Edelman)은 『신경과학과 마음의 세계』(1992)[11]에서 뇌의 발생과정을 통해 뇌를 이해하고자 했다. 에델만은 지각의 범주화, 개념의 범주화를 언급한다. 이 두 가지의 범주화를 이해하기에 앞서 전면에 걸친 지도를 먼저 이해할 필요가 있다. 지각의 범주화는 뇌, 특히 감각 입력과 운동 출력에 관한 접근방법을 담고 있다. 즉 지금까지 지각과 인지, 행위는 완전히 별개였다. 각각의 과정은 다른 상자에 담긴 기계에서 차례로 이루어졌다.

하지만 거울뉴런의 발견은 이런 근대적 단계론을 전복시켰다. 다른 사람이 움직이면 '성급한' 거울뉴런은 따라 하고 그대로 본다. 사람들이 실제로 행위를 할지, 하지 않을지는 후차적인 문제다. 다시 말해 뉴런은 자동으로 모방한다. 흉내는 인식을 앞선다. 사랑의 기초신경도 거울뉴런이다. 예컨대 실험실 안에 사람들을 가두어 놓고 실험을 했다. 실험 대상자로 가장한 연구원이 잠입해 턱을 괴거나 하품을 하거나 기지개를 편다. 일부 사람들이 따라 하기 시작한다. 실험이 끝나고 연구원에 대한 호감도를 조사했다. 모방을 많이 한

---

9 제러미 리프킨, 『공감의 시대』, 민음사, 2010, 18쪽.

10 Marco Iacoboni, *Mirroring People–The New Science of How We Connect With Others*: 김미선 옮김, 『미러링 피플』, 도서출판 갤리온, 2009.

11 제럴드 에델만, 『신경과학과 마음의 세계』, 황의숙 옮김, 범양사, 2006.

사람일수록 호감도가 높았다. 그러고 보면 연인들은 서로를 따라 한다. 음악을 좋아하면 음악을 따라 듣고 책을 좋아하면 책을 따라 읽는다. 부부가 닮아가는 이유도 이런 경우다. 하지만 거울뉴런은 인간 자율성에 대한 근대적 믿음을 위협한다. 야카보니는 "거울뉴런에 대해 더 많은 것을 알게 될수록, 우리는 인간이 합리적으로 자유롭게 행동하는 주체가 아님을 깨닫게 된다"고 말한다.

데카르트는 "나는 생각한다. 고로 존재한다"고 언급했지만, 사실 우리는 '나는 자동 모방한다. 고로 존재한다'의 세계에 사는 모방자들(미러링 피플)이었던 것이다. 이는 리처드 도킨스(Clinton Richard Dawkins, 1941~)가 처음 쓴 복제자 '**밈**(meme)'[12]과도 통한다. 거울뉴런은 이번 세기를 결정지을 과학의 중요한 개념이다. 리촐라티가 거울뉴런을 발견함으로써 우리가 볼 수 있는 어떤 것을 모방할 경우, 마치 그것을 경험하는 것과 똑같아진다는 것을 우리는 이미 알고 있다. 하지만 이것은 경험에 그치지 않는다. 다른 자극이 없는 상태에서도 정신적 표상은 지각에 직접 관련된 것과 똑같은 신경세포를 작동시킨다. 우리가 어떤 것을 모방하지 않고 단지 모방하는 상상만 한다고 할지라도, 실제로 그것을 모방하는 것과 같은 결과를 가져온다. 이처럼 어떤 일을 상상하는 것, 누군가가 어떤 일을 하는 것을 보는 것, 직접 그 일을 하는 것은 신경세포의 형성과 발달에 중요한 토대

---

12 도킨스는 남의 것을 모방하고 따라 하는 모방심리를 밈이라는 용어로 설명했다. 그는 유전자에 대응하는 이른바 문화 유전자라는 개념으로 모방자, 즉 밈이라는 용어를 도입했다. 밈의 예는 곡조나 사상, 표어, 의복의 양식 단지 만드는 법, 아치의 건조법 등이 있다. 유전자가 유전자 풀(gene pool) 내에서 번식하는 데는 정자나 난자를 운반체로 하여 몸에서 몸으로 뛰어넘는 것과 같이 밈이 밈 풀 내에서 번식할 때는 넓은 의미로 모방이라 할 수 있는 과정을 매개로 하여 뇌에서 뇌로 건너다닌다. 예컨대 과학자가 좋은 생각을 듣거나 또는 읽거나 하면 그는 자신의 논문이나 강연을 통해 동료나 학생에게 그것을 전하게 된다(Richard Dawkin, *The Selfish Gene*, New York: Oxford University Press, 2006, 162쪽).

를 형성한다.[13]

인간의 일상적 삶은 단순히 요소들로 분리되었다가 다시 결합될 수 있는 기계와 같은 복합체가 아니라 요소들의 단순한 결합으로 성립될 수 없는 구조를 지닌 통일체로서의 구조연관이다. 하지만 인간의 삶은 어떤 고정화된 구조를 지닌 실체로서의 기계가 아니라 부단히 움직이는 욕망과 충동의 체계로서 발전한다. 이러한 발전연관 속에 있는 삶은 고정된 법칙이나 형식화·추상화된 논리로써 분석되는 것이 아니라 직관이나 내적 체험에 의해 파악될 뿐이다.

앞에서 살펴보았듯이, 거울뉴런에 관한 철학자들의 연구가 철학자들에게, 우리에게, 어떻게 서로를 이해하는가에 관심이 있는 모든 사람들에게 주목할 만한 생각거리를 제시한 것이다. 따라서 거울뉴런은 무의식적 공감 내지 감정이입의 능력을 지녔음에도 불구하고 어떤 결정을 할 때 자유의지와는 그다지 상관이 없다는 것을 밝혀내고 있다. 그러나 이러한 뇌 영역들이 서로 어떻게 협력하고 있는지 아직까지도 제대로 알려진 것이 없다.

2. 거울뉴런의 기능

마음을 이루는 물질: 뉴런(neuron)

뇌과학자들은 대체로 '마음이 뇌의 기능'이라고 강조한다. 뇌는 하나의 구성물이고 그 구성물의 기능이 마음을 통해 나타난다. 마음은 뇌에서 작동하는 기계장치의 오래된 부분에 존재한다. 마음은 생물

13 이언 맥길크리스트, 『주인과 심부름-두뇌 속에서 벌어지는 은밀한 배신과 정복의 스토리-』, 김병화 옮김, 뮤진트리, 2011, 414쪽.

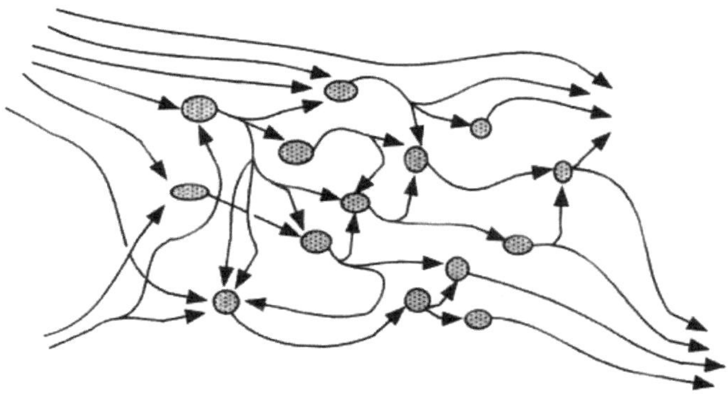

〈뉴런 이론〉

학적으로 뇌의 작용이며 뇌의 모든 기능이 활성화된다. 뇌과학자들은 현상학적으로 마음, 운동기능, 감각기능들도 뇌에 나타난다고 본다. 과거에는 마음의 정의를 뇌와 관계없이 눈에 보이지는 않지만, 기억, 집중력, 의식, 무의식과 같은 심리현상으로 설명해 왔다. 따라서 뇌과학자들은 마음은 당연히 뇌에 있으며 뇌는 마음이라고 하는 소프트웨어적인 생각을 당연시했다.

지난 세기 신경생물학은 '뉴런 독트린'을 바탕으로 뉴런에 대한 연구를 꾸준히 진행해 왔다. 인간처럼 복잡한 생물은 대략 200종류나 되는 세포유형을 갖고 있다. 이 중에서 가장 특별하고 색다른 것 중의 하나가 신경세포 혹은 뉴런(neuron)이다. 빌라야누르 라마찬드란은 『뇌 안의 유령』에서 '오캄의 면도날(Ocam's razor) 이론'[14]에

14 오컴은 신학과 철학, 보편자의 본성과 지위의 문제들에 대해 중요하게 생각하였다. 그는 면도날이란 별명을 갖고 있었는데 그것은 사유하는 데 불필요한 모든 것을 제거하는 데 있었다. 그는 경제성의 원리에 따라 가설의 수를 불필요하게 늘려서는 안 된다고 강조한다. 그는 적은 수의 원리에 의해 설명될 수 있는 것이 불필요하게 많은 원리에 의해 설명되고 있다고 비판한다. 이러한 것을 오컴의 면도날(Ockham's razor)이라 부르며 필요 이상으로 많은 것들이 존재해서는 안 된다는 말로 요약된다. 우리가 어떤 것을 설명하고자 하는 경우, 추론을 사용하는 것을 최소화해야 한다. 그는 "설명함에 있어서 최소한의 필연적인 것 이외에는 아

따라 뇌의 활동 이외에 다른 영역이 있다는 것은 의심할 여지가 없다고 주장한다. 마음이 정보를 수집 · 처리 · 보관하는 '뇌의 고등기능'이라 한다면, 이에 대해 다시 정의할 필요가 있다. 여기서 정보란 우리 인체가 외부환경으로부터 받아들이는 모든 것을 뜻한다. 예컨대 누군가 우리의 피부를 꼬집으면 아프다고 느낀다. 아프다는 것은 뇌가 느끼는 현상일 뿐 피부가 아프다는 것을 느끼지 못한다. 사우나탕에서 뜨거운 물을 담그면 '뜨겁다'라는 자극을 느끼는데, 이것 역시 뇌가 느끼는 것이며 발이 느끼는 것이 아니다.

마음이 뇌의 활동이라 했을 때 뇌는 뉴런이라는 신경세포 말단에 있는 시냅스(synapse)로 구성되어 있다. 마음은 신경세포들의 조화로운 상호 간의 신호전달에 의해 형성된다. 이 신호전달은 시냅스라는 구조를 통해 이루어진다. 마음은 시냅스 간의 상호작용이다. 신경세포들이 회로를 구성할 때 신경세포들이 신호를 주고받는데 거기에서 시냅스가 중요한 역할을 한다. 그래서 마음은 이 뉴런과 시냅스 작용의 결과이다.

과학자들이 '마음이 뇌의 작용'이라는 것을 인정한다면, 뇌가 어떻게 작용해서 마음이라는 현상을 만드는지에 대해 제대로 이해해야 한다. 모든 각각의 신경세포는 시냅스라는 곳에서 다른 신경세포와 연결된다. 대뇌피질에서만 10억의 100만 배만큼의 시냅스가 있다. 만약 그 연결점(또는 시냅스)을 1초에 한 개씩 헤아린다면, 시작한 지

무것도 가정해서는 안 된다"고 주장했다. 다시 말해 불필요한 요소들을 끌어들여서는 안 된다는 것이다. 특히 그가 면도날에 비유를 한 이유는, 사상을 면도질하듯 다듬고 사상에서 자라는 모든 쓸데없는 것들을 제거한다는 착상에서 나왔다. 따라서 오컴의 보편자 개념들은 유사한 개체들이 인간의 정신 안에서 일으키는 개념들에 대한 단순한 명사(名詞)에 불과한 것으로서 설명될 수 있다고 생각하였다(양해림, 『대학생을 위한 서양철학사』, 집문당, 163-167쪽 참조).

3200만 년 후에 마칠 수 있다. 뇌 속에 있는 뉴런 망의 단순한 숫자와 밀도는 놀라운 것이지만, 그것이 뇌 조직의 유일한 독특한 특성은 아니다. 시냅스는 느슨하게 하거나 긴장감을 주기도 하고, 행복하게 하거나 불행하게 하기도 한다. 두뇌는 모든 건강관리 전반에 있어서 최우선으로 집중해야 할 부분이다.

뇌는 곧 마음이므로 마음은 이 신경전달물질로부터 영향을 받고 결핍될 때는 각종 질병에 시달리게 된다.[15] 다시 말해 세포 말단에서 받은 외부 신경자극은 전기신호로 바뀐다. 바뀌어 버린 전기신호의 정보는 긴 세포축을 따라 다음 뉴런세포로 전달되면서, 뉴런세포의 기나긴 연결여행은 말단에서 중추나 뇌까지 이어진다. 연결 전후의 뉴런세포 사이의 부분이 바로 시냅스인 것이다. 시냅스에는 전뉴런과 이것을 이어갈 다음의 뉴런 사이에 20~25nm 간격의 미세한 틈이 있다. 이것을 시냅스틈(synapse cleft)이라 부른다. 시냅스틈을 통해 신경전달물질이 유·출입되면서 뉴런과 뉴런의 연결이 이어진다.[16] 즉 시냅스는 뉴런들 사이의 신호전달 지점이라 할 수 있으며, 그곳에서 돌기들은 세포체나 다른 뉴런들의 돌기들과 고도로 전문화된 준-영구적 접속을 이루는 것으로 보인다.

일반적으로 신호전달은 시냅스의 접속에서만 일어난다고 추측하고 있으나, 확실하게 밝혀진 것은 없다. 세포막이 시냅스를 갖지 않으면서도 아주 근접할 경우 그 지점에서 약한 신호를 전달할 수 있기 때문이다. 뉴런들 각각에 대한 시냅스의 수는 아주 다양하며 포유동물의 운동뉴런에는 약 5,000개이고 인간 소뇌피질에 있는 푸르키니

---

15 이영돈, 『KBS 특별기획 다큐멘타리 마음』, 예담, 2006, 57쪽.
16 최종덕, 「시냅스 철학의 존재론적 전환」, 『과학철학』, 제12집, 한국과학철학회, 2009, 72쪽.

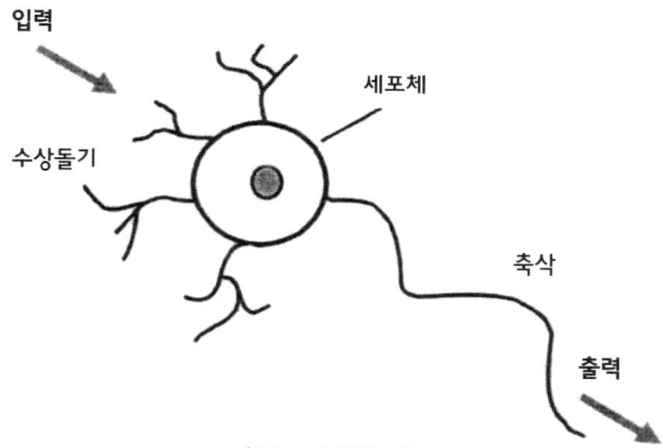

〈생물신경세포〉

에 세포 하나에 대략 90,000개나 된다. 총체적으로 인간의 신경계에는 대략 1,015개 정도의 연결이 있을 것으로 추정된다.

그런데 신경세포는 다른 세포와 모양이 다르다. 신경세포 하나에는 핵을 가진 세포체, 긴 것은 1m가 넘는 한 개의 축삭(axon) 혹은 축삭돌기, 그리고 다른 신경세포를 향해 뻗은 1,000~10,000개의 수상돌기(dendrite)가 있다. 외부에서 자극이 들어오면, 이 자극은 전기신호가 되어 신경세포의 수상돌기로 돌아오고, 이 신호는 세포체를 거쳐, 축삭돌기의 끝에 도달한 전기신호는 시냅스를 자극하여 신경전달물질을 분비시킨다. 이때 전기신호는 화학신호로 바뀐다. 이를 신경세포의 흥분이라 한다. 신경전달물질은 다른 신경세포의 수상돌기 끝에 있는 시냅스로 전달된다. 두 시냅스는 100만분의 2센티미터 떨어져 있다. 이렇게 전달된 신경전달물질은 전기신호로 바뀌어 세포체를 거쳐 축삭돌기로 가서 시냅스를 자극하면 신경전달물질이 나오고 이는 다른 신경세포의 수상돌기의 시냅스로 전달되어 전기신호가 되고, 계속 다른 신경세포로 전달된다. 이렇게 해서 신경세포의 네트워크가 형성된다. 신경세포는 이런 전기신호를 통해 서로 정보를 주고받는다. 그래서 마음은 이 뉴런과 시냅스 작용의 결과이다. 이와 같이 뉴런은 축삭 혹은 축삭돌기라는 길게 뻗어 나온 구조물을 이용하여 다른 뉴런에게 정보를 보낸다. 이 축삭이 다른 뉴런의 신경세포체나 세포체 내에서 원형질이 나뭇가지처럼 뻗어 나온 구조인 수상돌기에서 만나 뉴런 사이의 불연속 접촉인 시냅스를 구성한다.[17]

주지하듯이, 뇌는 뉴런이라는 신경세포로 구성되어 있다. 인간의 몸과 마음의 활동을 가능하게 하는 신경계의 가장 기본적인 단위는 뉴런이다. 뉴런은 체내의 다른 세포와는 달리 신호전달에 관여한다는 점에서 독특하다. 뉴런은 다양한 유형들이 있으며 세포의 크기, 축삭의 길이, 수상돌기의 유형 등으로 크게 구성되어 있으며 들어오는 정보를 잘 수용하고(수상돌기) 통합하여, 다음 세포로 신호를 전달(축삭)하기 때문에 좋은 구조를 갖고 있다.[18]

오래전부터 생물학자들은 뉴런이라는 신경조직을 구성하는 세포들이 어떻게 기능하고 형태를 만들어 가는지를 이해하고자 했다. 여기서 가장 오래된 기술 중의 하나가 염색이다. 1878년 골지(Golgi)가 이 염색과 뉴런행태와 뉴런의 연장부인 수상돌기와 축색을 처음 발견했다. 수상돌기는 상당히 복잡하여 거대한 나무모양 크기의 면적을 차지하고 있다. 세포에서부터 모습을 드러낸 축삭은 엄청난 길이로 길게 이어지고, 많은 수의 분맥을 발전시켰다. 전자현미경 덕분에 뉴런의 형태는 다양한 뉴런을 세분화시킨다. 이로부터 세분화된 뉴런은 뇌의 영역에 따라 '뉴런 개체군'의 여러 형태를 명시한다. 이와 같은 신경형태의 작업은 뉴런의 조직과 뉴런이 서로 확립하고

17 미겔 니코렐리스, 『뇌의 미래』, 김성훈 옮김, 김영사, 2012, 31쪽.
18 이정모 외, 『인지심리학』, 학지사, 2003, 75쪽.

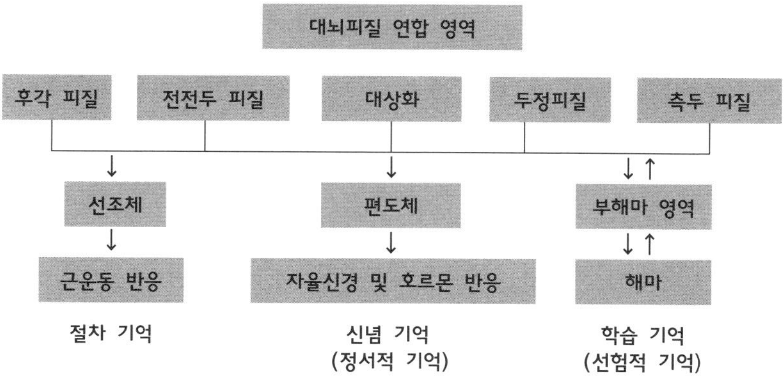

〈세 가지 기억의 뇌 회로〉

있는 전달과정을 분명하게 찾아내 준다.[19]

뉴런은 세 가지 측면으로 나누어진다. 첫째, 뉴런은 다양한 모양으로 나누어져 있으며 둘째, 전기적 및 화학적 기능,[20] 셋째, 연결방식이 그물망의 다른 뉴런과 연결되는 방식으로 나누어진다. 뇌의 특정 영역에 뉴런의 수가 얼마나 많은지, 뉴런들이 서로 이루어지는 연결의 수가 얼마나 많은지를 느껴보는 것은 유용하다. 척수는 뇌쪽으로 올라가 뇌간이 된다. 뇌간은 감각정보를 뇌의 상위 구역들로 전달하고 거기서 나온 운동 명령을 척수로 전달하는 구조물이다. 뇌간 위에는 시상하부, 시상, 대뇌반구들이 있다. 대뇌반구들의 표면은

---

19 조르쥬 비뇨, 『인지과학입문』, 김언자 외 옮김, 만남, 2002, 125쪽.

20 뉴런들은 전기적·화학적 과정을 통해 정보를 전달한다. 전기적·화학적 전달에는 두 가지 원리가 있다. 한 뉴런에서 정보가 전기적 신호를 통해 전달되는 반면, 한 뉴런에서 다른 뉴런으로 정보가 전달될 때는 화학적 신호가 사용된다. 뉴런은 세포 안팎으로 전위차가 있다. 이러한 전위차는 뉴런의 안정정위(resting potential)로써 전형적으로 약 –70mV이다. 뉴런의 세포막은 이온들을 분리시키는 장벽 같은 역할을 하는 것으로서 전기적으로 대전된 입자인 각종 이온(ions)들이 세포 안과 밖에 각각 존재한다. 나트륨(sodium)과 칼륨(potassium) 같은 이온들은 이온통로(ion channnels)로 알려진 특별통로를 통해서만 세포막을 통과할 수 있다. 이런 통로들은 세포막을 뚫고 지나가는 단백질 분자의 형태를 가지고 있다.

심하게 주름진 외곽 층, 즉 대뇌피질로 덮여 있다. 대뇌피질은 고차원적 뇌기능이라 불리며, 언어, 사고, 지각, 행동, 기억, 복잡한 운동유형, 음악, 계획과 같은 기능의 중추역할을 한다. 이 구조를 이루는 신경세포의 수는 정확하지는 않지만, 대략 100억 개 뉴런의 피질로 이루어져 있다. 대뇌피질 안쪽 깊숙한 곳에는 세 가지 주름진 구조물이 들어 있다. 기저 핵(Basal ganglia), 해마(hippocampus), 편도가 그것이다. 기저 핵은 운동을 조절하고, 해마는 기억저장 관련기능이 있으며, 편도는 자율반응과 내분비 반응의 감정 상태를 조화롭게 조절한다. 특히 인간의 기억은 크게 절차기억, 신념기억 그리고 학습기억으로 분류된다. 절차기억은 주로 대뇌기저핵의 선조체를 중심으로 일어나고, 신념기억은 편도체와 자율신경 호르몬의 반응 등에 관여하며, 학습기억은 해마를 중심으로 일어난다. 이러한 뇌의 학습기능에 대해 그 물질 시스템과 시공 모두를 설명한다.

우리는 뇌 안에는 많은 신경전달물질이 있지만, 도파민(Dopamine), 아세틸콜린(Acetylchline), 가바(Gaba), 세로토닌(Serotonim)의 네 가지가 그 핵심을 이룬다. 이 화학물질은 두뇌에서 분비되는 단순한 물질들이지만, 사람을 다양하게 변화시키는 작용을 한다. 이 화학물질들은 사람들을 느슨하게 하거나 긴장감을 주기도 하고, 행복하게 하거나 불행하게 하기도 한다. 두뇌는 모든 건강관리 전반에 걸쳐 최우선으로 집중해야 할 부분이다. 뇌과학자들은 대체적으로 곧 뇌는 마음이라 보기 때문에 마음은 이 신경전달물질로부터 영향을 받고 결핍될 때는 각종 질병에 시달리게 된다.[21] 이러한 뇌에는 두 개의 기본단위가 있다. 뉴런과 뉴런집단이 그것이다. 뉴런은 활동전위

21 이영돈, 『KBS 특별기획 다큐멘타리 마음』, 예담, 2006, 57쪽.

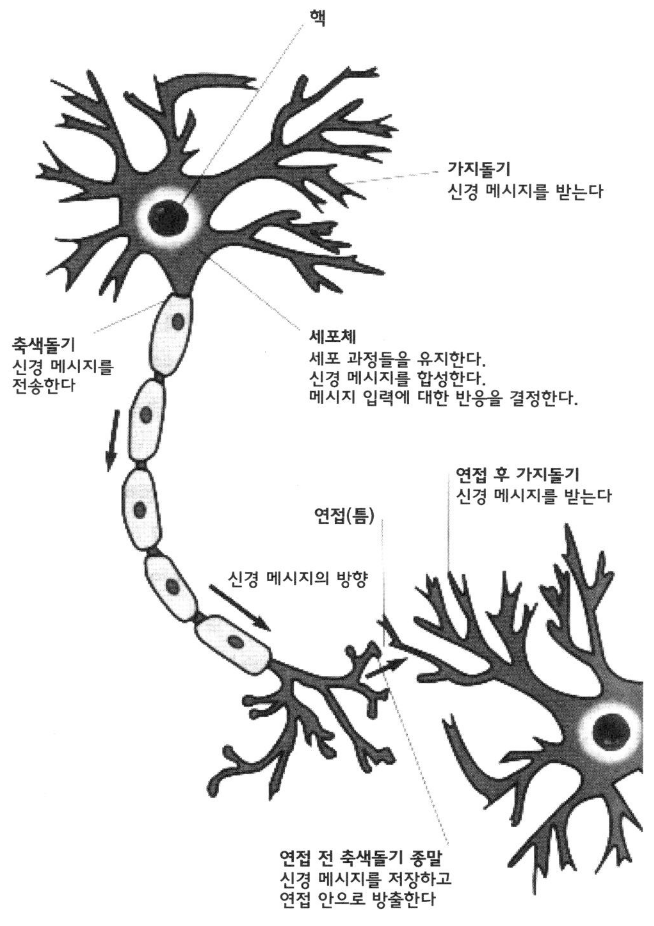

(action potential), 세포막의 전위가 정상상태 이상으로 오르는 경우를 말한다. 뉴런은 신호를 전달하는 전기펄스를 보내 다른 세포에 영향을 주는 세포이다. 지각은 감각들을 조직화하여 의미들을 구축하는 일을 맡는다. 뉴런집단들이 하는 일이 바로 이것이다. 감각수용기가 냄새 같은 자극에 반응할 때, 여기서 이런 일들이 행해진다. 감각수

용기가 전류로 바꾸고, 그것을 활동전위로 변환한다. 수용기가 뇌로 보내는 것은 활동전위이다. 활동전위가 뇌에 닿으면, 그곳의 뉴런집단이 행동패턴을 만들어낸다. 뉴런집단은 나름대로의 상태나 활동패턴을 보이지만 하는 일은 서로 다르다. 이 뉴런집단의 활동은 거시적인 활동(macroscopic activity)을 한다. 이 활동은 감각기관의 미시적 뉴런들에 의해 영향을 미친다. 이 뉴런들이 개별적으로 뇌에 활동전위를 보낸다.[22] 여기서 안정전위로부터 다시 안정전위로 돌아오는 일련의 사건을 활동전위라 한다. 우리의 뇌는 주어진 매순간마다 정해진 수의 활동전위만을 만들어낼 수 있고, 뇌는 이 범위 안에서 특정 유형의 메시지를 표상해 내야 한다.[23]

따라서 활동전위는 세 가지 중요한 특성을 지닌다. 첫째, 자가전도(self-propagatimg)로서, 하나의 도미노가 그 줄의 모든 도미노가 차례로 넘어지는 것과 마찬가지로 일단 활동이 촉발되기만 하면 저절로 계속된다. 둘째, 그 강도는 거리를 이동하더라도 감소하지 않는다. 축삭을 따라 이동하는 동안 -40mV로 지속된다. 예컨대 이동거리가 멀어질수록 에너지를 잃게 되는 소리전달과 완전히 다르다. 셋째, 활동전위는 실무율 반응으로서 세포가 발화하지 않거나(활동전위) 발화하거나 둘 중의 하나이다. 이런 활동전위는 카메라로 사진을 찍는 행위에 비유된다. 사진을 찍기에 충분할 정도로 버튼을 누르거나 누르지 않는 경우와 같다.[24] 우리의 뇌는 주어진 매 순간마다 정해진 수의 활동전위만을 만들어낼 수 있고, 뇌는 이 범위 안에서 특정 유형의 메시지를 표상한다.

---

22 월터 프리먼, 『뇌의 마음』, 전성록 옮김, 부글, 2007, 50–51쪽.
23 미겔 니코렐리스, 앞의 책, 440쪽.
24 Marie T. Banich, 『인지 신경과학과 신경심리학』, 김명선 · 강은주 · 강연욱, 시스마프레스, 2009, 51–52쪽.

위와 같이 뉴런은 기초 신경요소이다. 여기서 뉴런은 세포체(Soma, cell boy)와 세포체에서 뻗어 나온 돌기(processes, projections)로 구분된다. 세포체는 세포의 중추부위로 핵(nucleus)과 RNA(리보핵산)를 포함하고 있으며 단백질의 생산구조를 갖고 있다. 여기서 생산된 단백질은 복잡한 축삭수송(axonal transport)에 의해 축삭 아래쪽으로 이동된다. 돌기는 축삭(axon)과 수상돌기(dendrite)로 구별되지만, 모든 뉴런이 그 전부를 가지고 있지는 않다. 축삭은 원칙적으로 출력장치이며, 수상돌기는 주로 신호를 받아 통합하는 역할을 한다. 피부에 있는 일부 감각뉴런들은 단지 축삭을 갖고 있으며, 후각엽(olfactory lobe)에 있는 뉴런들은 수상돌기만을 갖고 있다. 하나의 축삭이 세포체로부터 뻗어나가 그 끝을 향해 넓게 가지를 만든다. 대개는 축삭이 다른 뉴런의 수상돌기 혹은 세포체에 시냅스를 이루지만, 다른 축삭에 시냅스를 이루는 경우도 있으며, 어떤 경우에는 다른 수상돌기 혹은 세포체에 시냅스를 이루는 경우도 있다. 이에 비해 수상돌기는 세포체로부터 밀집된 가지모양으로 뻗어 나간다. 신경세포의 수상돌기와 축색이 만나는 부위는 수상돌기 가지 아랫부분에 주로 위치한다. 이 부위에서 다른 축색을 만나게 된다. 축색 부위에는 가시모양의 접합부가 있다. 이 부위의 작용과 기능 그리고 그 기관을 시냅스라 부른다. 즉 마음이 뇌의 활동이라 했을 때 뇌는 뉴런이라는 신경세포의 말단에 있는 시냅스(synapse)로 구성되어 있다.

뉴런은 기능적으로 감각뉴런(sensory neurons), 운동뉴런(motor neurons), 중간뉴런(interneurons)으로 분류된다. 감각뉴런은 빛이나 기계적인 변화와 같은 물리적인 신호를 전기로 바꾸어 전달한다. 운동뉴런은 수축하는 근육에 닿아 있다. 중간뉴런은 감각뉴런과 운동뉴런 사이에

뉴런의 종류	기 능
감각뉴런	감각기관 자극 → 중추신경계로 전달
연합뉴런	감각뉴런 → 전방위 정보 전달(연합뉴런) → 운동뉴런
운동뉴런	반응과 명령을 근육과 같은 실행기/구동체로 전송하는 기능
외부 자극(행동) → 감각기관 → 감각뉴런 → 중추신경계(+뇌) → 연합뉴런 → 운동뉴런 → 반응기관	

〈제3공간의 뉴런과 사이보그 시스템〉

있는 그 이외의 모든 뉴런들을 망라한다.[25] 행동을 관할하는 신경세포인 행동뉴런은 매우 영리하다. 이 신경세포들은 목표로 하는 행동을 완성할 수 있는 프로그램을 운영하고, 행동 전체에 대한 계획을 알고 있다. 그뿐만 아니라 이 신경세포들은 행동의 과정과 결과, 그리고 행동을 미리 예견하는 내용도 저장하고 있다. 이는 바로 옆의 근육운동을 관할하는 뉴런과는 완전히 다른 기능을 담당한다. 즉 운동뉴런이라 일컫는 이 신경세포들은 직접 근육만 관할하므로 지능과는 별로 상관없다. 말하자면 운동뉴런은 행동뉴런의 프로그램이 지시하는 내용을 수행할 따름이다.[26]

뇌신경계의 발생은 수정 직후 외배엽에서 시작한다. 외배엽의 한쪽이 두터워지면서 신경판(neural plate)이 형성되고, 신경판이 안쪽으로 둥글게 말리듯 접히면서 신경관(neural tube)이 만들어진다. 이 신경관이 뇌 발생의 시작이다. 신경관에서 비신경계 전구세포들이 분열하면서 뇌신경세포를 왕성하게 만들어낸다. 사람의 경우 가장 왕성하게 분열될 때 1분에 약 25만 개의 뉴런이 만들어진다. 이런 생성은 출생 전에 모두 끝이 난다.[27] 뉴런의 크기는 다양하지만, 가장

25 패트리샤 처칠랜드, 앞의 책, 74–75쪽.
26 요하임 바우워, 『공감의 심리학』, 이미욱 옮김, 에코리브르, 2006, 21쪽.

큰 것일지라도 아주 작다. 사람의 신경계에서 수상돌기는 직경이 약 0.5마이크론(micron)이며, 운동뉴런 세포체의 직경은 약 20~70마이크론이다. 큰 축삭의 직경은 약 20마이크론이며, 어떤 것들은 그 다양한 기능에 알맞게 전문화된 모습을 보여준다.[28] 하지만 개별적으로 다른 뉴런에 영향을 미치는 뉴런들은 집단을 이루며 상호작용하는 뉴런 덩어리이다. 이 뉴런집단에 속하는 뉴런들은 한 개짜리 뉴런으로는 결코 쪼개지지 않는다.

앞서 고찰한 바와 같이, 마음을 구성하는 것은 신경세포들의 조화로운 상호 간의 신호전달에 의해 형성된다. 이 신호전달은 시냅스라는 구조를 통해 이루어진다. 거울신경세포는 몇몇 포유동물세계에서 공감적 반응에 대해 유전적 특성을 만들어주는 단초가 된다.[29] 이렇게 뉴런의 신경세포는 거울뉴런의 토대를 이룬다. 신경세포는 생물학적 진화의 본성, 특히 인간 진화의 본성에 대해 오랜 통념을 문제 삼으며 학계 전반에 열띤 논쟁을 불러일으키고 있다.

3. 거울뉴런과 현대 인지과학의 사회적 소통

앞서 언급한 바와 같이, 거울뉴런은 이탈리아 뇌신경과학 연구팀들이 원숭이의 뇌에서 운동지령을 보내는 부위에 전극을 삽입하면서 소개되었다. 이 연구팀들은 마카크 원숭이가 땅콩을 잡기 전에 전두피질의 F5 영역의 뉴런이 활성화된다는 사실을 관찰했고, 전(前)운동

---

27 최종덕, 앞의 논문, 74쪽.
28 패트리샤 처칠랜드, 『뇌과학과 철학』, 박제윤 옮김, 철학과현실사, 2006, 72쪽.
29 제러미 리프킨, 『공감의 시대』, 22쪽.

피질이라 불리는 커다란 영역 안에 위치하고 있다는 것을 알아냈다. 이 영역에는 손에 쥐기, 들기, 찢기, 그리고 물건으로 입 가져가기 등의 손의 행위들을 전문적으로 부호화하는 뉴런들이 수백만 개나 들어 있다. 이어진 실험에서 연구진들은 원숭이가 땅콩을 까거나 다른 누군가가 땅콩 까는 소리를 들었을 때에도 특정 부위의 세포가 활성화된다는 사실을 알아냈다.

연이어 연구진들은 인간에게 자기공명영상촬영(fMRI)을 통해 다른 사람의 손동작과 얼굴 표정 등을 보게 한 후, 원숭이들과 마찬가지로 F5에 해당하는 전두피질을 포함하는 뇌의 특정 부분이 마치 자기의 손을 움직이고 얼굴 표정을 하는 것처럼 똑같은 부위에서 활성화된다는 사실을 발견했다. 이 뉴런이 바로 거울신경세포이다. 거울뉴런을 연구하던 초기 시절에 리촐라티 연구팀은 F5 영역에서 그들이 설명할 수 없는 또 다른 특징을 지닌 어떤 세포들을 조사했다. 이 세포들은 손에 쥐고 있는 행위를 하는 동안에 발화(發化)하였고, 쥘 수 있는 물체를 보기만 해도 발화했다. 이 세포들은 나중에 풍자적으로 카논뉴런[30]이라는 이름을 얻었다. 이 실험 중 일부는 지각과 행위 사이의 단단한 연결고리에 관해 동일한 결론을 이끌어냈다. 이 연구팀은 운동피질에 있는 F5 영역이 아니라 바로 옆에 있는 F4 영역에 초점을 맞추어 실험을 실시했다. F4 영역에 있는 뉴런들은 시각수용의 영역과 촉각의 수용영역들과 관계가 있었다. 여기서 뉴런들이 놀라운 반응을 보였다는 것은 몸을 둘러싼 공간의 지도, 즉 개인의 주변 공간지도를 만들고 있음을 암시하고 있다. 그리고 뉴런들은 원숭이가 그 공간에서 팔을 움직이게 하기도 한다.

---

30 카논뉴런이란 엄격한 모방에 의한 대위법 악곡의 일종인 카논에 빗댄 것이다.

여기서 "나는 생각한다. 고로 존재한다"[31]라는 데카르트의 철학적 명제를 탈(脫)근대의 차원에서 다시 고찰해 볼 필요가 있다. 인지과학은 철학의 가장 오래된 분야 가운데 인식론에 뿌리를 두고 있다. 인식론은 사물에 대해 알고 있는 지식의 본질이 어떻게 이루어지고 있는지를 탐구의 대상으로 삼는다. 그래서 인지과학의 인식론적 역사에서 가장 많이 언급되는 철학자는 데카르트이다. 데카르트는 종종 근대에 마음/몸 철학의 창설자로 간주된다. 그의 입장은 아주 간단하다. '우리가 살고 있는 세상은 기본적으로 정신적인가 아니면 물질적인가?'에 대한 물음이다. 데카르트의 물음은 현재의 언어로 다음과 같이 바꿔 물을 수 있다. 현재의 언어를 갖고도 인간의 의식적 경험은 뉴런들에 의해 설명 가능한가? 신경세포들은 과학자의 마음속에 있는 생각일 뿐인가? 위의 물음에서도 보듯이, 의식의 뇌 기반은 인지신경과학의 주요 논제이다. 데카르트의 이원론적 구분이 여전히 논란의 여지가 있다고 할지라도 데카르트의 철학은 오늘날 인지과학의 토대가 되고 있으며, 대부분 제1세대 인지과학의 기초가 되었다. 데카르트의 근대적 마음이론은 인지과학과 연관하여 다음과 같은 내용들을 공유할 수 있다.

· 마음은 스스로의 관념들을 절대적으로 확실하게 알 수 있다.
· 모든 사고는 의식적이다.
· 마음의 구조는 스스로에게 직접적으로 접근 가능하다.

---

31 "생각은 존재하기 위하여 장소를 필요로 하지도 않고, 합리적인 것에 의존하지도 않으며, 물질적인 것에 의존하지도 않는다. 그래서 나, 즉 나를 나이게끔 하는 영혼은 신체와 완전히 분리된다"(Rene Descartes, *The philosophical Works of Descartes*, vol. 1, Elizabeth S. Haldane and G.R.T. Ross, trans. New York; Cambridge University Press, 1970, 101쪽).

- 마음에 관한 확실한 지식을 얻는 데 어떤 경험적 탐구도 필요하지 않다.
- 마음은 탈신체적이다. 몸은 물리적 실체로 구성되어 있는 반면, 마음은 정신적 실체로 구성되어 있다.
- 인간의 본질, 나아가 유일한 본질은 사유할 수 있는 능력이다.
- 상상력과 감정은 신체적이며, 따라서 인간의 이성으로부터 제외되기 때문에 인간본성의 일부가 아니다.
- 우리 관념들의 어떤 것은 외적 실재를 표상하며, 그것들의 기원은 외적 대상들의 지각에 있다.
- 다른 관념들은 본유적이다. 그것들은 신체적인 모든 것으로부터 자유로우며, 외적인 어떤 것의 표상도 아니다.
- 수학은 내용이 아니라 형식과 관련되어 있다. 그것의 형식적 본성 때문에 수학적 지식은 확실하다.
- 사고는 마치 수학이 그렇듯이 형식적이다.[32]

위의 마음의 관념들에서도 볼 수 있듯이, 데카르트는 인간의 본질을 물리적 실체와 정신적 실체로 크게 구분하였고, 물체보다는 정신을 보다 더 강조하여 수학의 형식적 본성을 내세웠다. 특히 데카르트는 『방법서설』[33](1637)에서 인간이 서로 다른 두 실체, 즉 몸과 마음으로 구성되어 있다는 이원론을 제창하였다. 오랜 기간 동안 철학자들은 정도의 차이는 있지만, 데카르트의 "나는 생각한다. 그러므로 존재한다(Cogito ergo sum)"라는 명제의 존재론적 패러다임에서 맴

---

32 G. 레이코프 · M. 존슨, 『몸의 철학』, 임지룡 외 옮김, 박이정, 2008, 574–575쪽.
33 르네 데카르트, 『방법서설: 정신지도를 위한 규칙들』, 이현복 옮김, 문예출판사, 1997.

돌았다. 종종 '코기토'라고도 약칭되는 이 명제는 데카르트 철학에서 제1원리의 위치를 갖고 있다. 데카르트의 이 명제는 자아존재의 확실성을 도출한 제1의 철학적 원리인 것이다. 이 원리로부터 데카르트는 진리의 기준을 이끌어냈다. 여기서 제1원리는 추리를 통한 것이 아니라 직관에 의한 것이었다. 즉 데카르트의 "나는 생각한다. 그러므로 존재한다"라는 의미는 첫째, 자기를 의식하는 직관이며, 둘째, 자기 존재를 깨닫는 직관이다. 그것은 결코 '나는 생각한다'에서 삼단논법식으로 '내가 있다'를 추리하는 것이 아니라 '생각하고 있는 나의 존재'는 의심할 수 없다는 것에 지나지 않는다.

즉 데카르트는 기본적으로 실체(substance)를 두 부류로 나누어 생각했다. 첫째 실체는 일반적으로 물질로 이루어져 있다. 이 물질적 부류의 실체가 갖는 본질적 특성은 공간 내에 연장(延長)되어 있다. 예컨대 이 실체는 길이, 넓이, 높이, 그리고 공간상의 일정한 위치를 차지한다. 둘째, 공간적인 연장이나 공간적인 위치를 전혀 갖고 있지 않는 실체이다. 이 부류의 본질적 특성은 사유하는 실체이다. 이런 견해들을 데카르트적 이원론이라 불렀다.[34] 따라서 '나'는 사유하는 정신의 주체로서의 인간존재를 말한다. 이런 점에서 데카르트의 "Cogito ergo sum"은 사유하는 주체로서 근대적 자아를 정립하는 데 있었다. 데카르트는 『제1성찰』에서 진리에 이르는 길로서 철학의 직관과 연역의 방법을 도입하였다. 즉 그는 우리가 더 이상 의심할 수 없는 '명석하고 판명(clear and distinct/clair et distinct)'한 것으로서 진리의 규준을 삼고자 했다. 명석이란 주의하는 정신에 뚜렷이 나타나는 의식을 뜻한다. 곧 명석하다는 것은 정신이 인식대상의

---

34 P. M. 처칠랜드, 『물질과 의식-현대 심리철학 입문-』, 석봉래 옮김, 서광사, 2007, 27쪽.

구성요소를 세세하게 바라보고 있을 때를 말한다. 판명이란 명석함과 동시에 타자와 구별되어 명석 이외의 다른 어떤 것도 포함하지 않은 의식이다. 곧 판명하다는 것은 정신이 그 대상을 다른 대상과 확연하게 구분할 수 있을 때를 가리킨다. 따라서 그는 명석(clear)과 판명(distinct)이라는 개념을 통해 진리에 이르고자 했다. 결국 명석판명이란 경험적 지식의 불명료함을 씻고 분명하고 뚜렷한 판단을 내리는 것이다. 이렇게 그의 공리(公理)는 더 이상 증명할 수 없는 자명한 원리에서 출발한다. 따라서 데카르트는 명석판명한 제1원리를 그의 공리로 내세웠다. 즉 이는 의심하다가 의심하는 주체로서의 나의 존재를 즉각적으로 깨닫는 존재다.[35] 지금까지도 철학자들은 현상을 경험하는 주체와 그 대상인 객체를 서로 나누어 생각했던 데카르트의 심신이원론의 사유에서 크게 벗어나지 못했다.

신경학자 안토니오 다마지오(Antonio Damosio, 1944~)는 『데카르트의 오류』(1994)에서 인간의 뇌가 합리적 뇌의 추론능력과 감정표현들에 어떻게 관련되는지를 설명했다. 그는 인간이 갖고 있는 지적 능력이나 이성을 떠올릴 때 전형적으로 내세워 왔던 합리적 추론능력뿐만 아니라 감정표현 등에서 동물들도 우리 인간의 뇌와 상당부분에 걸쳐 비슷한 기능을 갖고 있다고 보았다. 다마지오는 철학자들에게 사소한 것으로 보일지 모르는 인간의 감정표현 및 다른 사람의 표현을 해석하는 과정에서 인간 두뇌의 지적 능력을 많은 부분에 걸쳐 사용하고 있다고 말한다. 그는 '생각하는 뇌'보다 '감정적 인간'을 훨씬 더 강조했다.[36] 안와전두엽에 종양이 생기면 사회에서 용인되지 않는 행동을 하게 된다는 것이다. 두뇌의 안와전두엽에 문

---

35 양해림, 『대학생을 위한 서양철학사』, 집문당, 2012, 180–181쪽.
36 안토니오 다마지오, 『데카르트의 오류』, 김린 옮김, 중앙문화사, 1991.

제가 생기면 감정이 손상된다. 감정이 평면적으로 바뀌면서 감정 기복이 없고 냉혹해진다. 이때 결정적으로 손상되는 것이 판단력이다. 판단력이 상실되면 상황에 대한 대처능력이 현저히 떨어질 뿐 아니라 사회생활을 온전히 할 수 없게 된다.

이와 같이 20세기 중반 이후 인지과학자들을 비롯한 철학자들은 데카르트의 이원론적 관점에서 벗어나고자 뇌=마음의 개념 틀에서 서로 상이한 논의를 진행하고 있다. 최근 서구에서는 뇌와 관련하여 자유의지의 학문적 논의가 활발하게 벌어지고 있다. 예컨대 「뇌와 정신」[37]이라는 학술지에서 과학자들은, 향후 20~30년 안에 자유의지의 문제가 뇌과학적으로 해명될 것이라 예측한다. 오랜 서양 철학사에서 자유의지의 문제는 결정론의 관계 속에서 종종 논의되어 왔다. 앞장에서 살펴본 바와 같이, 자유의지와 결정론의 관계는 오랫동안 서로 상반된 입장으로 보여 왔는데, 하나는 양립불가능성이고, 다른 하나는 양립가능성이다.[38]

그동안 인지과학의 연구패러다임도 제1세대의 계산주의 인지과학에서 제2세대의 연결주의 인지과학을 거쳐 현재는 몸/신체와 같은 비(非)인지주의적 요소들을 끌어들이며 상황이나 환경과 같은 요소들을 강조하는 제3세대의 구현주의 인공지능을 등장시켰다.[39] 위노그라드와 플로레스가 해석학을 끌어들여 제1세대 계산주의를 비판할

37 *Gehirn & Geist*의 특집호, 2004, 가을.

38 자유의지의 문제는 인간이 외부의 조정에 의해 이루어진다는 확신을 갖고 있다는 것과 인간이 자유롭게 결정하고 행동한다고 믿고 있는 윤리적 숙고와 관련되어 있다. 결정론은 모든 사건의 원인에 대한 명백한 규정성을 가정하는 표현이다. 그것의 논리적 결과에 따라 결정론은 자유의지를 부정한다. 이에 반해 비결정론은 비인과적이기 때문에 어떤 명백한 원인도 제시될 수 없는 사건을 허용한다. 이를테면 비결정론은 자유의지를 자동적으로 포함시킨다(프란츠 M. 부케티츠, 『자유의지, 그 환상의 진화』, 원석영 옮김, 열음사, 2009, 28-29쪽).

39 T. Winograd & F. Flores(1987), 앞의 책, 125쪽.

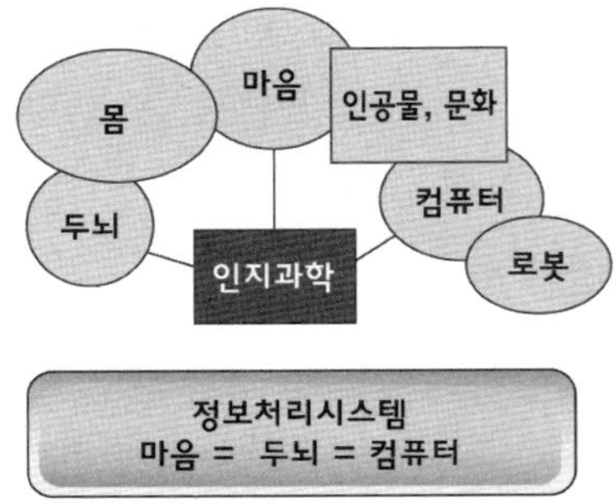

〈재구성한 인지과학의 영역과 기본 관점〉

때, 그들은 이미 제3세대 인지과학을 천명하고 있다고 볼 수 있다. 그들은 해석학이 인지과학과는 다소 다르게 주체와 객체의 구별에 의문을 제기한 것, 지식은 그 자체가 완결된 것이 아니고 언제나 해석가의 해석활동의 결과라고 주장한 것, 그리고 이 경우의 해석은 개인의 참된 선입견에 기반을 두고 있다는 것, 각 개인의 선입견은 그가 살고 있는 사회문화적 배경 안에서 체험을 통해 얻어지는 것임을 주목하여 인공지능의 새로운 활로를 찾고 있다.

그러나 이러한 시도가 해석학과의 연계성에 의해 인지과학의 변화를 강조하고자 한다면, 향후 해석학은 인지과학의 경험과학적 성과를 보완해야 할 것이다. 특히 제3세대 인지과학에서 인공지능보다는 자연지능의 연구를 통해 유기체의 지적 능력에 대한 성취들을 해명해 왔다. 따라서 뇌 연구는 자연지능체계에서 중요하게 작용했다.

이제껏 고전해석학은 대체적으로 정신적 측면의 해석과 연관한 이해를 다루어 왔지만, '물질적/구체적' 측면에서의 이해과정들, 즉 몸을 이용한 모방(미메시스)과 같은 개념들은 그다지 세심한 주의를 기울이지 않았다. 그러나 이러한 부류의 이해과정들은 인간들 사이의 사회적 행위와 상호작용하는 실제의 요소들인 것이다. 지금까지 해석학이 자신의 한계를 넘어 이해의 외연을 확장하고자 한다면, 그러한 물질적 형태의 이해메커니즘을 설명할 수 있어야 한다.

딜타이 이후의 현대해석학은 그 해석의 범위를 텍스트에서 인간존재로 보다 확장하여 철학적 해석학 및 인간학적 해석학의 형태로 전개해 왔다. 특히 하이데거, 가다머와 하버마스는 해석학을 인간이해 가능성의 존재론적 혹은 비판적 조건에 대한 물음들로 발전시켰다. 현대해석학은 딜타이의 관점, 즉 해석학적 원리들이 인과적 관계로써 인간의 자연적 행위들을 탐구하고자 했던 고전적 심리학을 비롯한 모든 과학의 분과들과는 다른 종류의 학문이라는 판단을 강조해 왔다. 전통적으로 해석학이 내적 삶의 체험과 동기를 통해 인간개체들의 행위를 이해하고자 했던 이유도 이와 같다. 내적 삶이란 처음과 끝으로 이루어진 일직선의 체계가 아니다. 일찍이 딜타이가 주장한 바와 같이, 내적인 삶은 전체와 부분의 관계로 이루어진 연관구조(Zusammenhang) 안에서 이해될 수 있는 존재다. 내적인 삶은 인간행위에서는 물론 텍스트의 경우에서도 그렇지만, 전체 속에서 항상 역사적인 차원을 함축하고 있다. 따라서 내가 누구이고 이 텍스트의 의미가 무엇인지는 절대화된 현재의 상황에서 관찰된 인간의 행동들이나 말들의 의미를 다루는 방식에서 이해될 수 없는 물음들이다. 이러한 해석학의 입장은 자연과학으로서 이해된 심리학과 같은 방식으로 인간의 의식을 자연과학적 방법에 의해 다루는 모든 학문과의 차이를 가리킨다. 결론적으로 인간의 의식에 대한 현대의 인지과학적 모델을 현대해석학의 이해에 적용하려는 이중의 노력이 지금까지 이어져 오고 있다.

4. 현대해석학과 거울뉴런의 통섭

현대해석학은 인지과학의 성취를 통해 그 결함을 보충함으로써 과학철학적 인식의 체계를 보다 정확히 규명해 낼 수 있다. 실제로 최근의 인지과학은 해석학의 이론을 적용시키면서 많은 관점에서 부합하는 연구 성과를 내고 있다. 인지과학은 전통적인 영미철학의 가정들에 의해 정의된 문맥에서 출발했다. 앞서 고찰하였듯이, 인지과학은 1950년대를 출발점으로 하여 20세기 후반에 이르러 기초과학으로서 자리 잡은 일종의 과학혁명이었다. 즉 인간의 마음과 뇌, 컴퓨터 정보, 디지털 세계, 인공물 등을 보는 관점을 새롭게 형성한 인지주의의 혁명이 일어난 것이었다.[40]

앞서 언급한 바와 같이, 신경생리학자들은 거울뉴런의 발견으로 인한 이론적 흥분을 감추지 못하고 있다. 왜냐하면 거울뉴런은 몇몇 포유동물세계에서 공감적 반응에 대한 유전적 특성을 만들어주는 단초가 되고 있기 때문이다. 이런 점에서 거울뉴런은 생물학적 진화의 본성, 특히 인간 진화의 본성에 관한 오랜 통념을 문제 삼으며 학계 전반에 열띤 논쟁을 일으켰다. 존 서얼(John Searle) 이후 인공지능을 비판한 사람 중에서 대표적 인물은 미국의 테리 위노그라드(Terry Winograd, 1940~)였다. 인지과학은 인간들 사이에서 일어나는 지적 활동들이 어떻게 처리되고 실현되는지를 경험과학적 방법 및 기술공학적 방법들을 통해 탐구해 왔다.[41] 최근 연구성과물은 인지과학과 해석학을

---

40 B. J. Baars, *The cognitive revolution in psychology*, New York; Guilford Press, 1986.: 이정모, 『인지과학-학문간 융합의 원리와 융합』, 성균관대학교 출판부, 2009, 24쪽.

41 Shaun Gallaher, "Hermeneutics and the Cognitive Sciences", in: *Journal of Consciousness Syudies*, 11. no. 10-11, 2004, 5쪽.

대립관계로 보지 않고 상호연관된 것으로 파악해 오고 있다.

앞서 언급했듯이, 인지과학은 '분산된'(distributed) 인지를 탐구하는 제3세대 구현주의 인공지능을 등장시켰다. 제3세대 인지과학에서는 자연지능의 연구를 통해 유기체의 지적 능력을 해명하고자 했다. 즉 인지과학이 자연지능을 이해하려는 최근의 시도들에 대해 획기적 단서들을 제공하였다. 자코모 리촐라티(Giacomo Rizzolati)가 주축이 되어 연구한 거울뉴런(mirror neurons)에 대한 인지과학의 이론적 성과는 해석학의 상황적 이해나 실천적 지혜로서의 프로네시스를 신경생리학적 관점으로 전환하고자 하는 최근의 경향을 집약적으로 반영하고 있다. 해석학의 관점에서 보자면, 인지과학에서 거울뉴런의 발견은 자신의 상황적 이해와 그다지 다르지 않은 프로네시스에 적용할 수 있다. 또한 거울뉴런은 인지과학의 프로네시스에 의한 해석학적 이해를 다시 정립할 수 있는 여건을 마련했다. 리촐라티가 거울뉴런이라는 새로운 개념을 고안해 냈을 때, 거울뉴런이란 어떤 행동을 거울 속에서 수동적으로 재현하여 그 행동을 실제로 행할 때와 똑같은 반응을 일으키는 신경세포를 뜻하였다.

앞서 살펴보았듯이, F4뉴런과 F5뉴런의 발견을 촉발한 새로운 패러다임은 딜타이 이후 프랑스의 현상학자 메를로퐁티가 예견하였다. 그들은 앞서 딜타이가 언급한 현상성의 명제를 발전시킨 현상학적 해석학자들, 즉 프란츠 브렌타노(Franz Brentano), 후설(Edmund Husserl), 하이데거(Martin Heidegger)에 의해 현상의 연구를 지속하였다. 현대 현상학자들은 이들이 현상의 본질 발견이라는 추상에 빠져 있다고 비판한다. 그 대신에 사태자체로 돌아가라(Zurück zu den Sachen selbst)고 제안했다. '사태자체(die Sach selbst)'는 철학의 본래적 역할로의 회복을 뜻한다. 먼저 현상학은 이제까지의 현상체계에 대해 무비판적 수용을 유보하는 판단중지(Phänomenologische Epochè)를 수반하는 것이었다. '사태자체로!'는 바로 의식의 근원적 직관에로의 귀환을 뜻하는 것이었다. 사태자체로 돌아감은 본질들이 순수하게 숨겨져 있지 않는 직관으로 파악한다. 간단히 말해서 사태자체들이 고찰되고 다루어지는 관점들은 사태 그 자체를 바라보면서 발전될 수 있거나 그렇지 않을 수 있다는 것을 의미한다. 따라서 현상성은 다음과 같이 정리할 수 있다. 첫째로, 철학의 뛰어난 학문적 탐구방식, 즉 사태자체를 근원적으로 볼 수 있게 해 준다는 의미의 현상학적 방법이다. 둘째로, 후설 자신이 『논리연구』(1900~1901) 이후에 비로소 초월론적 철학(Transzendental Philosophie)의 형태로 발전시켰다. 여기서 초월적이란 개념은 어떤 구체적인 경험을 할 경우, 그렇게 경험할 수밖에 없도록 하는 요인들이 무엇인가를 찾아나가는 것이며, 그러한 작업을 통해 드러난 활동이나 기능이 갖는 성격을 지칭하는 것이었다.[42] 이렇게 현상성의 명제는 사물과 현상에 대한 우리 내면적 경험에 면밀한 주의를 기울일 것을 제안한다.

오랜 전통을 거쳐 내려온 현대해석학은 이제 인지의 본성을 전통적 이론으로 인식하는 에피스테메에서 벗어났다. 그래서 현대해석학은 인지과학에서 인간들 사이에서 발생하는 지적 활동의 방법들을 통해 새로운 탐구를 진행하고 있다. 딜타이를 비롯한 해석학자들이 파악한 바와 같이, 인간의 일상적 삶은 단순히 요소들로 분리되었다가 다시 결합될 수 있는 기계와 같은 복합체가 아니고 요소들의 단순한 결합으로 성립될 수 없는 구조를 지닌 통일체로서 구조연관이다. 하지만 인간의 삶은 고정화된 구조를 지닌 실체로서의 기계가

42 현상학에 대한 자세한 내용은 다음을 참조: 양해림, 『현상학과의 대화』, 서광사, 2003.

아니라 부단히 움직이는 욕망과 충동에 언제나 갈등한다. 이러한 연관 속에 있는 삶은 고정된 법칙이나 형식화 · 추상화된 논리로써 분석되는 것이 아니라 직관이나 내적 체험에 의해 파악될 뿐이다. 딜타이 이후 거울뉴런의 연구는 서로의 마음을 어떻게 이해하는지에 대해 많은 사람들에게 주목할 만한 생각거리를 제공했다. 따라서 거울뉴런은 무의식적 공감이나 감정이입의 능력을 지녔음에도 불구하고 개인의 의지와는 그다지 상관이 없다는 것이 명백하게 밝혀졌다. 그러나 이러한 뇌의 영역들이 서로 긴밀하게 협력을 하고 있는지에 대해서는 아직까지도 제대로 알려진 것이 없다.

지금까지 인간의 내적 본질에 대한 전통적인 접근방식은 주로 사변적이고 상식적인 경험에 의존하는 경향이 많았다. 특히 우리 인간은 이성과 지능의 역할을 과대하게 부각시켜 다른 존재와의 관계를 지나치게 차별화시키는 결과를 초래했다. 현대해석학을 비롯해서 인문학과 인지과학과의 학제적 접근방법은 지금껏 원활한 정보교환을 제대로 진행하지 못했다. 하지만 인문학이 자연과학, 그리고 공학과의 학제적 접근을 통해 인간 고유의 가치를 새롭게 정립할 좋은 여건을 마련한 것은 고무적이다. 지난 시기나 현시점에서 인간지성의 가장 위험한 모험은 자연과학과 인문학을 함께 연결하고자 하는 노력이었다. 현재 우리사회에서 학제적 통섭은 모험과 다양한 학문영역의 활동을 활발하게 작동시키는 것이다. 인문학이 다른 인접학문 또는 이질학문과의 통섭적 사유를 하기 위해서는 보다 성숙한 이론을 개발해야 한다. 따라서 인문학의 가치와 의미에 대한 진지한 성찰을 통해 학문의 종합과 통합의 능력을 단련하는 것이 더욱 필요한 시점이다. 그러므로 현대해석학을 비롯한 인문학은 타 학문과의 통합 · 융합을 지향하는 새로운 현대해석학의 방향을 설정해 나가야 할 임무를 떠맡고 있다.

제4장 거울뉴런에서 공감으로

1. 공감의 정의
2. 딜타이의 공감(감정이입)
3. 하이데거의 공감
4. 가다머의 공감(공통감각)
5. 하버마스의 공감
6. 현대해석학자들의 거울뉴런과 공감의 통섭

제4장

거울뉴런에서 공감으로

1. 공감의 정의

최근 우리사회에서 소통과 공감이 화두로 등장했다. 대표적 실례로 지난 2012년 대선주자로 나섰던 안철수 무소속 국회의원은 대학생 위주의 청춘콘서트 순회강연에서 공감과 소통을 내세웠다. 그는 지난 2012년을 급변, 탈권위, 탈이데올로기가 동시에 이루어지는 사회라고 지칭한 바 있다. 그는 "일주일만 지나가도 모든 것이 급변하는 현대사회에서 더 이상 수직적이고 하향식 구조의 사회는 발전할 수 없으며, 젊은이들의 감성에 맞는 수평적이고 상향적인 사회구조 마련이 시급하다"[1]고 언급했다. 또한 "이렇게 급변하는 시기일수록 소통과 공감이 중요하다고 강조한다. 혼자서는 어느 누구든지 급변하는 현대사회를 살아갈 수 없기 때문에 서로의 경험을 공유하고

1 "제발 안철수 교수님을 돌려주세요 [주장] 정치적 공방에 묻혀버린 강의… 과도한 해석 자제해야", 『오마이뉴스』, 2012. 3. 28.

소통의 결과로 공감"[2]할 수 있어야 한다는 것이다.

제러미 리프킨(Jeramy Rifkin)은 『공감의 시대』(2009)[3]라는 방대한 저서를 통해 사회적 관계에서 공감에 대해 많은 반향을 불러일으켰다. 애초에 자아의식의 발달은 공감의식과 얽혀 있다. 공감의 용어가 자리 잡게 된 시기는 1909년 근대 심리학이 의식과 무의식의 내적 역학 원리를 탐구하기 시작한 시점과 일치한다. 우리는 흔히 동정(sympathy)과 공감(empathy)을 나누어 설명한다. sympathy는 동정으로 '남의 아픔을 이해하는 것'[4]에 불과하다. 동정은 "다른 사람의 상황에 동의하거나 느끼는 것"[5]으로 그들과 같아지려는 것을 의미한다.

empathy는 공감으로서 '남의 아픔을 느끼며 같이 아플 수 있다는 것'을 뜻한다. 즉 공감은 동정과 관련이 있지만, 서로 상이한 차이가 있다. 공감은 다른 사람의 기분과 경험을 감정적으로 이해하는 능력이다. 공감은 다른 사람의 느낌들을 공유하는 감각을 말한다. 공감은 라틴어로 '내면을 느끼는 것', 또는 '~와 느끼는 것'을 말한다. 인간은 마음의 이론으로 가장 깊숙한 내면의 느낌과 생각의 성격을 다른 사람의 내밀한 감정과 연관 지어 생각하게 된 것이다.[6] 그들이 공감의 존재를 인식하고 그것을 토론할 적절한 은유를 발견하고 깊이 감추어진 복합적인 의미를 증명할 수 있게 된 것은 마음의 이론(theory of mind)이 정립되는 자아의식이 발달했을 시기였다.[7]

---

2 『오마이뉴스』, 2012. 3. 28.일자.
3 제러미 리프킨, 『공감의 시대』, 이경남 옮김, 민음사, 2010.
4 동정은 희랍어의 sympatheia에서 유래했다. 이 개념은 '함께'(sym)와 '고통하는'(pathos)의 두 부분으로 구성된 합성어이다(박성희, 『공감학-어제와 오늘』, 학지사, 2010, 36쪽).
5 폴 에얼릭・로버트 온스타인, 『공감의 진화』, 고기탁 옮김, 에이도스, 2012, 9쪽.
6 제러미 리프킨, 『공감의 시대』, 민음사, 2010, 18쪽.
7 제러미 리프킨, 앞의 책, 18쪽.

마음의 이론은 보통 인지와 정서적 측면을 포함해서 다른 사람의 마음뿐만 아니라 우리 자신의 마음을 이해하는 복잡한 초인지적 이해를 갖고 있다는 아이디어를 부각하기 위해 종종 사용된다.[8]

공감에 앞서 나온 단어는 유럽 계몽주의 시기에 유행한 동정심(Sympathy)이었다. 경제학자 애덤 스미스(Adam Smith, 1723~1790)의 『도덕감정론*The Theory of Moral Sentiment*』(1759)과 철학자 데이비드 흄(David Hume)은 동정의 개념을 행동과학에 소개하였다. 즉 동정은 다른 사람을 보고 측은함을 느끼는 감정을 의미했다. 애덤 스미스는 동정을 다음과 같이 묘사한다.

> 동정은 주요 관심의 대상이 된 사람과 상식적으로 처지를 바꾸어 봄으로써 생기는 것이라 말하는 것이 적합하다. 상식적으로 바꾸어 본다는 것은 나 자신의 인격과 성실 속에서 일어나는 것이 아니라 내가 동정하는 사람의 인격 안에서 일어나는 것이다. (…) 내가 진실로 당신이라면, 어떤 고통을 느낄까에 대해 숙고한다. 그리고 나는 당신과 환경을 바꿀 뿐만 아니라 인격과 성질까지도 바꾼다. 나의 슬픔은 전적으로 당신 때문에 있는 것이지 조금도 나 자신에 있는 것이 아니다.[9]

이런 동정개념에 따라 애덤 스미스는 『도덕감정론』에서 공감이 왜 단순한 모방과는 다른가를 잘 보여주고 있다. 즉 애덤 스미스에 의하면, "우리가 혼자서 책이나 시를 읽을 때 어떤 즐거움도 발견할 수 없을 때가 종종 있다. 하지만 친구에게 읽어 줄 때 즐거울 수 있다. 친구에게 시를 읽어 주는 행위는 신기하게도 대단히 매력적이

---

8 Bernard J. Baars, Nicole M. Cage, 『인지, 뇌, 의식』, 교보문고, 2012, 386쪽.

9 Adam Smith, *The Theory of Moral Sentiments*, ed. D. D. Raphael and A. L. Macfie(Oxford: Clarendon, 1976), 13쪽.

다. 우리가 친구에게 책을 읽어 줄 때 친구가 놀라워하고 경탄하는 것에 우리는 자연스럽게 빠져든다. 그러나 책을 읽는 행위가 우리에게는 더 이상 자극적이지 않다. 우리는 책이 우리에게 드러내는 것보다는 친구에게 비춰지는 관념들을 숙고한다. 그래서 우리는 이와 같이 우리 자신에게 생기를 주는 친구의 즐거움에 공감함으로써 즐거워한다."[10] 이때 사람들이 타인에 대해 느끼는 공감은 내면화된 공평한 관찰자의 존재에 의해 도덕을 설명한 것이었다. 공감은 이기적인 개인들 사이의 사회적 관계를 규제하는 역할을 수행한다.

그리고 흄에 의하면, "우리들 마음은 서로에게 거울이다. 마음은 서로의 열정, 감정, 그리고 의견을 반영한다."[11] 즉 "우리가 다른 사람을 동정하는 성질은 소통에 의해 다른 사람의 성향과 감정이 아무리 우리의 것과 다르거나 반대될지라도 받아들인다."[12] 흄은 이러한 마음의 거울이 어떻게 작용하는가를 설명하였다. "우리가 다른 사람을 동정하는 성질(동정심)은, … 소통에 의해 다른 사람의 성향과 감정이 아무리 우리의 것과 다르거나 반대될지라도 받아들인다."[13] 공감은 우리가 다른 사람의 마음에 대해 생각하는 방법에 대한 본질적인 것이며 윤리학과 깊은 관련이 있다. 흄은 이러한 동감이 도덕적 특성의 주요한 근원이라고 주장했다.

어원적으로 공감이란 용어는 희랍어의 empatheia에서 유래했다. 이 개념은 타인의 감정적 체험을 적극적으로 이해한다는 뜻을 함축하고 있다.[14] 또한 개념사적으로 공감이란 용어는 1872년 비숴

---

10 Adam Smith, 앞의 책, 14쪽.

11 David Hume, *A Treatise of Human Nature*, 2d ed. L. A. Selby-Bigge, with text revision and varriant readings by P. H. Nidditch(New York: Oxford University Press, 1978), 365쪽.

12 *Ibid.*, 316쪽.

13 *Ibid.*, 316쪽.

(Robert Vischer)가 미학에서 사용한 독일어 Einführung을 우리말의 감정이입(empathy)으로 번역했다. Einfühlen은 'ein'(안에)과 'fühlen'(느낀다)이라는 개념을 결합한 것이다. 따라서 이 개념은 '들어가서 느낀다'라는 뜻을 지닌다.

20세기 초반 이를 심리학에 처음으로 도입하여 하나의 심리작용으로 간주한 철학자는 독일의 립스(Th. Lipps)이다. 립스는 독일 실험심리학계를 지배하였던 빌헬름 분트(Wilhelm Wund, 1832~1892)의 영향을 벗어나 미학심리학을 탐구하면서 공감의 개념을 체계화했다.[15] 립스는 "타인을 어떻게 알 수 있을까?"라는 물음에 대해 "내가 타인에 대한 체험을 어떻게 함께 체험할 수 있을까?"[16]라는 질문으로 유도하여 답변하고자 했다. 이러한 질문을 통해 그는 감정이입의 문제를 다루고자 했다. 감정이입은 타인의 삶에 대한 입장을 자신의 의견과 유사한 것으로 판단하는 태도를 말하지 않는다. 감정이입은 내가 이미 결정한 내용을 그 이후에 다시 경험하게 될 경우 동일한 것으로 결론을 내리는 일종의 유추(Analogieschluβ)와 관계한다. 예컨대 내가 화가 났을 때, 내 몸에서 어떤 징후를 보고 느끼게 되면, 그 이후에 이 징후를 보았을 때 내가 동일한 분노를 체험하고 있음을 알게 된다.[17] 따라서 감정이입은 관찰자가 흠모하거나 관조하는 물체에 자신의 감정을 투사하는 방법을 설명한다. 감정이입은 다른 한 사람의 관점을 취하는 능력, 즉 사물들을 그 사람이 바라보는 방식으로 바라보며, 그 사람이 느끼는 것을 느끼는 능력이다. 은유적

---

14 박성희, 『공감학-어제와 오늘』, 학지사, 2010, 23쪽.

15 박성희, 앞의 책, 17쪽.

16 S. Liekam, *Emppathie als Fundament pädogogischer Professionalität*, München, 2004, 25쪽.

17 Th. Lipps, *Lietfaden der Psychologie*, Leipzig, 1906, 48쪽.

으로 감정이입은 나의 의식을 타자 속에 투사시켜 나와 타자가 경험하는 방식으로서, 그들이 경험하는 것을 경험할 수 있는 능력으로 개념화된다. 문자적으로 우리가 다른 사람의 의식 속에 살 수 없기 때문에 이것이 은유적이다.[18] 감정이입의 용어는 딜타이가 미학용어를 빌려 정신과정을 설명하였다. 그에게 있어서 감정이입은 다른 사람의 입장이 되어 그들이 어떻게 느끼고, 생각하는지, 그리고 이해하는지를 뜻했다.[19]

1909년 미국의 심리학자 터치너(E. B. Tichner)는 립스에게서 독일말 Einführung을 빌려오면서 공감에 해당하는 영어의 empathy[20]로 번역했다. 터치너는 심리학의 여러 분야, 즉 상담심리학, 사회심리학, 인지심리학, 발달심리학 등의 분야에서 집중적으로 연구하기 시작하였다. 터치너는 근대 심리학의 아버지라 일컫는 빌분트와 연구 작업을 함께 실행했다. 그 당시 심리학 자체는 뇌와 신경계에 대한 지식 없이는 제대로 대접받지 못했다. 1878~1879년 사이에 제임스(William James)와 분트는 하버드와 라이프치히 대학에서 각자 최초의 실험생리학적 심리학 연구소를 설립한 이후 유용하고 중요한 정보를 축적하였다. 분트는 철학의 하위영역이었던 심리철학을 독립하여 하나의 경험과학으로 탄생시켰다. 그는 이러한 경험적 방법론의 특성을 강조하기 위해 심리학에 실험심리학적 명칭을 부여하였다. 분트는 어떤 자극에 대응하는 정신적 조건이 있고 이들 사이에 연합을 가정하고 있다는 것에서 출발한다. 예컨대 보는 것, 냄새 맡

18 G. 레이코프 · M. 존슨, 『몸의 철학』, 456쪽.

19 Carolyn Davis, *The Fragility of Empaythy After the Holocaust,* Ithaca, NY: Cornell University Press, 2004, 6쪽.

20 Mark. H. Davis, *Empathy: A Social psychological Apprpoach,* Boulder. Co: Westview Press, 1996, 5쪽.

는 것, 소리 나는 것은 어떤 생각과 연합되어 있다는 것이다. 만약 어떤 사람이 어떤 소리를 사용하여 자기 마음속에 그 생각을 지니고 있을 때, 그가 사용하는 제스처, 즉 목소리 제스처가 다른 개체와 똑같은 제스처를 불러일으킨다면, 다른 사람에게 그 제스처는 그 사람이 지니고 있는 것과 동일한 생각을 불러일으킬 것이다. 또한 적이라는 단어는 적대적인 반응을 연상하게 한다. 내가 적이라고 말할 때 그것은 상대방의 마음속에서도 나의 마음속에서 떠오르는 것과 똑같은 반응을 떠오르게 한다. 여기서 우리는 공통의 의미를 지니는 특별한 상징을 갖게 된다. 만약 집단의 모든 구성원이 잘 이해하여 동일한 것을 뜻한다면, 의미 있는 상징을 통해 커뮤니케이션의 기반을 구축할 수 있다.[21]

미국의 철학자이자 심리학자인 조지 허버트 미드(George Herbert Mead, 1863~1931)에게 있어서 공감은 뇌에 내재된 인식기능이지만, 문화적 조율을 거쳐야 하는 것으로 생각했다. 미드는 사회심리학 분야에서 "공감의 이론"[22]을 선구적으로 다루었다. 미드에 따르면, 모든 인간은 다른 사람의 생각과 행동, 그리고 의도를 판단하기 위해 그 사람의 역할을 떠맡아 적절한 대응방법과 문화적 조율을 통해 역할을 다해야 한다고 주장했다. 사회심리학자 미드가 보기에 분트는 사람의 행동과 의도에 대해 언어를 동원하여 제대로 설명하지 못했다고 비판한다. 분트는 한편으로 언어가 개체의 행위에서 갖고

21 George H. Mead, *Mind, Self and Society*, ed. Charles W. Morris(University of Chicago press), 1934, 135쪽.

22 미드는 "공감적 과정의 핵심을 공감하는 사람이 잠정적으로 다른 사람의 역할을 하거나 다른 사람의 입장에서 처해 보는 것"(박성희, 『공감학-어제와 오늘』, 학지사, 2010, 21쪽)이라 말한다. 미드는 타인과의 사회적 관계에서 공감을 이해하는 데 크게 기여하였다.

들어오는 물리적 성향을 가정하였고, 다른 한편으로 어떤 의미에서 생리적 또는 생물학적 가치를 표현하는 언어의 정신적 복합체를 가정하였다. 분트의 한계는 이러한 상황에서 의미 있는 커뮤니케이션의 언어를 배제했다는 것이다.[23] 미드는 분트의 제스처이론을 결합시켜 그의 독자적인 커뮤니케이션의 이론으로 전개해 나갔다. 미드의 일차적 관심사는 내성(introspection)의 핵심개념이 무엇이냐 하는 것이었다. 내성은 자신의 내적 느낌, 충동, 감정, 생각을 탐구하여 자신의 정체성과 자아를 형성하는 것에 대해 개인적 이해를 얻어내는 방법이다.

공감의 감(pathy)은 다른 사람이 겪는 고통의 정서적 상태로 들어가 그들의 고통을 자신의 고통인 것처럼 느끼는 것을 의미한다. 차츰 공감은 공감적(empathic), 공감하다(empathize)와 같은 파생어들이 등장하여 런던, 뉴욕 등지의 대도시를 중심으로 고개를 들던 심리학 문화의 유행어로 자리 잡았다. 아동발달 심리학자인 피아제도 동일한 생각을 갖고 있었다. 피아제(Jean Piaget)에 의하면, 어린아이들은 발달과정에서 사회관계를 수립하기 위해 다른 사람의 '마음을 읽는' 일에 점점 능숙해진다고 한다. 발달심리학에서 공감능력은 영·유아기 시절부터 형성되어 나이가 들어가면서 점차 발달한다고 본다. 특히 유아기 시절에는 부모(또는 양육자)와의 정서적 밀착감과 유대감이 향후 건전한 공감능력의 형성에 결정적 역할을 한다.[24] 이렇게 공감은 피아제의 생성구조적인 접근방식과 연관 지으려는 사회적 행위능력의 발달이론이다. 인지과학자들은 공감을 하나의 도구적 가치로 간주하여 공감이 자신의 사회적 관심을 높이고 적절한 사회적 관계

23 George H. Mead, 앞의 책, 131쪽.
24 박성희, 앞의 책, 51–52쪽.

를 유지하기 위해 다른 사람에게 취하는 조치라고 본다. 이렇게 공감은 뇌에 내재된 인식기능이지만, 문화적 조율을 거친다. 모든 인간은 다른 사람의 행동과 의도를 판단하기 위해 그 사람의 역할을 떠맡고, 그렇게 해서 적절한 대응방법을 만들어낸다.[25] 하지만 우리가 마음을 이루는 물질을 이해하는 데 절대적으로 필수적인 진화이론으로부터 다소 상대적으로 격리되어 있었다.

주지하듯이, 다윈은 1859년 자연선택이론을 발표했다. 진화는 행동에 영향을 주어야만 하고 행동 역시 진화에 영향을 주어야 한다. 다윈과 동시대인 로메인스(George Romanes)와 모건(LIoyd Morgan)만이 진화와 행동 사이에 어떤 연결이 있다는 주장을 신봉하였다. 행동에 의한 발생의 영향은 밀스(C. W. Mills)와 볼드윈(J. M. Baldwin)에 의해 인정되었지만, 현대적인 견해에 기초한 그들의 통찰력은 학계의 주류에 스며들지 못했다. 후에 어린이들의 인지행동에 대한 피아제의 발생론학적 연구들은 발생인지에 대한 현대 학문의 토대를 마련했다. 다윈과 동시대 인물인 스펜서(Hebert Spencer)는 사회심리학의 관점에서 행동을 설명하려고 노력했다. 이런 노력들은 기술적 측면의 수준에서 이루어졌으며 인간행동에 관한 상식적 평가인 민간심리학(folk psychology)과 문화적 특성에 호소하였다. 인지행동은 본성과 양육, 유전과 환경 등에 대한 논란과 공론들을 양산해 냈다. 그럼에도 불구하고 인지행동은 뇌기능을 측정하는 현대적 방법론에 의해 계발되었다. 그리고 인지행동은 뇌의 생화학적 메커니즘에 의해 증가된 이해가 출현함에 따라 생물학에 기초하지 않고는 심리학을 지속적으로 연구할 수 없다는 사실이 분명해졌다. 심리학은 생물학적

25 제러미 리프킨, 이경남 옮김, 『공감의 시대』, 민음사, 2010, 20쪽.

해석을 기다리는 동안 잠정적으로 연구되어 왔다.

마크 바넷(Mark Barnett, 1987)은 공감을 '다른 사람의 정서와 조화되어야 하지만 반드시 동일할 필요가 없는 정서의 대리경험'이라고 정의한다. 많은 사람들이 공감에 대해 다양한 견해를 제시하고 있지만, 심리학적으로 얼마나 합당한 것인지는 보다 면밀하게 고찰해야 한다. 예컨대 공감적 상태들이 주어진 행위자의 감정 상태와 '유사한', '조화되는', 혹은 '상응하는' 것으로 해석하는 것이 얼마나 의미 있는 일인가? 공감 상태들이 유사성과 조화를 나타내는 것은 무엇 때문인가?[26] 물론 이러한 물음에 대한 답변은 쉽지 않다. 주지하듯이, 공감 상태는 인지를 통해 이루어진다. 가드너(Howard Gadner)의 주장대로 인지가 '마음의 과학'으로서 정의될 수 있는 것이라면, 시대가 요구하는 인지문화혁명은 마음의 과학이 가졌던 이전의 패러다임을 전면적으로 재구성한다는 것을 의미한다.

위에서 살펴본 것처럼, 심리학에서 공감에 대한 관심은 주로 '타인의 마음을 어떻게 알 수 있는가?' 하는 인지적 관심에 의해 주도되어 왔다. 인간은 자칫 타인의 겉모습만을 직접적으로 보고 지각할 수 있다. 그리고 타인의 내면에 대해 이해하고 함께 체험한다는 공감의 능력은 신비로운 능력이기도 하다.[27] 현대 심리학자들은 경험적, 실증적 방법론을 토대로 심리현상을 탐구하는 데 있어서 공감을 관찰 가능한 사실로 파악하고 이에 대한 분석을 시도해 오고 있다. 따라서 공감은 현대 심리학자들에 의해 대체로 두 가지 측면에서 정의되어 왔다. 첫째, 공감은 다른 사람의 내적 상태들, 내적인 사상, 감정, 지각, 의도들에 대한 인지적 자각이다. 둘째, 공감은 다른

26 A. I. 골드먼, 『철학과 인지과학』, 석봉래 옮김, 서광사, 1998, 174쪽.
27 박인철, 「공감의 현상학」, 『철학연구』, 겨울, 제99집, 철학연구회, 2012, 107쪽.

사람에 대한 대리적 · 정의적 대응이다. 정의적 공감은 타자들이 느끼는 것을 단지 느끼는 것이라는 단순한 개념처럼 보이며, 많은 작가들은 그것을 단순히 결과적 측면에서 정의를 내린다.[28] 결국 사람들은 자신의 느낌과 다른 사람의 느낌이 일치하는 정도만큼만 공감한다.

2. 딜타이의 공감(감정이입)

딜타이는 이해의 과제에서 주어진 심신 상태를 공감 및 **감정이입**(Hineinversetzen)이라 불렀다. 예컨대 시에 담긴 각각의 구절은 그 시의 출발점이 되는 체험에서 일어나는 내적 연관을 통해 삶으로 환원된다. 정신 속에 깃들어 있는 가능성들은 기초적인 이해의 기능에 의해 파악한 외적인 단어들을 끄집어낸다. 우리의 정신은 언제나 친숙한 삶의 터에서 향유되며 조명되고 요구받으며 어떠한 작용에 의해 통상적인 과정을 밟아 나간다. 과거의 기억과 미래의 꿈 속에는 수없이 많은 향방을 찾아낼 수 있다. 이른바 감정이입은 모방(Nachbilden) 혹은 추체험에서 생겨난다. 이는 정신적 삶의 총체성으로 작용하고 있는 이해의 최고 방식이다. 딜타이는 존재론과 의미론을 통해 감정이입을 이해하고자 했다. 즉 딜타이가 타인의 의미세계를 이해한다는 것은 곧 그가 '삶 자체'와 동일시했던 타인과의 영향관계를 이해하고, 삶의 체험들을 어떤 연관관계로 엮어서 의미화하는 데 있었다.

28 마틴 호프만, 『공감과 도덕발달-배려와 정의를 위한 함의들-』, 박재주 · 박균열 옮김, 철학과현실사, 2011, 48쪽.

딜타이는 타인과 함께 느끼고자 하는 공감의 노력이 '추체험의 에너지를 강화'시킬 수 있지만, 추체험은 결코 심리학적으로 설명되어서는 안 된다는 것을 분명한 어조로 강조한다. 딜타이의 타자의 심리학적 이해의 관점은 현대 인지과학의 거울뉴런이론에 생동감 있는 주제를 제공한다. 딜타이 해석학에서 공감은 사회적 인지로써 관찰자와 관찰대상자의 신경체계 사이에서 신체의 도식에 공유하는 '공명(共鳴)'으로 바꾸어 이해할 수 있다. 공감은 단지 거울뉴런에 대해서만 일어나는 것이 아니다. 공감은 사회적 상호작용을 통해서 공유된 어떤 생활방식들을 획득하면서도 일어난다. 그런데 이러한 방식은 다시 거울뉴런의 개입을 전제로 한다. 거울뉴런이 선천적이냐 후천적이냐의 문제는 아직도 논쟁의 대상이지만, 거울뉴런이 문화의 영향을 받아 성장하고 변화한다는 데에는 어느 정도 의견의 일치를 보이고 있다. 즉 거울뉴런과 문화적 삶은 상호관계에 있다. 예컨대 거울뉴런에서 공감이 일어나고 다시 사회적 상호작용이 생기면서 문화적 환경은 다시 거울뉴런의 변화를 일으킨다. 이러한 변화과정이 지속되는 동안에 거울뉴런은 사회적·문화적 영역으로 확장하게 된다.

딜타이의 해석학은 세 가지의 구분을 통해 인지과학과의 연관성을 고찰해 볼 수 있다. 흔히 일상적 삶에서 구체적인 삶은 단지 외부의 경험을 동원하여 설명할 수 없기 때문에 내부로부터 이해되어야 한다. 그는 이해에 도달하기 위해서 ① 내적 계기로서의 체험(Erlebnis), ② 외적 계기로서의 표현(Ausdruck), ③ 이해와 추체험된 이해(추체험적 이해, nacherlebende Verstehen)의 계기를 갖추어야 한다고 보았다.

먼저 내적 계기로서의 체험이란 생(生)을 직접 파악하는 충동을 의미한다. 여기서 직접이란, 체험에서 인식하는 작용과 알려지는 내용이 분리되어 있지 않고 근원적으로 통일되어 있으며 그 자체가 삶의 한 부분을 일컫는다. 체험은 삶이 역사적으로 발전해 가는 구조연관을 내적으로 파악함을 의미한다. 또한 체험은 개인적이고 주관적인 삶의 내부적인 측면이다. 체험은 단순히 감각적 경험이 아니라 의지나 감정들의 모든 과정을 포괄하는 전인적 활동이다. 딜타이는 정신과학의 토대를 내적 경험이나 의식의 사실에서 찾았다. 그는 칸트가 순수자연과학의 기초를 순수오성의 원리들에 의해 연역한 것처럼, 내적인 경험에서 정신과학의 객관적 타당성의 조건들을 발견했다. 딜타이의 정신과학의 방법론적 탐구는 보편적인 '**현상성의 명제**(Satz der Phänomenalität)' 아래에서 진행되었다. 딜타이에게 있어서 정신적 삶과 의식의 근원적인 확실성은 '현상성의 명제'로 형식화된다. 즉 그에게 있어서 철학의 상위 명제는 현상성의 명제이다. 나에게 '어떠한 것이 거기에 존재하는가?'라는 일반적인 물음은 '내 의식의 사실(Tatsache meines Bewuβtsein)'에서 존재한다는 의미이다. 모든 외부의 사물도 의식의 과정에서 주어지며, 대상과 사물은 의식 안에서 존재한다(GS, V. 90). 무엇보다 그는 의식의 사실을 발생학적으로 객관적인 동시에 주관적인 것으로 이해했다.

모든 대상은 '내 의식의 구성요소(GS, XIX, 54)'에서 존재하며, 나의 확실성은 '의식의 사실에 있다(GS, XIX, 54)'. 내가 확실히 존재한다는 사실만이 아니라 나의 확실성과 의식의 사실이 존재한다는 것이다. 의식은 그러한 실재에서 고향을 갖고 있는 장소이며, 현실에서 얻어낸 소재이다(GS, XIX, 407. Anm. 87). 의식은 무엇인가 의식을 갖고 있다는 내면화의 행위이다. 이러한 심리적 행위는 내가 체험하고 있기 때문이다(GS, XIX, 53). 그는 여기서 삶의 내면화를 인식론의 근거로 간주했으며 삶의 행위에서 충족한 인간으로 전개된다고 보았다

(GS, XIX, 343). 따라서 삶은 내면화 속에서 의식을 보존한다. 이러한 현상성의 명제는 현상개념의 새로운 형식화를 만들어낸다(GS, XIX, 407). 현상성의 명제는 존재론적 사실에서가 아니라 체험된 것에서 보증된다(GS, XIX, 17).[29] 그래서 딜타이는 항상 삶의 경험이 "정신적 삶의 총체성"(GS, XIX, 77)에서 진행된다고 말한다. 다시 말하면 삶의 경험은 사유하고, 원하고, 느끼고, 표상하고, 행위하는 구조연관이다. 여기서 정신적 구조연관은 전체적으로 삶의 의식적인 가능성에서 획득된 연관을 통해서 지배된다. 그러면 딜타이에게 있어서 구조연관의 요소는 어떻게 체험을 구성하고 있는가?

이러한 물음은 과거를 자기반성하고 현재에서 충분히 체험한 삶의 흐름에서 나타난다.[30] 즉 삶에서 획득된 연관은 삶의 경험을 수행한다. 획득된 연관은 전체적으로 해명되지 않은 연상적인 체험에 의해 구조화된다. 이러한 삶의 경험은 행위하는 실천의 영역으로 나아가는 것이며, 이는 곧 삶의 세계-내-존재에 관계한다.[31] 여기서 우리는 "삶을 삶 그 자체로 이해하기를 원한다"(GS, V. 4)라는 문구를 추론해 낼 수 있다. 즉 "삶은 철학의 출발점을 형성한다.

삶은 내부에서 잘 알려진 것이며, 내부의 뒤안길로 다시 되돌아갈 수 없는 것과 똑같은 이치다. 왜냐하면 삶은 내부에서 잘 알려진 것이기 때문이다"(GS, VII, 369). '철학이 무엇인가?'라는 물음은 내적 경험으로서의 냉혹한 의식을 가져다주며, 내적 경험은 사유 안에

---

29 Vgl. E. W. Orth, *Wilhelm Dilthey und die Phänomenologie Edmund Husserls*, in: *Reports on Philosophy*, 15(1995), 37쪽.

30 Ludwig Landgrebe, "Wilhelm Diltheys Theorie der Geisteswissenschaft(Analyse ihrer Grundbegriffe)", in: *Jahrbuch für Philosophie und phänomenologische Forschung*, Halle 1928, 256쪽.

31 Ludwig Landgrebe, 앞의 책, 262-263쪽.

서 배양된다. 삶은 체험, 즉 주체에서 일어나지만, 단지 주체에서 나오는 것만은 아니다. 왜냐하면 체험 속에서 개별적인 주체들은 삶을 앞질러 나갈 수 있는 것처럼 보이기 때문이다(GS, VII, 136). 그렇기 때문에 그는 삶 체험의 개념에 천착하여 "여기서 삶을 파악"(GS, VII, 136)해야 한다는 것이다. 그런데 "삶은 삶 일반의 부분"(GS, VII, 359)으로도 표현하고 있지만, 정신과학과 삶의 경험은 항상 상호작용한다. 이러한 개념의 구성은 삶 자체에 의해 역사과학과 사회과학체계에서 규정한다(GS, VIII, 174).

실제적으로 체험은 외부의 정신적 삶 속에서도 논리적으로 개념화되고 있으며(GS, VIII, 174), 삶의 경험 안에서 철학은 논리적인 사유를 조명한다(GS, VIII, 32). 체험과 삶의 경험은 고유한 심리적 상태의 내적인 생성을 통해 보다 분명하게 드러난다(GS, VII, 136).[32] 그래서 현실성은 의식의 조건을 전제한다. 따라서 딜타이는 심리학적 기초에 근거를 두고 반성만이 정신과학적 인식의 객관성을 확보할 수 있다는 결론을 도출해 낸다. 그렇게 하여 이해의 기초적인 형식들이 생겨난다. 기초적인 이해는, 기초적 형식들을 연관시켜 보다 고차원적인 형식들을 가능하게 한다. 여기서 기초적인 이해의 형식이란 개별적인 삶의 표현을 해석하는 것이다. 논리적으로 이런 해석은 유비추론으로 서술될 수 있다. 이런 추론은 해석과 해석 사이에서 표현된 규칙적인 관계에 의해 매개된다.

외적 계기로서의 표현은 위에서 언급한 삶의 내적 표현을 외면화, 객관화한 것으로서 예술, 사회조직, 법제도, 관습, 도덕, 종교 및 각

32 Vgl. E. W. Orth, "Das Problem der Generalisierung bei Dilthey und Husserl als Frage nach Gegenwärt und Zeitlichkeit", in: *Dilthey-Jahrbuch*, Bd. 7, Göttingen 1989, 334쪽.

종 테스트를 일컫는다. 그중에는 신체적 표현과 같은 순간적, 유동적인 것과 예술작품이나 법제도처럼 지속적이고 고정된 것들도 있다. 이런 객관적 정신에서 과거는 우리에게 지속적으로 현존하는 현재이다. 객관적 정신의 영역은 삶의 양식, 교제의 형식들에서 사회가 형성되는 목적의 연관, 다시 말해 인륜 · 법 · 국가 · 종교 · 예술 · 과학 · 철학 등에 널리 걸쳐 있다.[33] 딜타이는 정신을 다음과 같은 관계로 파악한다.

> 정신생활은 부분들의 합성으로 이루어지지 않는다. 즉 그것은 요소들로 형성되는 것이 아니다. 그것은 항상 근원적으로 포괄적인 통일체이다. 이러한 통일체로부터 정신적인 기능들은 분화되지만, 그때에도 그것들은 상호연관 속에 결합되어 있다(GS, V, 211).

딜타이의 정신생활과 객관적 정신은 상호연관 속에서 진행된다. 여기서 정신생활은 "개인 사이의 다양한 형식을 통해 현재의 공통성을 감각세계에서 객관화한다." 이러한 "객관적 세계에서 과거는 지속적인 현재다. 객관적 세계의 영역은 삶의 양식, 교제의 형식, 사회를 구성하는 목적의 관계, 윤리, 법, 국가, 종교, 예술, 과학, 철학에 걸쳐 광범위하게 퍼져 있다(GS, VII, 208)." 예컨대 천재의 작품도 한 시대와 환경에서 이념, 정서 생활, 이상 등 공통성을 표상하고 있다.

우리의 자아는 아주 어린 시절부터 바로 이런 객관적 정신의 세계로부터 자양분을 받아들인다. 또한 그 객관 세계는 타자에 대한 이해와 그들의 삶을 표현하는 매개체이다. 왜냐하면 정신이 객관화된 모든 것은 그 자체에 나와 너에게 공통적인 것을 포함하고 있기 때

33 딜타이의 객관적 정신에 대한 자세한 내용은 다음을 참조: 양해림, 「딜타이는 삶의 객관화를 극복하였는가?」, 『해석학 연구』, 제16집, 한국해석학회, 2005, 43-70쪽.

문이다. 예컨대 개별적으로 꽃을 심어 놓은 장소, 의자를 정렬해 놓은 거실은 어려서부터 알기 쉽다. 왜냐하면 각각 공통적인 것으로서 인간적인 목적의 설정, 정리 정돈, 가치 규정들은 방에 있는 개별적인 자리와 대상에 그 위치를 지정해 주기 때문이다. 어린이는 가정의 질서와 윤리 속에서 자라난다. 그 가족의 다른 구성원들도 그런 질서와 윤리를 분담한다. 이러한 연관 속에서 어머니의 정돈은 어린이에게 받아들여진다. 어린이는 말하는 것을 배우기도 전에 이미 공통적인 것들의 매개체 속에 흠뻑 빠져든다. 그리고 몸짓과 표정, 움직임과 외침, 단어와 문장 등을 단지 이해하도록 배운다. 왜냐하면 이러한 것들이 어린아이에게는 언제나 그것들이 의미하고 표현하는 바와 동일한 관계로서 마주치기 때문이다. 그래서 개인은 객관 정신의 세계를 알게 된다. 딜타이는 내적 경험의 "내성(Innewerden)에 의해 확고한 구조가 객관적으로 주어진다"고 선언한다.

해석학에서 이해와 추체험된 이해란 지속적으로 고정화된 표현들의 기술적 이해를 의미하며 역사적-사회적 현실로서의 삶을 연구하는 정신과학의 방법론을 말한다. 딜타이는, 이해가 특별한 개인적 천재성에 근거를 두고 있다는 사실에 대해 낯선 대상과 지나간 것을 모방하고 추체험에 의해 얼마나 분명하게 드러날 수 있는가를 묻는다. 개인의 이해는 지속적이고 고정된 삶의 표현들에 놓여 있다는 사실과 연관되어 있으며, 이러한 이해는 다시 삶의 표현들로 되돌아올 수 있다. 지속적으로 고정된 삶의 표현들에 대한 기술적인 이해를 딜타이는 해석(解釋, Auslegung)이라 부른다. 딜타이는 '추체험'(Nacherleben)의 방법론을 근본적으로 재해석한다. 그래서 그는 『역사적 세계의 구축』에서 추체험에 의해 영향 받은 것을 거슬러 추적하는 "반전 작업(inverse Operation)"으로 정의했다. 여기서 "이해는 사건의 전개과정에 따라 진행된다. 즉 이해는 삶의 전개과정과 더불어 지속적으로 나아간다"(GS, V, 263). 이러한 추체험을 실현하는 하위 인식활동으로서 '감정이입', '현재화', '상상력'의 개념을 적용한다. 감정이입은 타인의 입장을 되돌아보는 것을 통해 "기초적인 이해 활동으로 파악한 외적 언어들로부터, 정신적 세계에 놓여 있는 여러 가능성들을 이끌어낸다"(GS, V, 263). 딜타이는 해석학에서 '추체험'의 방법론을 근본적으로 재해석한다. 기존의 해석들에 따르면, 딜타이는 감정이입을 통해 타자와 나를 동일시함으로써 타인의 의미세계에 대한 인식할 수 있다고 믿었다. 그러나 이제까지 서술한 삶의 존재론과 의미이론, 그리고 정신과학적 인식론의 기반 위에서 본다면, 딜타이의 해석학적 방법론은 단지 관념론적으로 접근하지 않았다.

딜타이는 추체험을 두 가지의 계기에서 설명한다. 하나는, 행위자들의 사회적 환경과 삶의 외적 상태를 생생하게 '현재화'(Vergegenwärtigung)하는 것이며, 다른 하나는 '상상력'(Phantasie)을 통해 해석자 자신의 삶의 연관에 내재한 행동양식, 감정, 욕구, 지향 등의 특정측면을 부각시키거나 반면에 그것을 배제함으로써 타인의 정신적 삶을 재구성하고자 했다(GS, V, 265). 이 두 가지의 계기는 해석자가 놓여 있는 현재의 시간과 해석자가 이해하는 타인 앞에 놓여 있던 과거의 시간을 대상화한다. 이처럼 딜타이는 감정이입 · 현재화 · 상상력을 통해 이루어지는 추체험의 인식을 삶의 역사성과 역사적 의미를 재구성함으로써 그것을 이해 가능한 것으로 만들고자 했다. 그리고 그는 정신적 삶은 언어에 의해서만 완전하고 창조적이며 객관적인 표현이 가능하다고 보았다. 예컨대 해석은 작품 속에 포함되어 있는 인간적 현존재에 대한 해석들을 통해 수행된다. 이것은 문헌학의 토대가 된다. 딜타이는 경험과 내적인 해석학적 훈련을 통해 인간의 행동을 이해하고자 시도하였다. 내적인 삶은 단순히 기계론적인 출발과 멈춤으로 구성되는 것이 아니라 구조의 연속성 속에서 움직인다. 따라서 어떤 부분은 그 부분의 관계와 내적인 연관성, 전체의 다른 부분으로 이해됨을 의미한다.

딜타이의 감정이입과 나와 타자의 이해는 사회이론의 출발점이다. 그의 근본적 관심은 어떻게 개인과 사회가 상호 관계를 형성하고 있는지에 대해 초점을 맞춘다. 즉 개인과 사회의 관계에서 딜타이 사회이론의 근본 문제가 마주친다. 딜타이는 「인간 · 사회 · 국가에 관한 과학의 역사 연구에 관하여」(1870)라는 논문에서 개인과 사회의 상호작용(Wechselwirkung)을 강조한다. 딜타이와 19세기 낭만주의자들은 이러한 상호작용을 공감이라는 말로 표현했다. 딜타이는 개인과 사회가 역사에 상호작용을 하듯이, 현재의 시점에서 부분과 전체[34]의 근본관계를 서술한다. 딜타이에게 있어서 사회와 역사는 현재로서의 사회이며, 삶의 시간적-역동적인 영역이다. 딜타이는 전반기 저서는 물론 후기 저서에 이르기까지 인간적-사회적-역사적 세계의 구도(GS, VII, 159)[35]를 인간의 창조적 주체의 관점에서 이해해야 한다고 말한다. 이러한 이해는 인간적-사회적-역사적 세계를 개체와 전체의 관계로, 그리고 전체와 부분의 상호연관성 및 상호작용을 심

---

34 딜타이는 사회적인 삶의 개별적 측면, 개인에 관한 역사, 일회적인 인간의 모든 것들을 일정하게 생성되는 것으로 보지 않고, 끊임없이 뒤섞인 비밀로 구성된 것으로 본다. 사회가 개별적인 상태와 과정으로 합성된 개별적인 부분이거나 고유한 내적인 지각으로 인식하거나, 어느 정도 전체를 모방하고 있거나, 그 자체로 전체의 현실적인 요소의 의식으로 형성되어 있다고 하더라도 사회는 비밀스럽게 구성되었다는 것이다(GS, V, 62).

35 Vgl. Manfred Riedel, *Wilhelm Dilthey : Der Aufbau der geschichtlichen Welt in den Geisteswissenschaften*, Frankfurt. a. M., 1993, 194쪽.

리적-육체적인 삶의 통일체로서 파악하는 데서 드러난다(GS, VII, 159). 따라서 딜타이의 사회와 역사의 상호작용은 두 가지 관점에서 연관된다. 첫째, 사회와 역사는 보편적인 역동성을 지니는 동시에 역사 · 문화의 다양성을 인식해야 하며, 둘째, 도덕적 정언 명법을 통해 윤리 및 정치에 대해 확고한 타당성을 보증할 수 있어야 한다.[36] 이러한 설명은 근본적으로 사회와 역사를 이해하고자 하는 데서 출발한다.

딜타이는 『정신과학 입문』(1883)에서 개인의 영향 관계를 우연적이며 서로 연관이 없는 것이라 말한다. 사회의 삶은 우연적이고 개인의 관심에 따라 반복되는 놀이에서 상호 영향관계를 살펴볼 수 있다. 그러나 현실 속에서 개별적인 개인의 상호 관계는 개인의 어떤 격정, 고독, 관심, 인간사 등에 대해 필요한 목적연관을 통해 현실화된다(GS, I, 53). 딜타이는 모든 체계적인 연구 작업에 의해 개인과 사회의 관계를 알아내야 했다. 즉 그것은 보편적인 인간본성을 역사적인 개인에게서 찾아내는 것이다. 이러한 인간본성에 대해 딜타이는 다음과 같이 표현한다.

> 나는 나의 상태를 체험하고, 다양한 체계의 교차점으로써 혼재된 사회의 영향 관계에 있다. 이러한 체계는 동일한 인간본성에서 드러나며, 나 자신을 체험하며 타자를 이해한다(GS, I, 53). (…) 먼저 이러한 인간본성의 요소에 만족하는 것은 상호 활동의 결과, 인간본성과 동일한 일반적인 요소의 근거하에서, 사회 속에 있는 개인의 상호작용에 기인한다. 개별적인 개인은 진보된 문화의 과정에서 언제나 전

---

36 Uta Gerhardt, "Die Konzeption des Verhaltens und der Begriff der Gesellschaft bei Georg Simmel im Verhältnis zu Wilhelm Dilthey", in: *Annali di Sociolgia* 8, 1992-I, 246쪽.

> 문화되면서 체계의 다양한 교차점과 만난다. 개인의 동일한 삶의 행위는 이러한 다양성에서 제시된다. 추상적인 과학은 이제 역사적-사회적 현실에서 서로 혼재된 체계를 설정한다. 따라서 개인은 인간본성의 요소에 대한 결과다(GS, I, 49. 51).[37]

위의 인용문에서 보듯이, 딜타이의 관점에서 개인과 사회의 관계는 단순히 일회적인 것이 아니라 변증법적 관점이다.[38] 개인은 타자와의 상호작용을 통해 사회에 소통한다. 왜냐하면 개인은 사회의 상호작용 속에 있는 요소이며(GS, V, 60), 상호작용의 다양한 체계의 교차점(Kreuzungspunkt)과 연관되어 있기 때문이다(GS, V, 63 ; GS, VII, 278). 따라서 딜타이에게서 개인과 사회의 관계는 다음과 같이 이해할 수 있다.

> 나는 사회의 삶을 이해한다. 개인은 사회의 상호작용 속에 있는 요소이며, 상호작용의 다양한 체계의 교차점이며, 모든 것을 주시하고 연구하는 지성에 대해 의식적인 의지의 방향과 행위 속에 있는 요소이다(GS, I, 37).

이러한 딜타이의 상호작용의 개념은 짐멜의 형식사회학,[39] 베버의

---

37 Vgl. Jürgen Habermas, *Erkenntnis und Interesse*, Frankfurt. a. M., 1981, 231쪽.

38 H. Johach, *Handeln der Mensch und ojektiver Geist*, 108쪽.

39 짐멜에 의하면, 개인은 사회에서 유래하며, 사회는 개인에게서 나온다. 두 요소 사이에는 상호작용하는 규정이 각기 다르다(G. Simmel, "Die Kreuzung sozialer Kreise", in : *Soziologie*, München 1923, 325–326쪽). 사회의 삶은 각 요소의 상호작용 안에서 행해지며, 모든 사회적 상호작용은 일정한 관심, 목적, 충동의 근거를 마련하는 데서 드러난다(G. Simmel, *Die Religion*, Frankfurt. a. M., 1906, 17). 이러한 상호작용은 충동이나 목적에서 야기된 개인으로부터 사회의 통일체가 실현된다. 즉 짐멜은 사회의 대상에서 학문이 생성되며, 사회화(Vergesellschaftung)의 형식을 통해 상호작용을 이해할 수 있다고 보았다(G. Simmel, *Soziologie*, 4–6쪽: Vgl. Horst Jürgen Helle, *Soziologie und Erkenntnis bei Georg Simmel*, Darmstadt 1988, 38쪽: Horst Jürgen Helle, *Dilthey, Simmel und Verstehen*, Frankfurt. a. M.,

사회적 행위, 미드의 상징적 상호작용론(Symbolischen Interaktionsmus), 그리고 하버마스가 『의사소통행위이론』의 토대를 구축하는 데 중요한 계기를 이룬다.[40] 하버마스는 『의사소통행위이론(I, II)』(1981)에서 미드의 형태론적 근본개념에 주목하여 미드의 사회심리학의 패러다임으로 되돌아가야 한다고 주장한다.[41] 이런 관점에서 미드는 사회행태주의 이론을 통해 그의 사회심리학을 전개해 나갔다. 특히 미드는 사회행태주의라는 이름 아래 그의 사회이론을 전개한다. 미드의 사회적 상호작용은 문장과 상징적 구조를 형성하는데, 이 상징적 구조는 객체적인 행동방식으로 구성된다.

> 사회심리학에서 우리는 사회집단의 행동을 그 집단을 이루는 개별적 존재들의 행동으로 구성되지 않는다. 오히려 우리는 사회적 전체, 복잡한 집단활동으로부터 출발하며, 그 안에서 각 개별 개체의 활동을 분석한다.[42]

요아스(Hans Joas)가 파악한 바와 같이, 미드는 사회심리학의 토대를 개인의 개별적인 유기체의 행태가 아니라 상호 협력하는 집단의 특별한 인간적인 유기체로 파악했다.[43] 따라서 미드에게 있어서 한

1986, 31쪽).

40 하랄드 벤첼(Harald Wenzel)은 미드의 행보를 다음과 같이 추적한다. 첫째, 다른 실용주의자들이 미드의 관계를 연구하고 있으며, 둘째, 미드를 사회이론의 고전적 접근방식들과 연관시키고 있다. 셋째, 현대 철학자 및 사회학자들, 즉 하버마스, 요아스(Hnas Joas) 등에 의해 수용되었다(Harald Wenzel, *George Herbert Mead zur Einführung*, Hamburg, 1990, 19쪽).

41 J. Habermas, *Theorie des kommunikativen Handelns*, Bd. 2. Frankfurt. a. M., 1985, 12-13쪽.

42 G. H. Mead, *Mind, Self, and Society*, Chicago University Press, 1934, 291쪽 (Deutsch: Geist, Identitat, und Gesellschaft, Frankfurt. a. M., 1988): Vgl. J. Habermas, *Theorie des kommunikativen Handelns*, Bd. 2. 19쪽.

43 H. Joas, *Praktische Intersubjektivität, Die Entwicklung des Werkes von G. h.*

집단에서 행위하는 개인은 단순이 동물적인 진행과정이 아니라 인간 행위의 협력관계에서 근본적으로 획득한 산물이라 보았다.[44] 이런 점에서 미드는 인간들의 커뮤니케이션의 유래에 대한 인간학적 이론을 폭넓게 설정하였다.

야코보니(M. Jacoboni)에 의하면, 인지과학은 '인간이 합리적으로 자유롭게 행동하는 주체가 아님'을 주장하거나 거울뉴런이론에 한정하여 이야기할 경우, '나는 자동 모방한다. 고로 존재한다'라는 명제에 상응할 '모방자들(Mirroring People)에 불과함'을 주장하는 방향으로 흐를 수 있다. 즉 거울뉴런의 체계는 행위와 언어의 상응적인 발전을 가능하게 해 준다. 그리고 우리의 두뇌는 매우 복잡하고 정교하게 구조화된 뉴런들의 망으로 구성되어 있다. 즉 우리의 몸은 어떻게 인간의 모든 개념들을 산출하는가? 우리의 몸은 어떻게 자신이 배우는 여러 가지 특정한 종류의 개념들 및 그러한 개념들을 표현하는 언어를 배우는가? 물론 이러한 물음을 추구하는 데에는 연구자의 능력에 상응하는 거울뉴런이론과 일차적/복합적 은유의 통합이론에 입각한 유추적 접근태도의 제한이 따라야 한다.[45] 따라서 최근 딜타이 이후의 해석학에서 주된 요소로 작용하는 타자의 이해와 인지과학에서 거울뉴런의 개념과 연관시켜 논의되고 있는 사실은 그다지 새롭지 않다. 지난 수 세기 동안 철학자들은 다른 마음의 문제에 대해 지속적으로 연구해 왔지만, 그다지 커다란 진전을 이루어내지는 못했다. 하지만 21세기 들어와서도 해석학자들을 비롯한 영미 철학자들의 지속적인 심신(mind-body)문제의 연구는 이제는 아주 매

Mead, Frankfurt. a. M., 1989, 111쪽.

44 H. Joas, "Georg Herbert Mead", in: Dirk Kasler(Hg.), *Klässiker des soziologischen Denkens*, Bd. 2. München, 1978, 20쪽.

45 G. Lakoff, M. Johnson, 『몸의 철학』, 박이정, 2008, 25–45쪽 참조.

력을 끌 만한 현대 뇌과학의 연구성과들을 점차 산출해 내고 있다.

2-1. 미드의 공감론: 사회모방론

미드는 사회심리학의 거장이자 상징적 상호작용론의 창시자로서, 그의 대표작이라 할 수 있는 『정신 · 자아 · 사회』(1931)는 사회심리학의 체계를 담고 있다. 또한 그의 논문 「생리적 심리학에 대한 대응으로서의 사회심리학*Social Psychology as Counterpart to physiological Psychology*」(1900)은 선행된 사회심리학을 체계적으로 구성했다. 미드의 상징적 상호작용론은 독창적으로 만들어진 것이 아니라 그가 독일에 유학했을 당시, 라이프니츠, 베를린 대학 시절에 분트와 헤겔, 딜타이 등의 이론에 많은 영향을 받았다. 미드의 상징적 상호작용론은 시카고학파의 사회과학이론을 변형하여 새롭게 다시 구성한다. 미드의 상징적 상호작용론은 오랜 시카고학파의 전통에서 이해할 수 있다. 여기서 미드의 상징적 상호작용론은 시카고학파의 이론가들, 사회연구자들, 사회개혁가들의 상호연관 속에서 그의 이론을 진행시켜 왔다.

그리고 그 이론은 1890~1940년 사이의 미국사회학의 제도화된 전공영역에 의해 설정되어 왔다.[46] 이렇게 미드의 상징적 상호작용론은 중요한 사회과학이론과 경험적 연구를 통해 실용주의의 변형된 모습으로 다시 재구성되었다. 이와 같이 상징적 상호작용론은 시카고학파의 주요 배경이 된 실용주의 철학을 새롭게 구성했다.[47]

---

46 Hans Joas, "Symbolischer Interaktionismus", in: *Kölner Zeitschrift für Soziologie und Sozialpsychologie*, vol. 40, no. 2, 1988, 419쪽: Vgl. Karl-Sigbert Rehberg, "Sozialphilosophie und Theorie der Intersubjektivität. Zur neueren deutschen Mead-Literatur", in: *Philosohischer Literanzeiger*, Jg. 38, 1985, 71쪽.

47 H. Joas, *Pragmatismus und Gesellschaftstheorie*, Frankfurt. a. M., 1992, 27쪽:

미드의 상징적 상호작용론은 첫째, 헤겔의 변증법 및 딜타이의 정신과학이론, 둘째, 볼드윈과 쿨리 등의 자아의 발생 연구, 셋째, 분트의 제스처 심리학에 영향을 받았다. 이러한 미드의 사회심리학을 관통하는 사회적 행동주의는 이 세 가지의 사상 또는 연구방법들에 의해 서로 얽혀서 구성되어 있다.[48] 이후 미드는 실용주의 철학자라 일컫는 퍼스(Charles Sanders Perice, 1889~1914), 제임스(William James, 1842~1910) 그리고 듀이(John Dewey, 1859~1952)의 방법을 이어받아 사회심리학으로 전개해 나갔다. 특히 미드는 듀이와 퍼스의 근본문제를 실용주의 방법으로 해결하고자 하였다.[49] 막스 베버의 전공자인 텐부룩(F. H. Tenbruk)에 의하면, 「독일과 미국 사회학의 근원과 조오지 허버트 미드」[50]라는 논문에서 미드가 살았던 시대의 실용주의는 단순히 철학의 이론이 아니라 모든 국가의 철학이었다고 회고

Ernst Tugendhat, *Selbstbewußtsein und Selbstbestimmung*, Frankfurt. a. M., 1993, 246쪽.

48 L. L. Berard, "Social Psychology", in: *Encyclopedia of Social Science*, vol. 7, 153쪽. 미드의 연구는 시대에 따라 세 가지 분과로 요약할 수 있다. 첫 번째는 중요한 예비연구인 기능심리학(1903년까지)에 대한 연구이고, 두 번째는 사회심리학의 발달에 대한 연구이고, 세 번째는 제1차 세계대전 이후의 사회심리학에서 발전한 사상을 근거로 한 철학적 질문에 방향을 돌린 시기이다. 미드의 사회심리학은 첫째, 헤겔의 변증법, 둘째, 볼드윈과 쿨리 등의 자아의 발생 연구, 셋째, 분트의 제스처 심리학이 그것이다. 미드는 과학적으로 사회심리학자이고 철학적으로 실용주의자였다(L. L. Berard, "Social Psychology", in: *Encyclopedia of Social Science*, vol. 7, 153쪽). 사회적 행동주의는 이 세 가지 사상 또는 연구방법이 서로 얽혀서 구성되어 있다. 그는 행동주의의 영향을 받으면서 인간 내부에서의 자아 활동을 중시하여, 객체적 자아(사회에 의해 만들어지는 자아)와 주체적 자아(사회에 작용하는 자아)의 상호 과정을 명확히 밝혀서 사회행동주의를 제창했다.

49 Harald Wenzel, *George Herbert Mead zur Einführung*, Hamburg, 1990, 7–8쪽; Axel Honneth, *Kampf um Anerkennung. Zur moralischen Grammatik Sozialer Konflikte*, Frankfurt. a. M., 115쪽.

50 F. H. Tenbruk, George Herbert "Mead und die Ursprunge der Soziologie in Deutschland und Amerika", in: H. Joas(Hg.), *Das Problem der Das Problem der Intersubjektivität, Neuere Beiträge zum Werk George Herbert Meads*, Frankfurt. a. M., 1985, 200쪽.

한다.

미드가 보기에 모든 인간은 다른 사람의 행동과 의도를 판단하기 위해 그 사람의 역할을 떠맡고, 그렇게 해서 적절한 대응방법을 만들어냈다. 미드의 사회심리학의 핵심적인 질문은 '이해가 어떻게 가능하고 또한 충돌을 극복하는 동의가 어떻게 가능한가? 또한 상호주관성의 가능성에 대한 결과는 무엇일까?'라는 의문이었다. 그의 일차적 관심사는 '내성의 핵심개념이 무엇이냐?' 하는 것이었다. 예컨대 내성은 자신의 내적 느낌, 충동, 감정, 생각을 탐구하여 자신의 정체성과 자아를 형성하는 것에 관한 개인적 이해를 얻어낸다.

미드는 분트의 실험심리학이 언어 매체를 통해 개체의 행위를 제대로 설명하지 못했다고 비판한다. 분트는 한편으로 개체의 행위에 대해 물리적 성향을 가정하였고, 다른 한편으로 생리적 또는 생물학적 가치로 정신적 복합체를 상정하였다. 미드는 분트가 의미 있는 커뮤니케이션의 언어를 배제했다고 보았다.[51] 따라서 미드는 분트의 제스처이론을 발전시켜 나갔다. 그리고 그는 분트의 실험심리학과 제스처 이론을 결합시켜 그의 독자적인 커뮤니케이션의 이론으로 전개해 나갔다. 분트는 어떤 자극에 대응하는 정신적 조건이 있고 이들 사이에 연합이 있다고 가정하는 것에서 출발한다. 일반적으로 공통적이라는 의미는 특별한 상징을 갖는다. 만약 집단의 모든 구성원이 제대로 이해하여 동일한 것을 뜻하는 것이라면, 의미 있는 상징에 의해 커뮤니케이션의 기반을 세우는 것이다.[52]

미드의 사회심리학에서 상징적 상호작용론은 윌리엄 맥도갈(William McDougall, 1871~1938), 분트의 정신적 유산에 힘입은 바 크다. 특히

---

51 George H. Mead, 앞의 책, 131쪽.
52 George H. Mead, 앞의 책, 135쪽.

그는 분트의 저서에 절대적인 영향을 받았다. 미드는 고전적인 이론으로서 분트의 생리심리학(Physiologischer Psychologie)과 민간심리학(Völkerpsychologie)을 연관시켜 그가 갖고 있는 문제의식들을 해결하고자 하였다. 분트의 민간심리학은, 미드가 사회심리학의 토대를 마련한 선구자적인 이론이었다. 분트는 민간심리학을 인간의 공동생활을 심리적 과정으로 연결하는 데서 찾았다.[53] 이리하여 미드의 민간심리학은 마음의 문제를 과학적 탐구의 영역 안으로 들어오게 했다. 미드는 경험과학에 기초해 심리학을 전개하였지만, 심적 경험이 지니는 '의미내용'의 문제와 연관하여 인문학적 · 사회과학적 측면으로 확대하여 사회문화의 심리학을 자리매김하는 역할을 하였다.[54] 미드는 분트가 주장했던 민간심리학의 대상을 의식의 방법에서 찾고 이를 정통한 이론으로 보았다. 미드는 제스처와 태도의 사회적 특성에 대한 구체적인 분석을 통해 기존의 사회적 본능론, 모방이론을 극복하여 사회심리학의 체계를 수립하였다. 미드의 다른 관심은 상징적 정신과 상징적 발생(Genesis)을 어떻게 받아들일 것인가에 있었다. 그는 「의미 있는 상징」(1922)이라는 소논문에서 "의미 있는 상징은 그다음에 제스처이며 부호이다"[55]라고 말한다. 즉 그에게 있어서 "의미 있는 상징은 또 다른 개인이며, 어떤 개인에게서도 형성된다. 그것은 자아라고 이름 붙여지며, 상징은 자아라고 이름 붙인 것 중에서 적용한다."[56]

미드가 말하는 정신적 행위의 개념은 사회적 제스처의 이해에 바

---

53 H. Joas, *Praktische Intersubjektivität*, Frankfurt. a. M., 1989, 95쪽.

54 이정모, 「인지과학 패러다임의 새 변화가 학문간 융합에 주는 시사」, 김광수 외, 『융합인지과학의 프런티어』, 성균관대학교 출판부, 2010, 22쪽.

55 G. H, Mead, "A behavioristic Account of the significant symbol", in: *Journal of Philosophy*, vol. 19, 1922, 162쪽.

56 G. H, Mead, 앞의 논문, 162쪽.

탕을 두고, 이것이 인간 언어 분석의 기초가 되었다. 다윈(Charles Darwin)은 사회적 제스처를 내적 감정의 표현으로 보았으나, 분트는 바깥세상에 존재하는 외적 실재를 반영하는 것으로 생각하였다. 무엇보다 미드는 다윈보다도 분트의 이론에서 동물의 사회적 제스처의 중요성을 보다 명백히 다루었다고 보았다. 분트는 동물들의 사회적 제스처를 내적 감정의 표현보다는 외재적 실재를 반영하는 것으로 간주한다. 사회적 제스처는 개개인이 타자의 행위에 반응하는 복잡한 행위이다. 즉 그것은 개인의 감정표현이 아니라 사회적 상호작용의 한 부분으로서 파악해야 한다는 것이다. 사회행위는 둘 이상의 개인을 포함하며 각각의 행위는 동시에 타자에게 영향을 미친다. 제스처는 "타자의 반응에 적응하도록 하는 행위의 측면이다."[57] 여기서 미드는 사회적 제스처가 자아의식의 출발점이라 보았다. 사회적 상호작용이 의미하는 상징이나 언어를 통해서 커뮤니케이션하는 과정에서 정신이 생겨나고, 인간이 자신을 반사적으로 바라볼 수 있는 시각이 생긴다는 것이다. 사회적 상호작용에 근거한 상징의 공유를 바탕으로 습관, 역할, 공동체와 같은 개념들이 하나의 틀 속에서 논의되어 왔다.[58]

미드는 제스처의 개념이 기능하는 사회적 맥락을 봄으로써 제스처의 개념을 분리한 분트의 이론에 많은 도움을 받았다. 분트는 제스처를 단순히 다윈적 의미의 정서적 표현 대신에 한 유기체 행위의 초기 단계에 근거하여 설명했다. 제스처는 사회적 행위의 후기 단계를 나타내는 것으로서 다른 유기체가 이에 반응한다. 특히 미드는

57 George H. Mead, *Mind, Self, and Society*, Chicago University Press, 1934, 45쪽.
58 나은영, 「미드의 상징적 상호작용론의 가치」, 조지 허버트 미드, 『정신·자아·사회』, 한길사, 2010, 8-9쪽.

제스처를 사회적 용어로 생각했으며, 그러한 제스처를 통해 언어 커뮤니케이션의 발달을 추적한다. 이런 의미에서 미드는 분트의 민간 심리학의 길을 따랐다. 그리고 미드는 분트의 사회적 범주를 적용하여 자신의 심리학의 단점을 수정하는 데 도움을 받았다.[59] 분트는 단지 제스처를 행위의 일부로서 분석하지는 않는다. 그는 행위의 부분들을 생리학자가 아닌 해부학자의 입장에서 다루었다. 분트는 정서 표현의 사회적 기능을 처음에는 단지 심리적 과정들과 병행하는 것으로 간주한다. 미드는 분트처럼 정신의 존재를 부정한 것이 아니라 정신을 행동주의적 용어로 설명할 수 있다고 보았다.

미드는 사회적 행동주의(social behaviorism)를 발전시킨 실용주의자이다. 그는 사회를 개인의 집합체로 보는 환원주의 방법론을 비판한다. 그는 사회적 과정 속에 놓여 있는 개인과 그 행동의 연구에서는 언제나 전체가 부분에 선행한다고 강조한다. 왜냐하면 개인은 항상 사회 전체의 일부로서 간주되기 때문이다. 그는 내적 심리의 접근방식을 무시하고 자극과 반응의 도식에만 주로 따르는 행동주의도 비판한다. 자극과 반응이란 의사소통의 과정으로 이해될 때에만 의미를 지닌다. 개인은 의도를 가지고 환경과 교섭하여 자극을 선택하는 능동적인 행위자이므로, 내면의 의식은 행위를 주도한다. 그래서 자극과 반응은 행위가 발생하는 사회적 과정으로부터 추상화되면 의미가 왜곡되거나 불충분하게 된다. 미드는 동물 사이의 자극과 반응의 제스처를 통해 매개되는 상호작용을 다음과 같이 두 마리의 개 싸움을 예로 들어 설명한다.

---

59 조지 허버트 미드, 나은영 옮김, 「편집자 모리스의 서론」, 『정신·자아·사회』, 한길사, 2010, 47쪽.

> 내가 싸우는 개들의 예를 든 것은 제스처의 개념을 도입하기 위해서이다. 한 마리 개의 제스처는 다른 개의 반응을 유발하는 자극 역할을 한다. 그러면 두 마리 개 사이에 관계가 형성된다. 그리고 상대 개의 행위에 대해 처음 개가 또 반응을 하기 때문에, 두 마리 개는 교대로 변화를 겪는다. 한 마리의 개가 다른 개를 공격할 준비가 되어 있다는 사실 자체가 다른 개로 하여금 자기 위치나 태도를 변화시키도록 자극한다. 한 마리의 개가 이 제스처를 하자마자 이것은 다시 다른 개의 태도를 변화시키는 원인이 된다. 우리는 여기서 제스처의 대화를 볼 수 있다. 그러나 이것은 의미 있는 제스처는 아니다. 만약 저 개가 이 방향에서 오면 내 목 쪽으로 튀어 오를 것이다. 상대 개의 접근 방향을 보고 처음 개가 자기 위치를 변화시킨다.[60]

위의 인용문처럼, 미드는 동물들 사이의 자연적인 제스처를 통해 매개된 상호작용에서 발생적 고찰을 한다. 이런 입장에서 미드는 정신과 자아가 사회적 행위와 경험을 통해 출현하는 과정을 발생심리학적으로 설명한다.[61] 미드의 행동주의는 순수한 심리적 행태에서 심층적으로 전개된다. 행동주의는 단지 외부의 관찰된 행위에서 나오는 것이 아니라 의식하고, 사유하고, 반성하는 정신의 개념에서 나온다.[62] 이런 점에서 미드의 행동주의는 실용주의적 행위이론에 많은 영향을 받았다. 그는 고전적 행동주의에서 자극과 반응에 대한 행위의 복잡성을 환원시켜 전개시켰다.[63] 자극과 반응은 원인과 결

---

60 George H. Mead, *Mind, Self and Society*, ed. Charles W. Morris(University of Chicago press), 1934, 81–82쪽.

61 김동식, 『프래그머티즘』, 아카넷, 2003, 224쪽.

62 Gary Allan Cook, "G. H, Mead's social Behaviorism", in: *Journal of the History of the Behavioral Sciences*, 13(1977), 307–316쪽.

63 Fiehlem Brüggen, *Struktuen pädagogischer Handlungstheorie, Dilthey, Geisteswissenschaflische Padagogik, Meads, Habermas, Erlanger Schlue*, Friburg/München, 1980, 147쪽.

과의 의미에서가 아니라 상호 함축적인 관계에 있다. 이러한 함축적인 관계는 지각을 통해 전체적인 행위연관으로 설정된다. 미드는 "지각은 와해된다"고 말하면서, 언제나 지각은 경험과 멀리 떨어진 대상이라 본다. 왜냐하면 지각은 경험의 접촉에 의해 확정되기 때문이다.[64]

2-2. 상징적 상호작용론: 역할이론

미드의 상징적 상호작용이론은 사람과 사람 사이의 상호작용을 통해 내면적 사고행위로서의 역할(roling-taking)을 담당한다. 역할담당이란 다른 사람과의 역할관계에서 자기 자신을 바라보고 다른 사람의 입장에서 자기 자신을 해석하는 과정을 말한다. 이러한 역할담당과정은 개인 자신의 자아개념을 형성하는 데 가장 중요한 역할을 한다. 자아개념은 타자들과의 역할담당과정에서 형성되며 이러한 과정을 통해 형성된 자아개념은 타자들과의 역할담당과정에서 중요한 역할을 한다. 예컨대 부모는 중요한 타자로서 자녀의 행위에 직접적인 영향을 주는 것이 아니라 자녀가 부모의 입장에서 자기 자신을 해석하고 정의하는 과정에서 부모의 행위에 영향을 받는다. 이러한 과정에 의해 개인의 준거집단(부모, 선생, 친구집단), 혹은 중요한 타자들(부모, 선생, 친구)이 개인의 행위와 연관된다. 또한 자아가 집단, 타자와 역할담당을 하는 관계에서 개인의 사회적 위치에 따라 각기 다르게 규정된다.[65] 따라서 미드는 역할담당에 의해 자아가 발전하는 단계를 설명하였다. 여기서 초기의 단계, 놀이단계(play), 게임(game)

---

64 G. H. Mead, *Philosophie der Sozialität,* Frankfurt. a. M., 1969, 114쪽. Vgl. G. H. Mead, *The Philosophy of the Act,* Chicago/London, 1936, 365쪽.
65 손장권 외 편저, 『미드의 사회심리학』, 일신사, 1994, 223-233쪽.

단계는 의미 있는 상징들을 사용한다.[66]

첫째로 자아가 출현하기 위해서는 개인이 자신에 대해 객관적이고 비개인적인 태도를 지녀야 한다. 즉 자아는 자기 자신에 대한 객체, 대상이 되어야 한다.[67] 아이들이 언어를 사용하게 될 때 그들은 매우 단순한 형태로 역할담당을 시작한다. 아이들은 자기 자신이 사용한 의미 있는 상징들을 객관적인 형태로 듣게 되고 자신의 생각이나 말들을 객관적인 입장에서 보게 된다.[68] 개인들이 자기 자신을 대상으로 보게 되는 것은 의미 있는 상징들에 대한 역할담당을 하게 되면서부터이다. 다른 사람들의 역할을 가정할 때에만 개인에게 자아가 존재하게 된다. 다른 사람들이 우리에게 취하는 태도를 알게 될 때에만 우리의 자아는 나타난다.[69]

둘째, 어린이들이 역할을 수행하기 시작한 이후에 그들은 더욱더 자신의 인성과 자아들을 계발하게 된다. 아이들이 다른 사람들의 역할을 수행하면서부터 자아 일부분이 형성된다.[70] 이 단계에서 개인의 자아는 그가 참여하는 특정한 사회행위에서 자신에 대한 다른 개인들의 특정한 태도를 조직함으로써 단순하게 구성된다. 이 단계에서 역할은 종종 놀이(play)라고 불린다. 이는 개인 간에 주고받는 수준을 말한다. 가정에서의 역할을 수행할 때 아이들은 부모의 역할을 담당하게 되고 그렇게 하여 부모들의 관점을 얻게 된다. 아이들은 이렇게 함으로써 전체적인 자아를 갖게 된다.

셋째, 어린이들은 어떤 게임을 통해서 통합되거나 단일화된 인성

---

66 George H. Mead, 앞의 책, 144-146쪽.
67 George H. Mead, 앞의 책, 138쪽.
68 George H. Mead, 앞의 책, 139쪽.
69 George H. Mead, 앞의 책, 284쪽.
70 George H. Mead, 앞의 책, 150쪽.

의 발전을 이루어낼 수 있다. 어린이들은 사회화 과정에서 게임의 단계에 도달하기 전에는 전체를 조직하지 못한다.[71] 하지만 어린이들은 게임을 수행하게 되면서 집단과 융합하고 게임의 규칙과 전체 집단의 행위와 관련된 반응을 조직하는 것을 배우게 된다. 어린이들은 이전 놀이단계에서는 자아의 부분적인 측면들만을 얻게 되지만, 게임단계에서는 전체로서의 자아를 얻게 된다. 게임을 통해서 어린이들은 구조화된 사회의 상황들을 다룰 수 있도록 배우게 된다. 이를 통해 어린이들은 조직화된 전체 안에서 기능할 수 있게 되며 그들이 속해 있는 집단과의 관계 속에서 자기 자신을 결정하게 된다. 이것이 인성의 발달과정이다.[72] 다른 사람의 태도를 조직할 수 있는 능력은 곧바로 발전되는 것이 아니다. 이는 두 단계의 중요한 과정을 거친다. 하나는, 게임(game)의 단계에서 다른 사람들의 태도가 일관된 일반화된 타자로 동화된다. 다른 하나는, 이때 사회적 태도나 집단의 태도가 개개인의 직접 경험의 영역 안에 들어오게 되면서 자아의 구조 혹은 구성요소를 포함하게 된다.[73]

한 개인은 타자의 역할을 담당할 수 있는 능력으로부터 일반화된 타자를 형성한다. 여기서 일반화된 타자란 한 집단의 보편적인 태도가 조직된 것으로서 각 개인이 행위의 기준으로 받아들이는 것이다. 이는 단순히 특정한 타자의 역할을 받아들이는 것은 아니다. 왜냐하면 각 개인은 자신이 속한 사회집단의 조직화된 태도를 받아들일 때 완전한 자아를 발전시킬 수 있기 때문이다.[74] 더 나아가 사회는 개인들의 일반화된 타자의 태도를 수용할 때 존재한다. 따라서 미드

71 George H. Mead, 앞의 책, 169쪽.
72 George H. Mead, 앞의 책, 160쪽.
73 George H. Mead, 앞의 책, 158쪽.
74 George H. Mead, 앞의 책, 155쪽.

의 역할담당이란 다른 사람들과의 상호작용에 의해 한 개인이 다른 사람들을 의식하고 다른 사람들과의 역할관계를 통해 다른 사람들의 관점을 담당하게 되는 것이다. 역할담당은 다른 사람들과의 상호작용 속에서 다른 사회성원들이 단순히 존재하기 때문에 개인의 행위가 사회적이 되는 것이 아니다. 다시 말해 역할담당은 내재적인 상호작용의 과정을 통해 다른 성원들 사이의 개별적인 의식 속에서 존재한다. 따라서 역할담당은 사회 전체의 관점이 개인에게 반영되고 있다는 것을 뜻한다. 사회 전체가 개인에게 반영될 수 있는 것은 개인의 성찰적인 의식과정에 의해서 나타난다. 이는 개인의 내재적인 대화의 과정, 즉 상징을 통해 가능하게 된다.[75] 이러한 미드의 이론을 상징적 상호작용이론이라 부른다.

마음에 관한 통합된 이론 대신에 다양한 학파들이 지속적으로 생겨났다. 각각의 학파들은 행동과 의식, 지각, 언어, 그리고 사유의 대상적 의미에 대해 서로 다른 견해를 가지고 있었다. 제임스는 『심리학의 원리*Principles of Psychology*』(1890)라는 저서에서 뇌에 관심을 보였다. 즉 그는 내성과 실험, 심리물리학의 정신적 기능을 탐구하면서 독자적으로 뇌 연구를 진행하였다. 제임스의 위대한 업적은 의식이 하나의 과정이지 실체가 아니라는 사실을 지적한 데 있다. '의식은 존재하는가?'라는 물음은 심리학의 원리에서도 종종 추구되었다. 화이트헤드는 제임스의 이러한 연구가 20세기에서 데카르트의 17세기에 대한 관계와 동일하게 되었다고 평가했다. 이와 유사하게 기억에 대한 연구들, 즉 에빙하우스(Herman Ebbinghaus)의 연구는 추상적이거나 무의미한 배열에 음절들을 사용했고, 또한 기억에서 의

---

75 손장권 외 편저, 『미드의 사회심리학』, 일신사, 1994, 3쪽.

미가 하는 역할에 대해 거의 주의를 기울이지 않았다.[76] 물리학 역시 분트와 헤링(Edwald Hering) 그리고 헬름홀츠(Hermann von Helmholtz)에 의해 독일에서 동일한 시기에 발전했다. 이들은 반응 시간에 정확히 측정된 물리적 자극의 반응에 대한 조심스러운 판단을 진행하였다.

과정철학자인 화이트헤드(Alfred North Whitehead, 1861~1947)는 『과학과 근대세계*Science and the Modern World*』(1925)에서 갈릴레이가 수리물리학을 만들면서 마음을 자연으로부터 제거시켰다고 보았다. 즉 우리가 "갈릴레이에 대한 박해를 기억하는 방식은, 인류가 겪었던 가장 중요한 조망방식의 변화가 그때 조용히 시작되었음을 증거해 주었다."[77] 화이트헤드의 관점에서 관찰자는 객관적이어야 한다. 그는 아리스토텔레스의 추종자들이 인과의 문제에 대해 벌어지는 논쟁을 피해야 한다고 주장했던 갈릴레이의 논점을 지적한다. 화이트헤드에 따르면, 과학자는 인간적인 투영(投影)이나 의도를 배제하여 전형적인 모델에 따라 측정을 해야 한다는 것이다. 그렇게 하였을 경우 자신들의 주장을 지지하거나 반증할 만한 상관적 동일성이나 법칙을 찾아낼 수 있다.[78]

화이트헤드가 지적했듯이, 19세기 후반 생리학과 생리심리학이 부상함에 따라 마음을 자연으로 되돌려 놓았다. 우리는 그 이후 마음을 어떻게 처리해야 할 것인지에 대한 생각 때문에 난처해졌다. 상대성이론과 양자역학에서 시도했던 것처럼, 생리학적인 발전에 의해 제기된 문제는 서로 상이하다. 즉 관찰자 자신은 그가 속한 세계의

76 제럴드 에델만, 『신경과학과 마음의 세계』, 범양사, 2010, 28쪽.
77 제럴드 에델만, 앞의 책, 29쪽.
78 제럴드 에델만, 앞의 책, 27쪽.

대상과 똑같은 사물인가? 관찰자들이 사물을 지시할 수 없는 데 세계의 사물을 지시하고, 세계를 사물의 범주로 분할하는 기묘한 능력을 가졌다는 사실을 어떻게 설명할 것인가? 화이트헤드는 이에 대한 물음을 그의 근본사상 중의 하나인 '자연은 살아 있다'라는 관점에서부터 접근해 나갔다. 그는 물리학과 수학의 성과 위에서 그의 과정과 활동을 정립하였다. 그리고 자연은 죽은 것이라는 견해에 반대하였다. 그는 자연은 빈 허공의 공간에서 움직이는 물체의 영원한 사물들, 즉 어떤 형태, 질량, 운동, 색깔, 냄새들은 물질로 구성되어 있다는 기존의 견해에 근본적으로 거부하였다. 그는 이것을 유기체(Organism)의 개념으로 설명했다. 그 자신도 독특하다고 표현했던 유기체라는 용어는 생물학에서 말하는 유기체와는 다르다. 따라서 그는 처음에 나타났던 방식과 상충하지 않는 마음을 자연 속으로 되돌려 놓는 길이 있어야만 한다고 주장했다.

앞서 살펴본 바와 같이, 미드는 어떻게 사회적 제스처가 자아의식의 출발점이 되는지를 인정한다. 이것이 미드 사회심리학의 뛰어난 공헌이다. 미드의 『정신 · 자아 · 사회』(1934)를 비롯한 여러 저서는 그 이후 다양한 분야에 걸쳐 역할론이나 준거 집단론에 큰 영향을 미쳤다. 현재 미드를 재평가하는 움직임이 진행되면서 그의 상징적 상호작용론은 사회학, 사회심리학, 사회철학의 흐름을 주도했다. 미드의 사회적 상호작용론은 검증 가능한 이론이라기보다는 광범위한 사회과학적 영역에 걸친 사회철학의 체계이다. 무엇보다 미드의 상호작용론이 높게 평가를 받는 이유는, 인간의 상호작용과정을 커뮤니케이션 이론에서부터 언어학, 사회언어학, 심리학과 사회심리학, 실용주의, 인식론, 사회학과 사회철학에 이르기까지 그 영향을 넓고 깊게 미쳤기 때문이다.

그러면 첨단 디지털미디어가 사람들 사이의 상호작용에 깊이 침투한 21세기의 사회에서 미드의 이론은 과연 어떤 내용을 담고 있을까? 21세기 키워드라 할 수 있는 상호작용성과 네트워크 개념이 개입될 수 있는 1930년대의 미드의 이론에서 발견할 수 있다는 사실은 미드의 상호작용론이 그만큼 인간에 대한 보편적 진리를 담고 있다는 것이다. 따라서 우리가 미드의 상호작용론을 21세기 미디어 환경에 적용하는 것은 흥미로운 작업이다. 사회적 연대와 소통에 대한 개인의 욕구가 날로 커지고 이에 대한 논의와 연구가 활발하게 진행되고 있는 것이 그 실례이다. 따라서 미드의 상징적 상호작용론은 현재 우리가 당면한 네트워크 패러다임을 이해하고 향후 초래할 새로운 상호작용시스템을 예측했던 우리 시대의 고전임이 분명하다.

3. 하이데거의 공감

하이데거는 『존재와 시간』에서 감정이입이 자아의 단순한 확장으로 나아가는 것을 비판하고 거부한다. 하이데거에 따르면, 데카르트를 따르는 감정이입론은 "무엇보다 타자의 마음에 대한 위치와 독립적으로 부여된 자아를 설정한다. 그리고 타자는 바로 나와 같은 인간, 타자의 인간(alter ego)임을 발견한다."[79] 뇌는 내부적으로 특정한 정서적 신체 상태를 모방할 수 있다. 공감이라는 정서는 감정이입이라는 느낌으로 전환시키는 절차에서 발생한다. 예컨대 친구가 자동차 사고로 부상을 심하게 다쳤다고 생각해 보자. 그 순간 나는 나

79 프레드 달마이어, 『다른 하이데거』, 문학과 지성사, 신충식 옮김, 2011, 114-115쪽.

자신이 느끼는 통증을 느낄지 모른다. 내가 마치 사고의 희생자가 된 듯이 느낄 것이고 이러한 느낌은 심하게 부상을 당한 사람에 대해 들었던 정보에 따라 다소 차이가 있을 수 있다. 이와 같은 느낌은 모방 신체고리(as-self-body loop)라 불린다. 전전두엽/전운동 피질과 같은 특정 뇌의 영역이 뇌의 체성 감각영역에 직접 신호를 보냄으로써 이와 같은 메커니즘이 이루어진다. 어떤 사람의 뇌에서 이 신경세포들은 타인의 운동을 표상하고 뇌의 감각 운동구조에 신호를 보내서 해당운동이 시뮬레이션 상황에서 시연되거나 실제로 실행되도록 할 수 있다.

앞서 살펴보았듯이, 이러한 신경세포들은 원숭이와 인간의 '거울신경세포'로 알려져 있다.[80] 하이데거는 나-너와 우리 관계의 개념조차도 여전히 고립된 자아에서 출발한다고 본다. 누군가가 '함께 존재함'은 무엇을 의미하는가? 하이데거는 다음과 같이 대답한다.

> 그것은 공동존재 또는 더불어 존재함을 의미한다. 즉 그것은 조우하게 되는 현상들과 공유하는 개입과 관련하여 세계-내-존재의 양식 안에서의 공동실존을 함축한다. 그러한 공동존재는 현존재와 또 다른 주체, 타자의 자아와 연관되는 것이 아니라 오히려 거기에서 공동배치 또는 거기 있음의 영역과 결부된다. 하지만 현존재에 대한 분석은 어떠한 유아론이나 주관주의와는 상관이 없다.[81]

위 인용문에서 보듯이, 하이데거는 현존재의 공동존재를 통해 현존재의 일상성을 분석하여 세계-내-존재(In-der-Welt-Sein)라는 근본 틀

---

80 안토니오 다마지오, 『스피노자의 뇌』, 임지원 옮김, 사이언스 북스, 2010, 138쪽.
81 M. Heidegger, *Zollikoner Seminare*, ed. Manfred Boss, Frankfurt. a. M.: Klostermann, 1987, 144-145쪽.

을 찾아나간다. 여기서 하이데거는 세 가지의 계기, 즉 세계성, 공동존재, 내존재에서 세계 및 타자와의 "마음 씀(Sorge)"[82]을 해명해 나간다.[83] 하이데거가 강조하는 인간의 모습은 세계-내-존재라는 표현 속에 압축된다. 이것이 평균적 일상성의 모습이다. 하이데거는 세계-내-존재에서 현존재를 이루는 근본적 구성 틀을 구상하고, 다음과 같은 세 구조계기로 이루어진다고 보았다.

첫째 계기는 세계-내(in der Welt)이다. 여기서 세계-내는 세계의 존재론적 구조를 탐구하여 세계성(Weltlichkeit)의 이념을 규정한다.

둘째 계기는 존재자(Seiendes)이다. 여기서 존재자는 현존재와 가장 가까운 존재방식인 평균적 일상성에서 그 '누구인가'를 규정한다.[84]

셋째 계기는 내-존재(In-Sein)이다. 여기서 내(內)라는 것은 그 자체의 존재론적 구성을 밝혀낸다. 즉 내존재에서 현존재가 어떻게 존재하고 있는가의 문제를 다룬다.[85] 하이데거는 현존재의 존재론적 구조를 감정이입에서 찾아나간다. 즉 감정이입은 공동존재를 단지 구성하는 것이 아니라 그 토대 위에서 발생한다. 특히 현존재는 대중이 행하는 바에 따라 자신을 이해함으로써 평균성과 일상성 속에서 살아간다. 대중은 일상성의 타락에 대해 타인이 그러한 존재를 떠맡도록 내버려 둔다. 세계와 공동존재 그리고 실존은 그러한 현존재에서 근원적으로 나타난 방식을 정황성(Befindlichkeit)에서 목격한다. 이러한 정황성은 누군가가 어떤 분위기에 있는지를 알리는 기분(기쁨, 슬픔, 지루함, 공포)에서 표현된다. 또한 이러한 정황성에서 현존재가

---

82 마음 씀이란 단순한 걱정, 근심, 우려가 아니다. 마음 씀은 현존재가 세계 내부적으로 만나게 되는 곁에서의 존재로서 자신에 앞서, (세계) 안에서 이미 존재한다는 것을 의미한다.

83 이수정, 『하이데거-그의 물음들을 묻는다-』, 생각의 나무, 2010, 382쪽.

84 M. Heidegger, *SZ*, 72쪽.

85 M. Heidegger, *SZ*, 73쪽.

세계 속에 던져져 있음이 사실성을 통해 자신에게 드러난다. 그리고 그러한 사실성은 자신이 어디서부터 왔는지 더 깊은 근거를 알지 못한 채 자신의 현존재를 받아들일 수밖에 없음을 보여준다. 공동존재는 죽음이나 '죽음을 향한 존재'조차 외견상 감정이입에서 멀리 떨어진 채로 존재한다. 죽음은 현존재만이 떠맡아야 하는 것이며 개별적인 방식으로 현존재에게 요구한다.

하이데거의 『존재와 시간』에서 공동존재와 같은 용어는 상호주관적으로 이루어진 개별 주체들의 합의의 공식에 적용된다. 우리는 항상 다른 사람들과 함께 공유하며 살아간다. 다시 말해 현존재의 세계는 공동존재이다. 그리고 내-존재(In-sein)는 타자들과의 공동존재를 의미한다.[86] 내-존재는 공간적 관계가 아니라 무엇 무엇의 곁에서 살고 있다, 무엇 무엇과 친숙해 있다는 의미로 이해된다. 즉 내-존재는 '어디에 살다, 거주하다, 체류하다'라는 의미를 갖는다.[87] 또한 내-존재는 현존재가 취하는 구체적인 "본질상의 존재"[88]를 일컫는다. 하이데거의 현존재의 모습은 일상적인 삶을 살아가는 공동존재인 것이다.

> 일상 사람들의 정체… 이 사람도 저 사람도 아니고, 또 그 자신이나 다른 어떤 사람도 아니거니와 그들 모두의 총합도 아니다. 그 정체는 바로 익명인 의미에서의 세인(das Man)이다. 그래서 우리는 그들이 즐기는 것을 찾아 즐거워하고 기뻐하며, 그들이 보고 평가하듯이 읽고 보면서 문학과 예술에 대한 논평을 한다. 그리고 우리는 그들을

86 프레드 달마이어, 『다른 하이데거』, 신충식 옮김, 문학과 지성사, 2011, 111쪽.
87 M. Heidegger, *SZ*, 72–73쪽.
88 본질상의 존재는 첫째, 공동존재 내지 그것에 기초하고 있는 세인(das Man), 둘째, 심정성, 이해, 이야기함으로써 구성되는 개시성, 특히 일상적 양태인 퇴락, 셋째, 세계-내-존재의 전체성이라 부르는 마음 씀이다.

따라 대중 밖으로 나오며, 그들이 분노하는 어떤 대상에 대해서도 함께 분노해야 될 것처럼 생각한다.[89]

위 인용문에서처럼, 하이데거가 말하는 세인(das Man)은 본질상 타자와의 공동존재(Mitsein)에 기반한다. 그래서 현존재는 상호공동존재라는 존재양식을 가진다. 세인은 "이 사람도 아니고 저 사람도 아니며 몇몇의 사람도 아니고 모든 사람들 가운데 종합도 아니라"[90]는 중간적 모습을 띤다. 현존재인 '세계-내-존재'의 일상적인 모습은 퇴락인 것이다. 그러한 현존재의 존재양식이 곧 세인이다. 현존재는 그것이 존재하는 한 상호공동존재라는 존재양식이다. 이렇게 하이데거는 함께 살아가는 공동세계(die Mitwelt)의 일상적이고 평균적인 인간에게 그 역할을 내맡긴다. 궁극적으로 하이데거는 세계-내-존재를 드러내고 세계 속에서 사물과 관계하는 인간의 모습이 타자를 고려하며 "함께 살아가는 세계"[91]인 것이다.

4. 가다머의 공감(공통감각)

가다머의 현대해석학은 하이데거에 의해 인문주의 전통의 노후한 요소로 평가절하 되었던 교육(Bildung), 공통감각(sensus communis), 재치(Takt), 취미(Geschmack)와 같은 개념들과 연결되면서, 계몽주의 이후 절대화된 합리주의적 지식모델을 넘어서는 인식의 가능성을 발

---

89 M. Heidegger, *SZ*, 127쪽.
90 이수정, 앞의 책, 388쪽.
91 송석랑, 『언어와 합리성의 새 차원–하이데거와 메를로–퐁티–』, 충남대학교 출판부, 2001, 50쪽.

전시켜 나갔다.

앞서 고찰해 보았듯이, 공감의 용어가 자리 잡게 된 시기는 1909년 근대 심리학이 의식과 무의식의 내적 역학 원리를 탐구하기 시작한 시점과 일치한다. 공감은 다른 사람의 감정들을 함께 느끼는 감각을 말한다. 그들이 공감의 존재를 인식하고 그것을 토론할 적절한 은유를 발견하고 깊이 감추어진 복합적인 의미를 증명할 수 있게 된 것은 마음의 이론(theory of mind)이 정립되어 자아의식이 발달한 시기였다.[92] 마음의 이론은 우리가 보통 인지와 정서적 측면을 포함해서 다른 사람의 마음뿐만 아니라 우리 자신의 마음을 이해하는 복잡한 초인지적 이해를 갖고 있다는 생각을 부각하기 위해 종종 사용된다.[93]

가다머는 예술경험의 진리를 갖고 공통감각을 찾아 나간다. 가다머가 처음부터 정신과학에서 진리를 다루지 않고 예술경험의 진리문제를 취급한 것은 그 이전의 실재론적 진리와는 전혀 다른 새로운 차원의 진리를 찾고자 하는 것이었다. 그는 참여하는 사람만 경험할 수 있는 이해를 찾아 나선다. 가다머에게 있어서 공통감각은 아리스토텔레스의 **실천지**(pronesis)처럼, 구체적인 삶 속에서 경험에 의해 얻은 진리가 진정 무엇인지를 알아내서 행위하는 것이다. 현재의 공통감각은 아리스토텔레스가 플라톤의 '선의 이데아'를 반대하면서 전개해 왔다. 예컨대 아리스토텔레스는 공통감각을 모양, 크기, 수, 운동, 정지 등과 같은 공통감각의 대상들에서 지각할 수 있는 것으로 보았다. 그래서 공통감각들은 다양한 고유한 감각의 자료들 중에서 최소한 두 가지 이상을 선택하여 결합시킨 형태를 띤다. 이를테면

---

92 제러미 리프킨, 앞의 책, 18쪽.
93 Bernard J. Baars, Nicole M. Cage, 『인지, 뇌, 의식』, 교보문고, 2012, 386쪽.

공통감각은 다양한 감각자료들을 식별할 수 있어야 하며, 그것들은 단일한 대상으로 판단할 수 있어야 한다. 이러한 기능들은 공통능력, 모든 것을 지각할 수 있는 능력, 제1감각 능력의 기능과 기본적인 골격에서 유사성을 갖고 있어야 한다.

아리스토텔레스의 관점에서 공통감각은 서로 다른 고유한 감각의 대상들을 식별하고 그 의식작용을 주관하는 능력이다. 즉 그에게 있어서 공통감각은 제1감각 능력에 대한 지각과 기억작용뿐만 아니라 의식작용을 주관하는 능력이다. 그렇게 하여 공통감각은 최소한 통각과 의식의 인식론적 단초를 이루어 낸다. 이런 점에서 아리스토텔레스는 공통감각으로부터 적극적인 윤리적 동기에서 드러난 실천지를 내세운다. 여기서 실천지는 일종의 정신적 덕이다. 그에게 있어서 실천지는 단순히 능력만을 의미하는 것이 아니라 도덕적 존재의 내용을 가진 것이었다. 특히 아리스토텔레스는 실천적인 상황에서 구체화해야 할 인간에 대한 선의 이해를 내세웠다. 윤리적 지식의 고유성에 있어 행위자에게 요구되는 구체적인 사실,[94] 즉 행위자들과 관련된 일반적인 규범들을 상황에 맞게 이해해야 한다는 것이다.[95] 또한 아리스토텔레스는 실천적인 지식인 과학적 논증에 적합한 수학과 개연적 지식을 구별한다. 아리스토텔레스가 이론적인 지식을 구분한 근거는 과학적 논증과 개연적 지식 사이의 차이에 착안한 것이다. 아리스토텔레스의 이러한 구분은 자연과학과 정신과학을 구분한 근대 인문주의 전통과 연관된다. 아리스토텔레스는 정신과학이란 개연적인 대상에 관한 학문이며, 여기서 개연성의 영역은

---

94 H. G. Gadamer, *WM*, 22쪽.

95 G. Warnke, Gadamer: *Hermeneutics, Tradition and Reason*, Georgia Warmke, 1987, 167쪽.

객관적이며 필연적인 진리에 관계하는 자연과학에 의해 다루어지는 대상이 아니라고 보았다.

가다머는 『진리와 방법』에서 정신과학의 인문주의 전통인 교양과 공통감각, 그리고 판단력과 취미의 개념, 미적 차원의 초월적 주제를 추적해 나간다. 여기서 그는 칸트 미학과의 대결을 시도한다. 가다머가 보기에 칸트와 같은 독일의 계몽주의자들은 "공통감각(Gemeinsinn)의 개념을 수용하기는 하였지만, 거기서 완전히 탈정치화했기 때문에 본래의 비판적 의미를 상실했다. 계몽주의자들은 공통감각을 단지 이론적 능력, 즉 도덕의식 및 취미와 동일한 이론적 판단력으로 생각했다."[96] 가다머는 칸트의 미학이 주관화된 미학이라고 비판한다. 칸트가 강조하는 공통감각이란 그 스스로 보편적 동의와 찬성을 요구하는 취미판단의 '주관적 원리'이며 이념이다.[97] 여기서 주관적 원리는, 취미판단의 주체가 주관적인 준칙을 말한다. 이념은 모든 인간 이성이 보편성에 당도하고자 하는 주관의 정신적 활동을 위한 지침이다. 그래서 이념은 보편적 동의와 인정에 의한 보편성을 지칭하지 않는다.

가다머는 칸트의 공통감각이 갖고 있는 보편성과 공동성을 비판적으로 파악한다. 칸트의 공통감각은 두 가지의 계기를 통합하고 있다. 첫째, 취미가 지니고 있는 보편성(Allgemeinheit)이다. 여기서 취미의 보편성이란 모든 인식능력의 자유로운 활동으로부터 생긴 결과가 외적 감각처럼 어떤 특수한 영역에 제한되지 않는 것을 뜻한다. 둘째, 취미는 공동성(Gemeinschaftlichkeit)을 지닌다. 왜냐하면 칸트에게 있어서 취미는 자극이나 감동이 나타내는 것과 같은 주관적·개

96 H. G. Gadamer, *WM*, 24쪽.
97 I. Kant, *Kritik der Urteilskraft*, Hamburg, 1990, 64쪽.

인적 조건을 모두 배제하기 때문이다. 감각의 보편성은 양방향에서 사적으로(privativ) 규정된다.[98] 즉 감각이 배제되므로 사적인 것으로 규정하며, 그래서 공통성의 근거를 마련하고 공동체를 형성하는 것을 적극적으로 규정하지는 않는다. 따라서 칸트의 공통감각은 인문주의자들과 마찬가지로 공동성과 보편성의 성격을 띠고 있지만, 인문주의자들이 적극적으로 규정하고자 했던 것과는 다르다. 칸트는 감정 상태의 상이한 주체들이 동일한 방식으로 체험하는 상태의 취미판단을 공통감각이라고도 불렀다. 즉 칸트는 공통감각을 취미판단의 보편성의 계기라 본다. 칸트는 이 개념을 취미판단으로 규정하여 감정 상태를 표현하기 위한 것으로 사용했다.[99] 다시 말해 칸트의 공통감각이란 개념은 "판단력(Urteilskraft)"[100]의 개념과 밀접하게 연관되어 있다. 동시에 취미는 모든 개별적 · 주관적인 사적 제약들을 벗어남으로써 공동성을 획득한다.[101]

칸트가 강조하고 있듯이, 판단력은 일반적인 방식으로 배울 수 있는 것이 아니라, 그때그때의 경우에 따라서 훈련될 수 있다. 왜냐하면 판단력은 그 어떤 개념들에 근거한 논증의 규칙을 적용시킬 수 없기 때문이다. 이러한 측면에서 판단력은 일종의 감각능력이다. 따

---

98 H. G. Gadamer, *WM*, 41쪽.

99 구자윤, 「가다머와 칸트 미학의 주관주의의 문제」, 고전해석학의 역사 한국해석학편, 철학과현실사, 2002.

100 18세기에 '판단력'이란 단어가 도입된 것은 정신의 기본적 덕으로 간주될 수 있는 *iudicium*(판단) 개념을 적절히 재현하기 위해서였다. 영국의 도덕철학자들은 도덕적 내지 미적 판단이 이성을 따르는 것이 아니라, 감성*sentiment*(내지 미각 *taste*)의 성격을 가지고 있다는 점을 강조한다. 칸트에게 있어서 판단력이란 개별적인 것을 일반적인 것 아래 포함된 것으로 사유하는 능력이다. 칸트는 일반적인 것(규칙, 원칙, 법칙)이 먼저 주어져 작용하는 판단력을 규정적 판단력이라고 하였고, 일반적인 것을 스스로 만들어내면서 작용하는 판단력을 반성적 판단력이라 불렀다. 이는 '공동적 지성(gemeiner Verstand)'으로 건전한 인간지성(gesunder Menschverstand)은 사실상 판단력을 통해 특징지어진다.

101 H. Arendt, *Vita activa oder Vom tätigen Leben*, München 1996, 359쪽.

라서 칸트의 공통감각은 첫째, 스스로 사유하는 것이며, 둘째, 다른 사람들의 입장을 고려하여 사유하는 것이며, 셋째, 언제나 자기 자신과 일치하도록 사유하는 것이다. 따라서 칸트의 공통감각은 편견에 사로잡히지 않은 사유방식의 준칙, 확장된 사유방식의 준칙, 일관성 있는 사유방식의 준칙인 것이다.[102] 위에서 언급했듯이, 가다머는 칸트의 공통감각을 수용하고 이를 예술작품의 존재론적 놀이(Spiel)의 개념으로 새롭게 연관시켜 전개한다. 가다머는 역사가 비코(Glambattista Vico)의 공통감각의 논의를 수용하여 다음과 같이 정신과학을 설명한다.

> 여기서 의미하는 공통감각이란 인간이면 누구에게나 있는 일반적인 능력일 뿐 아니라 동시에 공통성을 만들어내는 감각이라는 것이 분명하다. 비코는 인간의 의지에 방향을 제시해 주는 것이 이성의 추상적 보편성이 아니라 한 집단, 한 국가 또는 인류 전체의 공동성을 나타내는 구체적인 보편성이라고 생각한다.[103]

위의 인용문처럼, 가다머는 비코의 공통감각에서 인류의 공통성을 찾고자 했다. 또한 가다머는 자연과학자 헬름홀츠(Hermann Ludwig Ferdinand von Helmholtz)[104]가 1862년 하이델베르크에서 강연했던 자연과학과 정신과학의 관계 사이에서 정신과학의 올바른 지향점을 찾

---

102 I. Kant, 앞의 책, 158쪽.

103 H. G. Gadamer, *WM*, 18쪽.

104 헬름홀츠의 가장 큰 업적은 에너지 보존의 물리법칙이다. 그는 해부된 개구리의 다리를 전기적으로 자극하여 이를 입증했다. 전기가 신경활동의 부분이라는 통찰은 신경전위와 뇌의 전기적 활동을 20세기 초에 발견하게 했다. 오늘날 뇌의 전자기 활동은 다양한 영상기법들을 가능하게 했다. EEG, 유발전위, 단일 뉴런 기록, MEG, TMS(뇌의 자기적 자극) 등 모든 뇌 기록장치는 기본 물리학과 정신과학에 활용하고 있다(Bernard J. Baar · Nicole M. Gage, 『인지, 뇌, 의식』, 강본균 옮김, 교보문고, 2012, 15쪽).

고자 했다. 자연과학은 수집된 경험적 자료들로부터 규칙과 법칙을 도출해 내는 논리적 귀납의 방법을 적용한다. 하지만 정신과학은 자연과학과는 다르게 심리적인 감지력(Taktgefühl)에 의해 인식에 도달하고자 한다. 따라서 가다머는 『진리와 방법』의 첫 부분에서 다음과 같이 정신과학의 방법을 기술한다.

> 정신과학의 고유한 방법이란 없다. 그러나 헬름홀츠와 함께 우리는 이 경우에 방법이 얼마나 중요한지, 어쩌면 정신과학의 다른 조건들이 귀납법적인 논리보다 훨씬 더 중요한 것은 아닌지 물을 수 있다. 헬름홀츠가 정신과학을 적절하게 평가하기 위해 기억과 권위를 강조하고, 의식적인 추론을 대신하는 심리적 감지력(Takt)에 관해 언급하고 있을 때, 그는 이러한 점을 올바르게 지적하고 있다. 이러한 감지력은 어디서 나오는가? 그것은 어떻게 획득되는가? 정신과학의 학문성은 궁극적으로 방법보다는 감지력에 달린 것인가?[105]

이와 같이 가다머는 헬름홀츠가 제시한 정신과학의 방법을 자신의 견해로서 수용한다. 가다머에 따르면, "헬름홀츠는 정신과학을 정당화하기 위해 기억과 권위를 내세우고 의식적인 추론을 하는 대신에 심리적인 감지력에 대해 올바르게 보았다."[106] 정신과학은 감지력의 개념을 통해 인식한다. 헬름홀츠는 공통감각을 어떤 정의될 수 있는 규칙, 본능적 감각 또는 감지력으로부터 발생하는 '예술적인 귀납(Künstlerische Induktion)'이라 보았다. 감지력은 라틴어 Tactus라는 접촉이라는 뜻에서 파생되었다. 또한 감지력은 독일어로 Gefühl, 즉 느낌 내지는 감각이라는 말로 표현된다. 이는 사유의 문제가 이

105 H. G. Gadamer, *WM*, 15쪽.
106 H. G. Gadamer, *WM*, 16쪽.

성만이 아니라 감정이나 감각의 특수한 능력에서도 발생하고 있다는 것을 뜻한다. 감지력은 다른 정신의 능력을 이성과 더불어 인정하려는 독일 낭만주의 사유와 그 맥락을 같이한다. 물론 이성은 느낌이나 감각(Sinn)까지도 포함하는 예술적 감각과 같은 능력을 갖고 있다. 그래서 감지력은 상황에 대한 특수한 감수성과 감각능력으로서 상황 안에서의 태도를 지칭한다. 감지력은 개인적 측면에서만 작동하는 것이 아니라 공동체 속에서 함께 움직인다. 한 공동체는 공동체를 구성하는 구체적 보편성(Universalität), 즉 공통감각을 형성한다. 그러므로 공통감각은 공동체에서 움직이는 감지력이라 할 수 있다.[107]

가다머는 이러한 공통감각의 존재 조건이 교양(Bildung)[108]에서 나온다고 강조한다. 칸트의 경우에 교양은 교육이나 교양의 의미에 근접해 있고, 헤겔의 경우에는 도야(陶冶)라는 뜻에 가깝다. 가다머의 경우에 교양은 항상 자신을 실현해 가는 이해의 운동이었다. 그리고 칸트의 경우에 교양은 공동체 구성원들이 갖추어야 할 시민 소양교육이었으며 보다 세련된 문화교육을 받은 교양인과 관련을 맺고 있었다. 교양은 칸트나 헤겔처럼 가르치거나 발전해 나가는 개념이 아니라, 어린아이는 어린아이대로, 어른은 어른대로 각기 자기 나름의 존재성을 개진해 간다는 의미를 지니고 있었다. 다시 말해 교양은

---

107 엄지용, 「Bildung과 'sensus communis'의 상관성에 따른 교육철학의 제문제-가다머의 『진리와 방법』을 중심으로」, 『해석학연구』, 제28집, 한국해석학회, 2011, 90-91쪽.

108 교양이라는 낱말의 역사는 중세의 신비주의에 그 원천을 둔다. 교양은 바로크의 신비주의에서 계승되고, 클롭슈토크(Friedrich Gottlieb Klopstock, 1724~1803)의 『메시아』를 통해서 종교적으로 영화되어 그 세기 전체를 지배하게 된다. 헤르더는 기본적으로 이 낱말을 '인간성에로의 고차적 형성'으로 규정한다. 19세기의 교양에 대한 신앙은 이 낱말의 심층적 차원을 보존했고, 오늘날 우리가 사용하는 교양의 개념은 바로 여기로부터 규정된다.

배우고 가르치는 개념이 아니라 자기 자신이 스스로 만들어가는 자기요구인 것이다. 따라서 가다머의 교양은 어떤 목적을 향하거나 자신 밖의 그 어떤 것에 의해 일방적으로 전도되는 것이 아니며, 자율적인 존재가 갖추어야 할 덕목의 의미를 강하게 함축하고 있다.[109]

가다머는 근대 인문주의자들에 대해 교양이념의 복권을 시도한다. 왜냐하면 그에게 있어서 "자신에 대한 절도와 자신으로부터 거리를 두는 보편적 감각이 필요하다고 보았기 때문이다. 그리고 교양은 자기 자신을 넘어 보편성으로 고양(高揚)하고자 하기 때문이다."[110] 그래서 교양은 인간의 과제를 만들어낸다. 하지만 교양은 보편적인 것을 위해 특수한 것의 희생을 요구한다. 특수한 것의 희생, 즉 욕망의 억제와 더불어 욕망의 대상으로부터의 자유, 그리고 이 욕망의 보편적 대상성을 위해 자유는 부정적인 의미를 지닌다. 우리는 19세기 정신과학의 자기 성찰에서 접근할 수 없었던 정신과학적 인식의 한 진리로 사람들을 인도해야 할 과제를 떠맡고 있다. 정신과학은 합리적으로 증명하고 가르칠 수 있는 가능성에 대한 인식범위를 완전히 포괄하지 못했기 때문에 새로운 앎의 인식이 더욱 필요한 시점이다. 정신과학은 예술, 역사, 창조적인 것, 세계관, 체험, 천재, 외부세계, 내면성, 표현, 양식, 상징과 같은 개념들에 대한 당면한 철학의 문제제기를 필요로 한다. 교양은 이전에 신체의 외적 현상과 자연에서 낳은 형성(Gebirgsbildung)을 뜻하는 자연스러운 교양(natürliche Bildung)을 의미한다. 하지만 교양은 그 당시에 외적 현상에 머물러 있던 개념에서 새로운 용어로 대체되었다. 교양은 문화(Kultur)의 개념과

109 박남희, 「해제–실현의 진리를 구하는 가다머의 해석학」, 한스 게오르그 가다머, 『과학대의 이성』, 책세상, 2009, 195–196쪽.

110 H. G. Gadamer, *WM*, 14쪽.

아주 단짝을 이루면서 자신의 자연적 소질과 능력을 계발하는 인간의 독특한 방식을 일컫게 되었다. 칸트는 교양이라는 용어를 능력 혹은 자연적 소질의 육성이라 말한다. 그에게 있어서 교양은 행동하는 주체의 자유에 기반한 행위이다. 칸트는 교양을 얘기할 때 자기 자신에 대한 의무 가운데 자신의 타고난 재능을 녹슬지 않게 하는 의무를 포함시켜 언급한다. 이때 그가 '교양'이라는 용어를 사용하지는 않았다.[111]

가다머에게 있어서 교양은 공통감각과의 관계 안에서 언제나 다르게 말할 수 있는 활짝 열린 지평이지만, 그 무엇으로 규정화된 닫힌 지평을 말하는 것이 아니다. 다시 말해 가다머는 교양을 결과에 따른 어떤 실증적인 것으로서가 아니라 언제나 새롭게 자신을 만들어 가는 과정의 차원으로 보았다. 따라서 가다머의 공통감각은 공동체와의 관계 속에서 그리고 우리의 현실적 삶 안에서 무엇을 어떻게 할 수 있을 것인가를 파악해야 한다.[112] 가다머는 공통감각이 공동체에서 대화, 소통과 함께 진행된다고 다음과 같이 말한다.

> 대화에서 소통에 이르게 된다는 것(Verstandingung)은 대화 참여자들이 스스로 준비가 되어 있고 낯선 것이나 반대되는 것도 인정하고자 한다는 사실을 포함한다. 이러한 전이가 서로 간에 일어나고, 참여자 각자가 자신의 고유한 근거를 확증하는 동시에 반대근거도 함께 고려한다면 결국 감시하기 어렵고 자의적이지 않은 관점의 상호전이(Wechselübertrangung)—우리는 이를 의견교환이라 부른다—가 일어날 것이다. 공동체 안에서 공통의 언어와 공통의 판단에 이를 수 있다.[113]

111 칸트의 교육에 관한 자세한 내용은 다음을 참조: 칸트, 『칸트의 교육학강의』, 조관성 옮김, 철학과현실사, 2007.

112 H. G. Gadamer, *WM*, 7–26쪽.

113 H. G. Gadamer, *WM*, 364쪽.

위 인용문에서 보듯이, 가다머의 대화는 소통을 통한 공통의 언어와 공통의 판단에 의해 공감의 변증법으로서 새로운 존재로 생성해 가는 것을 말한다. 가다머의 공통감각(공감)은 무엇을 이해하고 이해하지 못하는 측면이 아니라 이해하고 있는 차원에서의 공감이다. 우리가 무엇을 이해하고 있기 때문에 공감하거나 이해하지 못하는 차이에 있는 것이 아니다. 이미 공감은 '이해된 이해'로 나의 삶에 하나로 지평융합을 이루어 나가는 것이다.[114] 따라서 공감은 나를 그 이전과는 다소 다르게 새로움 앞에 세우게 한다. 결국 공감은 나와 너에게 새로운 생명력을 불어넣어 줄 수 있는 활력소임이 분명하다.

5. 하버마스의 공감

하버마스의 비판적 해석학은 진리의 문제에 대해 하이데거나 가다머 해석학의 연장선상에서 개인이 아닌 상호주관성에 주목한다. 하지만 하버마스는 인지적 측면에서 의사소통을 강조하였지만, 전인적 측면에서 의사소통을 납득할 만하게 전개하지 못했다. 사실상 하버마스의 비판적 해석학에서 중심적 논점은 성찰과 반성에서 드러난 언어를 매개로 하는 이론이성의 지나친 신뢰에 있었다. 지난 1968년 가다머가 하버마스와의 해석학 논쟁에서 밝힌 바 있듯이, 문제는 반성/성찰이 주어진 상황을 간과하거나 무시되고 있다는 데 있었다. 하버마스의 의사소통적 이성은 다양한 해명에도 불구하고 여전히 불

114 박남희, 「공감과 차이의 변증법적 대화로서의 가다머의 놀이-자기치유와 자기실현으로서의 실천철학을 위하여-」, 『해석학연구』, 제29집, 한국해석학회, 2012, 259쪽.

투명하다. 현실은 단순한 이상적 대화상황으로 전개되지 않는다. 바로 이 시점에서 하버마스는 현실과의 접목에 있어 비판적 해석학의 기본 사상에 충실하고자 한다.

그러나 앞에서 지적한 대로, 하버마스는 본래 지식의 '이해관계'가 상호 의존성을 갖고 있다는 것을 강조한다. 하지만 하버마스는 지식의 이해관계에 대해 감정이나 몸의 심리적 관계를 그다지 고려하지 않았다. 따라서 하버마스의 비판적 해석학에서 비언어적 요소들인 감정이나 몸에 대한 논의는 쉽게 찾아볼 수 없다. 하지만 하버마스의 합의이론은 비판적 담론을 통해 진리의 왕국에 도달하고자 했다. 다른 관점에서 보자면, 그의 의사소통행위이론은 타자와의 공감보다는 타자와의 의견대립의 수단으로 사용된다.

하지만 이러한 방법이 가져다주는 시도가 긍정적인 시도였는지는 리오타르(Jean-Franoçis Lyotaed)와의 포스트모더니즘 논쟁에서 의문의 여지를 남겨 주었다. 하버마스는 이성적인 합리적 논점 이외에도 인간의 궁극적 평화나 행복을 위해 사용될 수 있는 방법을 공감과 관용, 사랑 등의 방법들에 적용하고자 했다. 하버마스는 경험적 인과적 가설의 개연성을 검증하는 데 있어서 통제된 관찰결과의 적합성을 판단하기 위해 연구자가 공유한 연구과정에 대한 선이해가 필요하다고 주장한다. 왜냐하면 선이해는 외부세계를 예측하고 통제하려는 분석적 경험과학의 분과들에 고유한 지식의 관심을 보여주기 때문이다. 여기서 분석적 경험과학의 해석학적 성찰은 경험적으로 개연성 있는 인과적 가설들을 구분할 수 있게 '선험적 합의'를 규명하는 것이다. 하버마스는 선험적 합의에 대해 다음과 같이 말한다.

게임 규칙에 대한 암묵적인 선이해는 연구자들이 기초명제의 수용 여부를 결정할 때, 연구자들이 벌이는 토론에 방향을 제시한다. 왜냐하면 연구자들이 지금까지 관찰된 사실들에 이론을 적용할 때 그들이 피할 수 없는 순환을 해석학의 도움을 받아 합리적 토론이 가능한 차원에서 연결해 주기 때문이다.[115]

인용문에서 보듯이, 합리적 토론은 외부세계를 조작하려는 사회에 인식과 관심을 불러일으킨다. 하버마스의 합의이론은 진술의 참과 규범의 옳음을 위한 조건을 규명하는 데 있다. 그는 합의이론을 이론적 논의와 실천적 논의의 두 형식으로 나누었다. 이것을 근거로 그는 이론적 논의와 실천적 논의에 대해 의사소통의 형식조건에 따르는 구조를 분석해 냈다. 하버마스는 지금까지 존재론적인 진리의 기준을 넘어서 진실 된 합의를 이끌어내기 위해서 이상적 언어상황의 전제가 필요하다고 본다. 그런데 대화에 참여하는 사람들이 합의를 기만할 수도 있기 때문에 모든 합의가 참다운 합의는 아니다. 하버마스는 참다운 합의와 관련하여 이상적 언어상황의 조건을 제시한다.[116] 이상적 언어상황의 조건은 의식적인 전략적 행위에서뿐만 아니라 체계적으로 왜곡된 의사소통과 모든 지배에서 자유롭게 벗어나 참다운 합의에 도달하기 위한 평등한 기회를 보장받는 것이다. 상호 대화자가 평등한 기회를 보장받는 상황에서 이루어낸 참된 합의는 진술의 진리나 규범의 적합성에 충족하는 기준을 제시하는 근거가 된다. 그러나 그 기준은 합의에 충족하는 다양한 논의를 통해 어떤 시간이나 장소에 방해받지 않고 합의를 도출할 수 있는 조건이어야 한다.[117] 이러한 합의의 조건이 충족되었다면, 이상적 언어상황은 보

115 J. Habermas, "Rationalism divided in two: A Reply to Albert", in: A. Giddens(ed.). *Positivism and Sociology*, London: Heineman 1974, 202-203쪽.
116 박순영 편, 앞의 책, 306-307쪽.

편적 합의에 도달할 수 있는 공감을 마련하는 계기가 된다. 하버마스는 이러한 조건에 부합하기 위해서 이해 가능성, 진리, 적합성, 진실성이라는 네 가지 타당성의 조건을 충족해야 한다고 보았다.

첫째, 말하는 자가 듣는 자에게 하는 말이 이해 가능해야 한다(이해 가능성). 이는 화자와 청자 사이의 실제적인 의사소통을 위한 기본적인 조건이다.

둘째, 말하는 자의 말이 명제적 차원에서 거짓이 아니어야 한다(진리성). 말하는 자가 거짓된 명제를 알려주었다면, 비록 결과가 우연적으로 산출되었다고 할지라도 화자는 논리적으로 참된 의사소통을 할 수 없다.

셋째, 아무리 말하는 자가 참된 명제를 전달했다고 하더라도 그 말이 효과가 있으려면 화자와 청자 사이에 형성된 관계가 이에 부합해야 한다(적합성).

넷째, 말하는 자는 진실한 자세로 말해야 한다(진실성). 그렇지 않으면, 듣는 자는 그의 말을 거부할 것이고 이는 곧 의사소통의 불통을 초래할 것이다.

하버마스는 이러한 네 가지 의사소통의 조건을 '타당성 요구'로서 제시한다. 타당성의 요구가 완전하게 실현된다면, 비로소 참된 의사소통이 이루어지는 것이다. 타당성의 요구가 실현된다는 것은 곧 의사소통이 주체와 주체 사이에서 개방적으로 이루어지고 있음을 뜻한다. 우리가 참된 의사소통을 하고자 한다면, 듣는 자는 말하는 자에게 타당성을 요구할 권리가 있으며 말하는 자 또한 듣는 자의 요구에 부응해야 할 의무가 있다.[118] 이러한 상황이 조화롭게 진행되었

---

117 J. Habermas, *Wahrheitstheorien*, 239–240쪽: Held, 앞의 책, 344쪽.
118 하상복, 『푸코 & 하바마스–광기의 시대, 소통의 이성』, 김영사, 2009, 232–233쪽.

을 경우, 모든 합의가 참된 합의를 이끌어낼 수 있는 타당한 조건을 충족하게 되어 공감을 이끌어낼 수 있다.[119] 이러한 논의가 방해받지 않고 진행될 수 있다면, 그 결과는 참된 합의를 이끌어낸 것이라 말할 수 있다. 동시에 합의의 참과 거짓을 결정하는 기준은 이상적 언어상황의 조건을 충족하는 것이다. 그러나 이러한 조건을 충족하여 판단할 외부의 기준을 마련하지 못한다면, 실제 대화에서 이상적 언어상황의 조건을 충족하였다는 확신을 가질 수 없다. 따라서 하버마스의 관점에서 이상적 언어상황은 가능한 한 모든 참여자들이 언어행위를 선택하고 수행하는 기회의 균등한 균형을 제대로 이루어야 하는 것이다.[120]

하버마스가 주장하는 이상적 언어상황은 민주주의의 규범적 의미와 심의민주주의의 가능성을 열어 놓았다. 그의 자유주의와 공화주의의 모델에서 인권과 국민주권의 긴장관계는 합의와 화해를 도출한다. 하버마스는 이러한 두 전통모델 사이의 긴장관계에 대해 다음과 같이 말한다. "자유주의의 모델은 현실적이지만, 규범적 내용이 너무 빈약하다. 반면에 공화주의의 구상은 강한 민족주의에 대한 우리의 선호를 만족시키고는 있지만 너무 이상적이다."[121] 그래서 우리는 "단순한 이론보다는 보다 최선의 민주주의적 이상을 실현할 수 있는 규범적이면서도 현실성 있는 대안"[122]을 제시해야 한다. 하버마스의 관점에서 보다 현실성 있는 대안은 "심의나 의사결정을 위한 이상적 절차개념"[123]이다.

---

119 김영한, 앞의 책, 339쪽.
120 J. Habermas, "Die Utopie des guten Herrschers", in: *Kultur und Kritik*, Frankfurt. a. M., 1977, 381쪽.
121 하버마스, 「민주주의의 세 가지 규범적 모델」, 44쪽.
122 하버마스, 앞의 책, 45쪽.
123 하버마스, 앞의 책, 53쪽.

하버마스가 보기에 "진지하게 논쟁에 임하는 사람은 누구나 토론할 자유, 토론에 동등하게 참여할 권리, 참여자들의 진실성, 참가자들에게 어떤 입장을 취하도록 강압당하지 않을 것 등을 원칙적으로 보장받아야 한다."[124] 미국의 법학자인 선스타인(C. R. Sunstein)은 이러한 원칙을 보완하여 이론화된 합의를 제안한다. 우리가 아주 세세한 부분에 이르기까지 상호성, 조화, 존중이라는 가치에 따라 합의를 할 수 있다면, 그 심의과정에서 불화를 견뎌야 하는 데서 비롯한 정치적 비용과 시간을 줄일 수 있다는 것이다.[125] 따라서 하버마스의 합의이론에서 불완전한 합의가 감정적인 요소와 불화들을 어느 정도 감내하여 수용할 경우, 타자와의 공감을 이끌어낼 수 있다.

6. 현대해석학자들의 거울뉴런과 공감의 통섭

앞서 살펴보았듯이, 공감은 단지 거울뉴런에서 발생하지 않는다. 공감은 사회적 상호작용을 통해 공유된 생활방식에서도 일어난다. 그런데 이러한 공유된 방식은 다시 거울뉴런의 개입을 끌어들인다. 거울뉴런이 선천적이냐 후천적이냐 하는 논의는 여전히 논쟁의 대상일 수 있지만, 거울뉴런이 문화의 영향을 받아 성장하고 변화한다는 데에는 어느 정도 의견의 일치를 보이고 있다. 이렇게 거울뉴런과 문화적 삶은 상호관계에 있다. 거울뉴런에서 공감이 일어나고 다시 사회적 상호작용을 불러일으키면서 문화적 환경에 의해 거울뉴런의

---

124 Jürgen Habermas, trans. Ciaran Cronin, *Justification and Application*, Cambridge, Mass: MIT Press, 1993, 31쪽: 윌리엄 J. 탤벗, 『인권의 발견』, 우근우 옮김, 한길사, 2011, 79쪽.

125 샌드라 프레드먼, 『인권의 대전환』, 조효제 옮김, 교양인, 2009, 132-133쪽.

변화를 촉구하게 된다. 이러한 사이클의 변화가 지속되면서 공감의 메커니즘은 단지 거울뉴런에 한정하지 않고 사회적·문화적 영역으로 확장하여 나가는 것이다. 하지만 거울뉴런은 그 한계를 극복하기 위해서 먼저 현대해석학의 이해를 적용하여 인지과학의 연구 성과에 생산적인 결과를 만들어낼 수 있다.

뇌는 내부적으로 특정한 정서의 신체 상태를 모방할 수 있다. 공감(empathy)의 정서는 감정이입(empathy)의 느낌으로 전환시키는 데에서 찾아볼 수 있다. 예컨대 누군가가 교통사고로 심각하게 머리에 부상을 입었다고 생각해 보자. 그 순간 사람들은 마치 자신이 사고의 희생자가 된 것처럼 느낀다. 이러한 느낌은 사고의 심한 정도, 부상당한 사람에 대한 정보에 따라 다소의 차이가 있을 수 있다. 이와 같은 느낌은 모방 신체고리(as-if-body loop)라고 불렀던 다양한 메커니즘을 통해 생성되는 것으로 추정할 수 있다. 전전두엽/전운동피질과 같은 특정 뇌의 영역이 뇌의 신체성 감각영역에 직접 신호를 보냄으로써 이와 같은 메커니즘이 이루어진다. 최근 이러한 기능을 담당하는 신경세포의 존재와 그 위치를 확인하였다. 어떤 사람의 뇌에서 이 신경세포들은 타인의 운동을 표상하고 뇌의 감각 운동구조에 신호를 보내서 해당 운동이 시뮬레이션 상황에서 시연된다.

야코보니(M. Jacoboni)에 의하면, 인지과학은 '인간이 합리적으로 자유롭게 행동하는 주체가 아님'을 보여준다. 또한 인지과학을 거울뉴런이론에 한정할 경우, '나는 자동 모방한다. 고로 존재한다'는 명제에 상응하는 '모방자들(Mirroring People)에 불과함'을 주장하는 방향으로 흐를 수 있다. 즉 거울뉴런의 체계는 행위와 언어에 상응하여 작동한다. 우리의 두뇌는 매우 복잡하고 정교하게 구조화된 뉴런들의 망으로 구성되어 있다.[126] 그러면 우리의 몸은 어떻게 인간의 모든 개념들을 산출할 수 있는가? 우리의 몸은 어떻게 자신이 배우는 다양한 특정한 종류의 개념들을 표현하는 언어를 배울 수 있는가? 물론 이러한 물음을 묻는 이면에는 거울뉴런과 복합적 통합이론에 기반하여 유추한 접근태도의 제한이 뒤따를 수 있다.

앞서 언급한 바와 같이, 딜타이의 삶의 해석학 이후의 현대해석학에서 주된 요소로 작용하는 타자의 이해와 인지과학이 거울뉴런의 개념과 연관해 논의되고 있는 사실은 고무적이다. 왜냐하면 지난 수 세기 동안 철학자들은 다른 마음의 문제에 대한 연구에 지속적으로 몰두해 왔지만, 그다지 커다란 진전을 이루어내지 못했기 때문이다. 최근 들어 현대해석학자들을 비롯한 영미철학자들의 지속적인 심신(mind-body) 연구는 아주 매력적인 현대 뇌과학의 연구성과물들을 쏟아내는 데 박차를 가하고 있다.

---

126 G. Lakoff, M. Johnson, 『몸의 철학』, 박이정, 2008, 25-45쪽.

제5장 공감에서 프로네시스로

1. 프로네시스의 정의
2. 딜타이의 프로네시스
3. 하이데거의 프로네시스
4. 가다머의 프로네시스
5. 하버마스의 프로네시스
6. 프로네시스와 인지과학의 통섭

제5장

공감에서 프로네시스로

1. 프로네시스의 정의

앞서 살펴보았듯이, 공감은 급변하는 21세기 현대사회에서 타자와 서로 경험을 공유하고 소통해야 한다는 점에서 중요한 개념으로 작용한다. 공감은 딜타이의 감정이입, 미드의 사회모방론, 하이데거의 공동존재, 가다머의 교양 및 예술진리의 개념, 하버마스의 의사소통에서 합의를 이끌어내는 용어로서 각각 사용된다. 이러한 공감이론은 사회의 실천적 지혜, 실천적 행위이론으로 점차 전개되어야 한다.

먼저 프로네시스(phronesis)의 용어가 가장 명확히 나타나 있는 부분은 아리스토텔레스(Aristoteles)의 『니코마코스 윤리학*Nicomachean Ethics*』 1138b 25 6권이다.[1] 여기서 아리스토텔레스는 프로네시스를 테크네의 개념과 대비하여 부각시켰다. 즉 프로네시스의 개념은 '인간 존재의

1 아리스토텔레스, 『니코마코스 윤리학』(*Nicomachean Ethics* 1138b 25: University of Notre Dame Press, Notre Dame, 1984, 152–154쪽), 이창우 · 김재홍 · 강상진 옮김, 이제이북스, 2006.

최선(最善)의 삶'과 관계하는 것을 뜻하였다. 본래 '프로네시스'는 고대 그리스의 용어로서, 라틴어로는 'prudentia'로 번역되었다. 그 이후 프로네시스는 'prudence', 'sagesse', 'praktische Weisheit', 'practical wisdom' 등으로 번역되어 사용되어 왔다. 즉 프로네시스는 '사려 깊음', '용의주도함', '신중함', '현명함' 등 다양한 뜻을 지닌다. 오늘날 프로네시스는 '인간의 내적 능력' 및 '외적인 환경과 관련된 능력' 모두를 반영하는 '실천적 지혜'라는 의미로 읽힌다. 따라서 프로네시스는 '덕(arte)에 따른 영혼의 활동'[2]이라 정의된다. 여기서 프로네시스는 품성적 덕(성격적 탁월성)과 중용의 주제를 다루었다. 품성적 덕의 핵심은 중용(中庸)인데 이는 올바른 이성에 따르는 것이며, 여기서 올바른 이성은 인간 영혼 가운데 이성적 부분에 속하는 덕목이었다.[3]

아리스토텔레스는 사유의 덕을 다섯 가지로 구분하였다. 즉 철학적 지혜(sophia), 학문적 인식(episteme), 직관적 지성(nous), 실천적 지혜(phronesis), 기예(techne)가 그것이다. 그는 철학적 지혜, 학문적 인식, 직관적 지성을 다른 방식으로 존재하는 것이 가능하지 않은 인식적 영역에서의 이성기능으로 구분한다. 또한 실천적 지혜와 기예(테크네)를 다른 방식으로 존재하는 것이 가능한 실천적 영역에서의 이성적 기능으로 구분한다. 아리스토텔레스는 프로네시스의 개념을 철학적 지혜와 구별한다. 그에 의하면, 철학적 지혜는 "직관적 지성과 학문적 인식을 합친 것이며, 가장 명예로운 것들에 대한 최정점의 학문적 인식이다."[4] 철학적 지혜는 지식들 중 가장 완결된 것으

---

2 Aristoreles, *NE*, 1098a 17.
3 정연교, 『윤리학과 해석학』, 아카넷, 2008, 150쪽 참조.
4 *NE*, 1141a 17–19.

로서 직관적 지성(nous)과 학문적 인식(episteme)을 포함한다. 이와 같이 프로네시스는 인간적인 것들, 다른 방식으로 읽을 수 있는 것들, 개별적인 것들과 관계한다.[5] 다시 말해 프로네시스는 아리스토텔레스의 관점에서 실천적 이성의 덕이다. 첫째, 프로네시스는 일반적인 잘 삶, 혹은 선(das Gute)과 관련해서 자기 자신에게 좋은 것과 유익한 것을 숙고하고 판단하는 사유의 덕이다. 둘째, 프로네시스는 실천적 행위(Praxis)를 그 대상으로 한다.[6] 따라서 프로네시스는 실천적 앎(Praktisches Wissen)을 이끌어낸다. 실천적 앎은 인간의 실천을 그 대상으로 하기 때문에, 기존의 '에피스테메(Episteme)'[7]와 같은 지식유형과는 다소 다르다. 프로네시스는 에피스테메처럼 사태를 확정하고 경험을 배제하며 배후의 진리를 추구하는 것이 아니다. 오히려 실천적 앎은 앎의 소유자가 자기 자신을 인지와 결정의 담지자이자 행위자로서 이해하는 것이다. 따라서 프로네시스는 이런 실천적 행위를 통해 관여하며 자기 자신을 발견하는 앎이다. 이런 이유에서 프로네시스의 실천적 앎은 "자기 자신에 대한 앎인 것이다."[8]

---

5 *NE*, 1142a 24–26.

6 Aristotels, *NE* 6권, 1140a25–1140a31.

7 에피스테메(Episteme)는 사물들에 대한 분류와 정리를 규정하는 각 시대의 무의식적인 사유구조를 해명하는 것을 과제로 삼는다. 이러한 사유구조를 푸코는 에피스테메라 불렀다. 그는 자신의 인식론적 방법을 에피스테메라는 개념을 사용하여 인식론적인 구조주의로서 받아들인다. 대부분 푸코의 초기 저서들은 에피스테메라 지칭했다. 특히 푸코는 일정한 시기 동안에 지식형태와 학문체계들을 생산하는 에피스테메의 역할에 주목했다. 푸코에 의하면, 에피스테메는 우리의 인식, 실천, 문화를 가능하게 하는 감추어진 질서로서 담론적 실천들을 결합하는 관계들의 총체이다. 푸코의 에피스테메 개념은 쿤(Thomas Kuhn)의 저서 『과학혁명의 구조(*The Struktur of Scientific Revolutions*)』(1962)에서 패러다임(Paradigm)의 개념과 비교되기도 한다.

8 H. G. Gadamer, *WM*, 321쪽.

2. 딜타이의 프로네시스

딜타이의 해석학은 인지과학의 가능성을 수용하거나 비판적으로 논의하는 데 중요한 관점을 제공한다. 해석학에서 체계적인 인식을 획득하는 데 필요한 철학적인 규명은 '해석학적 상황'의 모호성, 무(無)규정성, 탈(脫)원칙성, 비(非)방법 등을 어떻게 해명할 것인가에 있다. 해석학은 이러한 난제를 아리스토텔레스가 언급한 '프로네시스', 즉 '실천적 지혜'에서 찾고자 했다.

하이데거가 아리스토텔레스의 『니코마코스 윤리학』에서 그리고 가다머는 『진리와 방법』에서 프로네시스의 복원을 천명한 바와 같다. 최근 들어 현대해석학은 그동안 정적이고 환원적인 인지과학의 관점에서 벗어나 동적이고 구체적인 인지과학으로 거듭나기 위해서 자연과학적 관점을 통해 해석학적 이해와 연관한 표본을 정립해 나갔다. 가다머, 하이데거를 비롯한 해석학에서 전용되어 왔던 프로네시스의 개념은 단지 형이상학적 마술, 방법이나 기교가 아니라 실제적으로 역동적인 인지의 합리적 모델을 찾고자 했다.

딜타이는 아리스토텔레스가 파악한 바와 같이, 실천적 삶, 즉 사회적-역사적-인간적 현실에서 프로네시스를 고찰한다. 즉 딜타이의 정신과학은 삶에서 우러나오는 실천적 지혜에 근거한다. 그래서 딜타이의 정신과학의 이해와 자연과학의 설명하는 인간은 단순한 도식적 구분이 아니라 사회적-역사적-인간적 현실을 행위하는 인간이다. 즉 그의 프로네시스는 실천철학으로 자리매김하는 데 그 근본목적이 있다. 이런 측면에서 프로네시스는 딜타이의 해석학에서 궁극적 목표로 삼는 행위 하는 인간으로서의 실천적 지혜를 제시해 주고자 했다.

딜타이가 보기에 인간의 삶은 역사적·사회적 존재이기 때문에 이미 과거에서 체험된 구조연관이 무의식 중에 우리를 움직이는 힘이 된다. 인간의 삶은 단순히 고립적인 개인으로서의 삶이 아니라 사회적·역사적 삶으로서 과거에 체험된 사회관습과 언어를 통해 획득연관된 존재이다. 이렇듯 딜타이는 원초적으로 사회적-역사적 현실에서 직접적인 총체성을 강조한다, 이러한 인식은 개별적인 부분을 넘어 보다 추상적인 부분으로 나아간다. 한편으로 총체성은 사회적-역사적 현실에서 인간본성에 대한 지적인 요소의 한계와 가치를 인식하고, 다른 한편으로 심리학적인 근본 물음을 인식한다.[9] 이러한 관점에서 딜타이의 근본적인 물음은 사회과학의 궁극적이고 일반적인 질문에서 그 해답을 찾고자 한다. 즉 인간의 삶은 사회적-역사적 현실의 전체를 직접적으로 인식하는 데서 실천적 측면을 찾아낸다.[10] 인간에게는 이러한 측면이 있기 때문에 인간적인 삶의 모습을 가질 수 없는 기계와는 근본적으로 다른 특유한 현상들을 갖고 있다. 즉 딜타이가 보기에 인간은 획득연관을 갖고 있기 때문에 인간이 범할 수 있는 오류나 실수에 대해 최근의 컴퓨터(인공지능)와 뚜렷이 구별된다. 인간의 오류들은 그의 삶과 연관지어 납득될 수 있기 때문에 합리적이라 할 수 있다. 그렇지만 컴퓨터는 인간의 모습과 같은 삶이 없기 때문에 그러한 합리성을 찾을 수 없다.

이제껏 현대해석학은 전통적으로 영미권의 분석철학과 일정부분 거리를 두고 논의를 전개해 온 경향이 있다. 그러나 이러한 경향은 이제 더 이상 보편적이지 않게 되었다. 딜타이 이후 현대해석학은

9 Hans-Ulrich Lessing, "Die zeitgenossischen Rezenision von Diltheys Einleitung in die Geisteswissenschaften", in: *Dilthey-Jahrbuch*, 1988, Bd. I, 147쪽.

10 Othmar Spann, "Zur sozialogischen Auseinandersetzung mit Dilthey", in: *Zeitschrift für die gesamte Staatswissenschaft*, Bd. 59, 1903, 205쪽.

인지과학의 출현과 함께 어느 영역을 막론하고 학제적 접촉 가능성들이 한층 무르익었다. 지금까지 인간의 본질과 심성의 정체성에 관한 전통적인 접근방식은 주로 사변적이고 상식적인 경험에 의존한 경향들이 많았다. 특히 이성과 인공지능의 역할들을 지나치게 부각시켜 다른 존재와의 관계를 차별화시키는 결과를 초래했다. 국내 인지과학의 학제적 접근방법은 아직까지 활성화 단계에 있지 않다. 아직 이러한 지지부진한 상황은 인지과학의 성과를 적극적으로 수용할 수 있는 좋은 기회이기도 하다. 따라서 딜타이의 사회적-역사적-인간적 해석학은 새로운 인지과학과 함께 상호 소통함으로써 인문학과 자연과학의 경계를 허무는 학제연구의 한 전형을 이루는 시점을 앞당기도록 노력해야 할 것이다.

3. 하이데거의 프로네시스

하이데거는 『니코마코스 윤리학』 제6권에서 아리스토텔레스가 전개하고 있는 프락시스(Praxis)에 대한 단서를 찾아낸다. 하이데거는 눈앞에 존재하는 사물의 존재도 아니고 도구적 존재도 아닌 인간의 존재를 파악하기 위해 프락시스(Praxis)의 개념에 주목한다.

리델(Manfred Riedel)은 하이데거가 현존재의 존재였던 염려(Sorge)의 개념에 대해 아리스토텔레스가 강조한 프락시스의 개념을 재해석한 것이라 보았다.[11] 앞서 언급한 것처럼, 아리스토텔레스에게 있어서 인간의 특징적인 덕은 합리적 존재로서 고유한 본성을 갖고 있

11 Manfred Riedel, *Für eine zweite Philosophie*, Frankfurt. a. M., 1988, 185쪽.

다. 먼저 초심자는 실천적 지혜를 지닌 자에게 단지 순종하는 데 그치지 않고 그 자신도 실천적 지혜를 지닌 인격을 갖추어야 한다. 아리스토텔레스는 실천적 덕이 지닌 지성적 측면을 프로네시스(phronesis)라 일컬었다. 이 말은 '생각하다'를 의미하는 phronein이라는 그리스어에서 유래했다. 영어에서 사려(prudence), 실천적 지성(practical intelligence), 지혜(wisdom)와 같은 개념들도 이에 속한다. 프로네시스는 실천적 지혜로 번역하였을 경우, 실천적 합리성의 덕을 의미한다. 그래서 프로네시스는 올바른 윤리적 판단을 할 때 적용된다.[12]

하이데거는 프로네시스의 개념을 프라이부르크 대학 강사 시절에 현사실성의 현상학이론에서 찾아냈다. 하이데거는 이미 박사학위 논문인 「플라톤의 대화에서 즐거움의 본질」에서 그리고 키에르케고르의 아리스토텔레스 해석을 통해 프로네시스에 대한 해석을 준비하고 있었다. 하이데거는 여러 세미나에서 그리스 윤리학, 특히 아리스토텔레스에 대한 연구에 새로운 전기와 정당성을 마련해 주었다.[13] 하이데거는 그 당시 세미나에서 실천적 덕(praktische Tugend)을 프로네시스로서 이해하였고, 그 뜻은 우리의 양심과 동일시하였다. 하이데거의 프로네시스에 대한 해석은 어두움에서 나타난 프로메테우스적 전리품처럼 보였다. 즉 하이데거에게서 프로네시스는 실천이성(praktische Vernunft) 혹은 양심이었으며, 어두움 가운데서 인간에게 점화되었던 헤라클레이토스적 빛이었다.

앞서 언급했듯이, 프로네시스는 이론적인 지식과는 다른 실천적 지혜를 의미한다. 하이데거는 '존재물음'에서 프로네시스와 대비되는

12 황경식, 『덕윤리의 현대적 의의』, 아카넷, 2012, 473쪽.
13 장 그롱댕, 『철학적 해석학 입문』, 좌성환 옮김, 한울, 2008, 123-124쪽.

지혜(sophia)의 고유한 형식을 제시한다. 여기서 하이데거는 실천적 앎에서 철학적 사유가 발생한다고 믿었다. 아리스토텔레스에게서 실천적 앎은 언제나 행위하면서 삶을 영위해야 하는 앎이다. 즉 실천적 앎은 고유한 삶에 대한 앎이다.[14] 따라서 프로네시스란 어떻게 삶을 잘 영위하는지에 대해 그 방법을 제대로 알아야 한다는 뜻이다. 또한 프로네시스는 행위에 대한 어떤 단순한 반성이 아니라 행위 자체에서 드러나는 사려 깊음(Verständigkeit)이다. 여기서 사려 깊음이나 영리함은 좋은 삶의 의미라는 측면에서 현재성(Gegenwärtigkeit)을 지닌다. 여기서 현재성은 구체적인 것을 고려하고 결단하여 그 의미를 부여하여 수행해 나간다. 그러나 고려와 결단의 의미에 담긴 현재성은 직접적이고 순수하게 인지된다. 그렇게 되었을 때 프로네시스는 "누스(Nous)"[15]나 순수인지(das reine Vernehmen)를 발동시키게 된다.[16]

그러나 하이데거는 아리스토텔레스를 해석하는 데 그치지 않고 프로네시스와 지혜의 관계를 강조한다. 아리스토텔레스는 프로네시스로부터 누스가 작동한다는 사실에서 프로네시스가 지혜와 동일한 관계라 추론하지는 않았다. 이러한 공통성에도 불구하고 프로네시스와 지혜에 가로놓여 있는 차이점은 여전히 존재한다. 하이데거의 실천철학과 이론철학에 대한 아리스토텔레스의 구별은 뜻깊다. 왜냐하면 하이데거가 강조하고자 했던 양심은 확고한 도덕적 명령에 따르는

---

14 Günter Figal, 『하이데거』, 김재철 옮김, 인간사랑, 2008, 86쪽.

15 누스(nous)는 광의에서 사고능력 전반(1139a 18–19, 33–34)을 가리키고, 협의로는 제1원리를 파악하는 비논증적인 직관능력이나 직관지(직관적 앎을 뜻한다. (1140b31–41a8). *NE* 10권 7장에서는 신적인 사유로서의 관조(theoria)로서 좁은 의미의 nous의 활동을 가리킨다.

16 Gunter Figal, 앞의 책, 76쪽.

양심이라기보다는 그때그때 상황에 따라 중용의 입장을 취하는 아리스토텔레스의 프로네시스와 유사하기 때문이다. 따라서 하이데거는 프로네시스를 통해 실존의 운동 안에서 벌어지는 양심을 재차 강조했다.

하이데거의 프로네시스 개념은 아리스토텔레스가 『니코마코스 윤리학』에서 전개했던 윤리적 삶에 대한 현상학적 분석을 근거로 현존재를 새롭게 파악했다.[17] 아리스토텔레스는 프로네시스보다는 지혜를 더 우위에 두어야 한다고 주장한다. 왜냐하면 지혜는 프로네시스보다 불완전하게 형성된 개념일지라도 지혜는 프로네시스보다 순수하고 완전하게 이루어질 수 있기 때문이다.[18] 그것은 다름 아닌 프로네시스를 지속적으로 인지하는 것이다. 하이데거는 근원학으로서 철학의 이념에 실천이성을 실현시키고자 했다.[19]

하이데거의 주된 관심은 실천적인 영리함(pronesis)과 지혜(sophia)를 밝혀내는 것이었다. 이 양자의 관계는 곧 인지와 연관된다. 프로네시스와 지혜의 관계는 아리스토텔레스의 중요한 발견이었다. 아리스토텔레스가 보기에 프로네시스는 규정된 삶의 한 측면일 뿐만 아니라 좋은 삶 전체에 대해 유용하게끔 심사숙고하는 것이었다.[20] 여기서 하이데거는 프로네시스와 지혜에 대해 아리스토텔레스의 규정을 적용한다. 먼저 프로네시스와 지혜는 삶의 운동성을 나타내는 형식이다. 그래서 하이데거는 아리스토텔레스의 철학이 지닌 '새로운 근본적인 단초'를 찾아내고자 했다.[21] 이와 같이 하이데거는 아리스

---

17 박찬국, 『하이데거와 윤리학』, 철학과현실사, 2002, 162쪽.
18 Günter Figal, *Heidegger zu Einführung*, Junius Velag 1992, 81쪽.
19 Manfred Riedel, 앞의 책, 178쪽.
20 Atistoteles, *NE*, 1140a 26–28.
21 H.-U. Lessing "Phänomenologische Interpretation zu Aristoteles", in: *Dilthey-Jahrbuch für Philosophie und Geisteswissenschaften*, Bd. 6, Göttingen 1989, 251쪽.

토텔레스를 해석하는 데 있어서 프로네시스와 지혜의 관계를 분명하게 규명하고자 하였다.

하이데거의 프로네시스는 다양한 의미를 함축하고 있다. 하이데거의 관점에서 프로네시스는 "인간적 삶이 그 자신과 교섭하는 기반(Worauf des Umgangs), 그리고 보존되고 있는 고유한 존재의 교섭방식을 뜻하였다."[22] 그는 『존재와 시간』에서 프로네시스를 하나의 존재라고 말한다. 그는 프로네시스를 구체적인 숙고와 행위의 결단을 중요하게 여기는 인간적인 삶을 이해하는 것으로 본다. 아리스토텔레스가 『니코마코스 윤리학』에서 인간적 삶의 존재를 더 이상 규정하지 않고 이론적인 개념으로 이끌어냈듯이, 하이데거의 이러한 연관성을 규명해 내고자 했다.

하이데거에 의하면, 삶은 어떤 대상과 교섭하는 구체적인 방식으로서 둘러봄(Umsicht) 안에 있다. 하이데거에게서 교섭은 중요한 역할을 하지만, 반드시 긍정적인 존재론적 특성을 갖고 있는 것만은 아니다. 형식적 측면에서 볼 때, 교섭은 서로 다른 존재방식이다. 교섭의 존재방식은 필연적이지 않으며, 언제나 존재하는 것도 아니다. 이러한 교섭의 존재론적 진술은 다른 본래적인 존재에 대해서 다소 부정하는 대립적 태도를 취하기도 한다. 즉 교섭의 본래적인 존재는 근본성격에 따라 인간적 삶의 존재로부터 해명하였을 때 성취하는 것이 아니다. 오히려 교섭은 그 범주적인 구조에서 볼 때 운동하는 존재자의 이념을 확실하게 수행해 나가거나 존재론적인 근본을 정립함에 따라 정립된다.[23]

하이데거는 아리스토텔레스를 해석함에 있어서 프로네시스에 의한

---

22 H.-U. Lessing, 앞의 논문, 259쪽.
23 H.-U. Lessing, 앞의 논문, 260쪽.

역사인식에 대한 시원(始原)을 밝혀냈다. 즉 하이데거는 프로네시스를 일상적인 '존재이해'의 출발점으로 보았다. 그의 존재이해는 현존재의 기초분석의 초석을 마련하였고, 존재론 이전의 현존재는 이후에 형성된 존재이해였다. 현대 기술철학자인 돈 아이디(D. Ihde)는 하이데거의 현존재의 개념을 적극 수용하여 그의 인간이해에 대한 비판을 통해 그 한계점을 넘어서고자 한다. 돈 아이디는 인간의 존재이해 내지 해석학적 관계, 즉 인간, 기술, 세계의 관계에 대해 괄호를 치고 다음과 같이 두 가지 방식으로 분류한다.

인간 → (기계 → 세계)	**해석학적 관계**
(인간 → 기계) → 세계	**체화된 관계**

돈 아이디는 전자를 해석학적 관계(Hermeneutische relation), 후자를 체화된 관계(embodiment relation)라 명명했다. 여기서 해석학적 관계는 기계를 만드는 힘이 약해져서 기계가 타자의 특성을 가짐으로써 모호한 의인화를 획득한 경우를 포함한다. 일차적 경험의 종착지는 기계에 놓여 있다. 여기서 기계와 세계 사이의 차폐성(opacity)에 따라 기계는 텍스트와 같은 어떤 것이 된다. 예컨대 내가 한 작가의 작품을 읽을 수 있지만, 그때 작가는 간접적으로만 그 텍스트 내에 현전한다. 체화된 관계는 인간이 기계와 결합해서 세상을 만드는 것을 의미한다. 하이데거가 비판했던 기술은 전자(해석학적 관계)에 속하는 것이었다. 돈 아이디는 인문학 전통의 기술철학자들이 인간과 기술이 맺고 있는 보편적인 체화의 관계를 간과했다고 보았다. 즉 인간은 점점 보편적인 체화된 관계를 소홀히 하게 되었으며, 비전문가들에게 인간과 기계의 관계를 설득력 있게 설명하지 못했다고 비판

한다. 예컨대 사람들이 사용하는 안경은 인간에 육화되어 세상을 좀 더 뚜렷하게 보게 하는 체화된 기술이지만, 인간을 지배하는 기술은 아니라는 것이다.[24] 기계가 인간의 생활에 주된 초점을 맞추게 되면서 주제화되는 타자에 가까워질수록 세계의 의미가 기계와 같은 외양적 특성을 점점 더 많이 띠어가게 된다.

돈 아이디의 체화된 관계에서도 보여주고 있듯이, 1980년대 후반부터 인지과학에서 체화된 인지의 접근을 보여 왔다. 인지과학자들은 생물학적 접근의 뇌=마음의 심신동일론적 환원주의로써 마음의 본질과 특질을 충분히 설명할 수 없다는 입장을 주장해 왔다. 왜냐하면 마음을 뇌 내부의 신경상태만으로 환원하고자 하는 것은 실제의 역동적인 마음과 상당히 거리가 있기 때문이다. 그래서 뇌, 신체, 그리고 주위 환경이 연결된 통합체의 상으로 개념화해야 한다는 제3세대 인지과학의 대안적 접근방법으로 자리매김했다.[25] 인지과학에서 인지주의는 세계의 존재를 괄호 친 뒤에 남게 되는 심적 상태가 세계를 표상하는 심적 표상에 연관되어 있다는 표상주의를 표방한다. 표상주의에서 마음과 세계 사이의 표상적 관계는 심적 표상에 의한 매개적 관계이다.[26]

무엇보다 인지과학과 심리철학계가 의미론적 지향성의 의식 내재적인 고유한 속성인지의 문제를 둘러싸고 양분되어 있다는 사실은 현상과 인지과학/심리철학의 학제적 연관성을 시사한다.[27] 앞서 언급하였듯이, 하이데거의 현상학적 해석학에서 차지하는 프로네시스의

---

24 돈 아이디, 『기술철학』, 김성동 옮김, 철학과현실사, 1998, 52–54쪽.

25 이정모, 「체화된 인지접근과 학문간 융합」, 『철학사상』, 제38집, 서울대학교 철학사상연구소, 2010, 39쪽.

26 사에키 유타카, 『인지과학혁명』, 196–197쪽.

27 이승종, 『크로스오버 하이데거』, 생각의 나무, 2010, 51–52쪽.

개념은 그의 현상학적 해석학의 한계를 짚어봄으로써 이해의 문제가 정신주의적 초월성에 있음을 드러냈다. 이러한 정신주의의 초월성은 하이데거와 인지과학과의 연관성에 새로운 연구를 촉진시켰다.

하이데거의 현상학적 해석학에서 나타난 이해의 형이상학적 초월성은 프로네시스, 특히 그의 후기사상에서 정신주의적 초월성을 인정하는 태도에서 유래한다. 하이데거에게 있어서 프로네시스는 인간들을 자신의 고유성으로 부르는 본래적 심성과 유사하다. 후설의 현상학적 구호, 즉 '사실 자체로!'에 따라 세계 내부에 거주하게 된 실존의 현존재는 탈자적인 시간 속에서 움직이는 이해와 밀접하게 연관되어 있다. 윤리적 차원을 넘어 지금까지 딜타이 해석학으로 수렴되었던 대상들은 존재론적 이해의 모델이었다. 이는 해석학이 이론과 실천에서 보다 구체적이고 현실적인 인식을 통해 진리의 보편성을 보장해 줄 수 있다는 것을 의미한다.

앞서 언급했듯이, 프로네시스에 대한 하이데거의 해석학적 이해는 무(無)규정적이고 탈(脫)원칙적이다. 그렇기 때문에 하이데거의 이해는 비합리성, 즉 전(pre)-합리성을 갖는다. 이러한 이해는 현상학적 초월성을 넘어 이미 인식론적으로 세계-내-존재 안에서, 전통철학과 해석학이 주장해 왔던 주관성과 객관성으로부터 자유로운 사실성(sachlichkeit)을 띠게 된다. 이 경우에 이해는 존재론적 실존으로 고립될 우려가 있다. 그러나 하이데거는 이해의 고립성에 대한 유아론의 덫을 언어의 역사성, 즉 언어를 통해 비(非)은폐되었던 존재(Sein)의 역운을 비켜나가고자 했다. 다시 말해 하이데거가 보기에 이해는 사유이고, 언어 없는 사유는 불가능했다. 또한 이해의 사실성은 언어와 언어 사이에 만나는 대화의 장을 통해서 가능하다. 이해의 상호주관성이나 사실적인 보편성의 목적은 궁극적으로 참된 대화를 실현시키는 데 있다. 그러나 대화의 진정성을 보증해 주는 언어의 존재가 죽음의 유한성을 숙고하는 동안에 이해는 형이상학적 초월성을 갖게 된다. 따라서 하이데거의 해석학적 이해는 전통철학의 선험적 이성을 극복하였음에도 불구하고, 역사를 정신의 역사로 용해하는 지금까지 해석학의 역사주의적 이해는 현상학적 존재론의 차원에서 크게 벗어나지 못했다.

4. 가다머의 프로네시스

가다머는 『진리와 방법』에서 선입견을 긍정적으로 복권하여 이해의 '적용(Applikation/Anwendung)' 계기와 이해의 대화적 성격을 규명하고자 했다. 가다머는 프로네시스가 갖고 있는 독특한 적용의 계기가 있다고 본다. 즉 가다머에게 있어서 "테크네는 잊어버릴 수도 있지만, 도덕적 지식(프로네시스)은 배울 수도 없고 잊어버릴 수도 없다. 따라서 프로네시스가 테크네처럼 도덕적 지식을 갖고 있다고 강조해서는 안 되며 오히려 그러한 지식을 구체적 상황에서 적용해야 한다."[28] 여기서 가다머는 아리스토텔레스의 프로네시스 개념을 전격 도입했다.

이제까지 가다머는 아리스토텔레스의 실천철학에 대해 현대 철학자들이 제대로 이론적으로 규명하지 못했다고 비판한다. 그래서 가다머는 아리스토텔레스의 좋음에 대한 질문에서 유추한 소크라테스-플라톤적 지성주의에 제한을 두어 윤리학을 형이상학과는 독립된 분

28 H. G. Gadamer, *WM*, 300쪽.

과로 만들어야 한다고 주장한다.[29] 특히 가다머는 좋음(善)의 이데아를 추구했던 플라톤의 변증법과 아리스토텔레스의 프로네시스에서 역사적인 존재를 규명하고 인간이해에 대해 기초를 놓아 새로운 이론의 발판을 마련하고자 했다.

가다머는 아리스토텔레스의 도덕적 관점을 포괄적으로 프로네시스에 적용한다. 가다머의 프로네시스에 대한 구상은 규칙이나 정확한 답변을 요구하는 상황이 아니라 애매한 해석을 밝혀내어 어떤 상황에 적용하는 것이다.[30] 주지하듯이, 가다머의 해석학적 이해는 전승되어 온 것을 단순하게 있는 그대로 수용하지 않는다. 물론 전승되어 온 것은 구체적인 상황 안에서 새롭게 이해해야 한다. 이런 점에서 그는 "이해는 언제나 이미 적용"[31]하는 것이어야 한다고 말한다. 앞서 언급한 것처럼, 해석학적 이해에서 적용의 계기는 과거와 현재의 관점에서 일반성과 구체성을 매개한다. 가다머는 이러한 이해의 매개를 통해 아리스토텔레스가 언급했던 프로네시스의 개념을 갖고 그의 이론을 설명하고자 했다.[32]

가다머는 아리스토텔레스의 프로네시스(실천적 앎)를 수용하여 다음과 같이 두 가지 측면에서 구분한다. 즉 프로네시스는 실천적 이성(Praktische Vernunftigkeit)의 덕(Tugend)과 변증법적(dialektisch)인 특성을 갖고 있다. 가다머는 그리스시대 아리스토텔레스의 프로네시스 개념을 다음과 같이 되살려내고자 했다.

---

29 H. G. Gadamer, *WM*, 295쪽.
30 H. G. Gadamer, *WM*, 16쪽.
31 H. G. Gadamer, *WM*, 314쪽.
32 백승영, 「가다머 실천철학 기획과 해석학적 계몽의 의미」, 『해석학 연구』 제16집, 한국해석학회, 2005, 77쪽.

> 그리스인들이 제기했던 질문들은, 우리 자신에 새롭게 정립된다는 의미에서 활력을 되찾았다. 이제 우리는 그리스의 텍스트를 통해 우리 자신에게 정립되는 질문들을 읽어내야 한다.[33]

위 인용문은 가다머가 아리스토텔레스의 프로네시스에 대한 해석을 중요하게 강조하는 문구였다. 가다머가 보기에 프로네시스를 해석하는 것은 단지 과거의 인과적 반응의 차원에 그치지 않고 독특한 적용의 계기를 이해하는 것이었다. 하이데거 이전의 해석학은 적용의 계기를 해석학의 부차적인 것으로 인식했다. 즉 그 이전에 이해의 올바른 목적은 단순히 인식론적이며 의식의 인식활동으로만 이해했다.

하지만 가다머는 이해의 적용을 그 이전처럼 단지 부차적인 것으로 인식했던 것과는 다르다. 그는 한걸음 더 나아가 영향사적 원리로서 이해의 역사성을 적용의 개념으로 설명한다. 여기서 적용은 텍스트의 의미를 현재와 관련하여 해석하는 기능을 의미한다. 해석학은 과거와 현재에 활발히 작용하는 역사로 진행되는 가운데 영향사적 의식을 만나게 된다.[34] 즉 가다머에게 있어서 적용은 영향사에 의해 수행된다. 가다머는 모든 이해의 몰입을 통해 이해와 적용을 결합하게 된다. 그러나 그는 적용을 의식적으로 실행할 필요는 없다고 생각한다. 무엇보다 가다머의 해석학은 물음과 답변의 변증법의 방식을 수행해 나간다. 우리가 무엇인가를 이해했다는 것은 우리 자

---

33 J. Grondin, 앞의 책, 123-124쪽.

34 가다머의 영향사적 의식구조는 헤겔적인 반성의 변증법(die Dialektik der Reflexion) 안에서 이성의 자기매체(Selbstvermittlung)라는 부분에 의해 형성된다. 헤겔의 정신철학은 역사와 현재로부터 전적인 매개로 수행될 것을 요구한다(H. G. Gadamer, *WM*, 328쪽). 헤겔의 매개(Vermittelung) 개념은 가다머의 영향사 이론에 결정적인 출발점이 된다.

신의 물음들에 대한 답변을 찾아내서 적용했음을 뜻한다.[35] 즉 인간의 이해는 구체적인 상황을 통해 합리적 이해의 대상을 확보하여 구체적인 상황에 적용하고자 한다. 인간이해에 의한 종합이 곧 적용이며 이는 하나의 해석을 만들어낸다. 그래서 이해는 언제나 적용인 것이다.[36] 고대 그리스시대는 이해와 해석(Auslege), 적용(Applikation)을 구분하고 있었다. 하지만 가다머에게 있어서 적용은 정신의 정교한 능력이 아니라 이해와 설명을 내적으로 융합하는 것이다. 이런 관점에서 가다머는 아리스토텔레스의 이성성의 덕, 즉 프로네시스의 개념을 다음과 같이 언급한다.

> 아리스토텔레스의 이성성의 덕, 즉 프로네시스는 해석학적인 기본적 덕목 자체이다. 이것은 내게 나 자신의 사유형성을 위한 모델로 기능했다. 그래서 나에게 있어서 해석학, 이 적용이론, 말하자면 일반적인 것과 개별적인 것을 한데 모으는 것이 철학의 중심문제이다.[37]

가다머는 이러한 프로네시스의 개념을 보다 더 확장하여 인간이해에서 행해졌던 특정한 상황을 인과적으로 적용하고자 하는 것이 아니라 선행하지 않은 지식을 끊임없이 숙고함으로써 새로운 지식을 획득해 나가는 데 있었다. 그래서 가다머는 자신의 영역을 넘어 타자에 대한 이해로 확장하여 그 가능성을 찾고자 했다. 이해는 어떤 상황과 전혀 무관한 상대방의 입장을 인식하여 판단하는 것이 아니라 특정하게 귀속되어 있는 상황에서 벗어나 함께 사유함으로써 구체적인 지식을 획득해 나가는 데 있는 것이다. 이와 같이 가다머는

---

35 장 그롱댕, 『철학적 해석학 입문』, 최성환 옮김, 한울, 2008, 248-249쪽.
36 H. G. Gadamer, *WM*, 292쪽.
37 H. G. Gadamer, "Problem der praktischen Vernunft", in: *GW* 2, 328쪽.

프로네시스의 개념을 한갓 이해하는 데에 머물러 있지 않고 이해를 적용하는 개념으로서 확장해 나갔다. 그에게 있어서 프로네시스의 개념은 한편으로, 근대철학의 방법론에 대한 이원적 사유의 근본적인 오류를 극복하기 위해 선택한 근본개념이며, 다른 한편으로, 극단화되고 있는 자연과학과 인문학 사이의 간극을 넘어서고자 하는 통섭의 길을 추구하고자 하는 것이었다.

가다머는 후설의 현상학적 방법에서 수용해 왔던 현대해석학자들을 통해 새로운 전환점에 서 있다. 특히 가다머의 관점에서 하이데거는 해석학자들 가운데 선봉장에 서 있었다. 이제까지의 해석학은 타자의 상황에 대해 감지할 수 있는 특별한 재능이나 삶의 표현을 함축하고 있는 심오한 능력을 지니고 있다. 그래서 이제까지 전통해석학은 인간의 인식론적 주관에 의해 '동일성의 철학'(Identitätsphilosophie)을 정립하는 일을 반복해 왔다. 이렇게 받아들인 이해는 객관성과 보편성을 견지하게 된다. 하지만 이러한 보편성은 자연과학적 설명의 보편성과 맞서는 이원론적 한계에 갇혀 있다. 가다머는 이원론적 인식론적 태도에 갇혀 있던 이해를 현상학적 논리로서 한발 더 발전시켜 나갔다. 그에게 있어서 삶의 세계는 프로네시스의 합리성과 연관된다. 이러한 연관은 프로네시스를 복원하여 정신과학의 보조분야가 아니라 세계 전체를 포괄하는 인지로 확장해 나가는 데 있다. 그렇게 하여 삶의 세계는 보편적인 과학적 인식의 근거를 제공한다. 지금까지 해석학은 전통적으로 영미권의 분석철학과 다소 거리를 두고 자신만의 독자노선을 추구해 왔다.

그러나 이러한 경향은 이제 더 이상 보편적인 학문적 토양이 아니게 되었다. 이제 두 학문의 영역은 새로운 인지과학, 뇌과학 등의 출현으로 새롭게 접근 가능하게 되었다. 현대해석학이 독자적인 학문의 닫혀 있던 틀에서 벗어나 인지과학과 같은 학제적 연구에 귀를 기울이는 것은 그다지 새롭지 않다.

하지만 그동안 가다머의 해석학적 이해는 정신주의의 전통으로부터 자유롭지 않았던 까닭에 그 이후에도 해석학자들에게 전승되어 해석학의 근원적 전통적 한계에서 크게 벗어나지 못했다. 아리스토텔레스 이래로 전승되어 왔던 프로네시스의 개념이 어떤 철학적 의미를 지니고 있으며 프로네시스가 함축하고 있는 존재론적 현실성은 무엇인가? 또한 자연과학에 근거한 인지과학이 구체적 현실성을 지향하고 있다면, 현대해석학과의 만남은 기존의 정신주의의 이해에 대한 한계를 어떻게 극복할 것인가? 이러한 두 학문 영역의 만남은 현대해석학이 기존의 한계점을 뛰어넘어 구체적인 성과를 내는 데 목적이 있다. 특히 가다머의 해석학은 제한된 영역을 뛰어넘어 자연과학과 인문과학과의 간극을 허무는 통로를 마련해야 하는 과제를 갖게 되었다. 아리스토텔레스가 언급한 것처럼, 프로네시스의 개념은 단지 영리함, 지혜 등의 개념으로 단순하게 환원될 수 없기 때문에 보다 민첩한 상상력(a quick imagination)을 필요로 한다. 따라서 현대해석학은 프로네시스를 통해 인간 삶의 환경에서 무한한 상상력과 직관적 통찰력을 비춰 주어야 하는 과제를 여전히 떠안고 있다.

5. 하버마스의 프로네시스

하버마스는 현대철학의 이론과 실천의 관계를 검토하는 가운데 프로네시스에 접근하고자 했다. 앞서 고찰했듯이, 가다머가 프로네시스의 개념에 기반한 아리스토텔레스의 실천철학에 대한 전통을 계승하고자 했다면, 하버마스는 마르크스 이후의 전통을 비판적으로 해석하여 실천철학으로부터의 결별을 시도한다. 하버마스는 실천철학과의 결별을 다음과 같이 말한다.

> 실천철학은 반성철학이 그러했던 것처럼 동일한 과제에 직면하게 된다. 그리고 자기관계의 구조에서와 마찬가지로 자기외화의 구조에도 역시 자기 객관화의 필연성이 선천적으로 주어져 있다. 그렇기 때문에 노동하는 개인들은 외적 자연을 지배하는 정도에 따라 자기 자신의 고유한 본성에 억압되는 대가를 치르고 나서 정체성을 획득한다는 경향성의 유적(類的) 존재의 형성과정을 규정한다. 주체 중심적 이성이 스스로 밀려들어가는 이 난관에서 오히려 실천철학의 문제는 첨예화된다. 실천철학 자체가 사물화 된 상관관계의 결과와 구성요소로서 이해되어야 한다면, 그리고 객관화의 압박이 비판적 이성의 내면에까지 침투해 들어온다면, 사회적 총체성으로까지 확장된 목적합리성의 도구적 이성에 대해 실천철학이 과연 무엇을 내세울 수 있단 말인가?[38]

위 인용문에서 보듯이, 하버마스는 실천철학이 직면한 과제가 자기 객관화의 필요성, 주체 중심적 이성의 확보, 그리고 도구적 이성을 극복하는 데 있다고 본다. 그는 실천적 동기부여를 실용주의의 전통에 기초하고 있기 때문에 가다머나 하이데거와는 다소 다르게 아리스토텔레스의 실천적 지혜에 대해 양면(兩面)적으로 경계하는 태도를 보인다. 먼저 하버마스에 따르면, 실천적 지혜가 프로네시스에 제한을 받을 경우, 사회의 체제억압에 제대로 대응할 수 없다는 문제가 발생한다. 그렇기 때문에 그는 이론의 총체적 반성을 수행하는

---

38 J. Habermas, *Der philosophische Diskurs der Moderne: Zwölf Vorstellung*, Frankfurt. a. M.: Suhrkamp 1985, 92쪽.

데 있어서 비판 사회과학의 도움을 받고 있는 해방적 관점을 적극 도입해야 한다고 강조한다. 그래서 하버마스는 해방적-실천적 인식 관심으로부터 비판사회과학의 '해방적 인식관심'으로 전개해 나가야 한다고 주장한다. 이것이 곧 해석학의 비판적 출발점이다.

하버마스는 현대사회에서 삶을 향상시켜 당연히 훌륭한 삶을 추구해야 하지만, 이성에 대한 과도한 믿음은 비현실적인 유토피아로 빠질 수 있는 위험을 안고 있다고 본다.[39] 이러한 위험성은 프로네시스에 대한 이성의 능력을 과신하는 것에 대한 경계이다. 곧 이는 현대의 반성능력을 요구하는 것이며 왜곡된 현대의 실천철학에 대해 비판적 역할을 수행해 나가야 하는 것이다. 하버마스가 사회비판이론에 해석학을 적용하고자 하는 의도는 타당한 것이라 할 수 있지만, 경험적-분석적 고찰을 통해 종합적인 시도를 필요로 한다. 따라서 그는 근원주의의 혐의를 갖고 있는 실천철학을 오히려 벗어나고자 했다. 그는 실천철학과 이별하였을 경우, '이성적 실천'을 효율적으로 수행할 수 있다고 믿었다. 그래서 하버마스는 "상호주관적 의사소통행위"[40]에서 이상적인 모델을 찾고자 했다. 이러한 측면에서

---

39 고호상, 『하버마스의 현대성 주장과 보편적 합리성 문제』, 한국학술정정보, 2006, 35쪽.

40 하버마스의 '상호주관성'(intersubjectivity)의 개념은 첫째, '공유적 이해(shared understanding)와 배경적 지식(background knowledge)'을 의미한다. 이 개념은 이해를 형성하는 데 필요한 상보적 관계에서 수행된다. 먼저 의사소통적 행위자는 "객관적 세계, 사회적 세계, 그리고 주관적 세계에서"(subjective world) 동시에 무엇인가와 관계를 맺게 된다. 이러한 관계에서 상호주관성은 의사소통을 조직적으로 왜곡시킨 지배와 권력의 문제를 수정, 보완한다. 따라서 하버마스는 「체계적으로 왜곡된 의사소통에 대하여」(1970)와 「의사소통능력 이론에 대하여」(1970)라는 논문에서부터 저서 『의사소통행위이론 I, II』에 이르기까지 이 문제의 해결을 상호주관성의 개념에서 찾았다. 둘째, 하버마스의 상호주관성 개념은 '의사소통행위이론'으로 표현된다. 하버마스가 『의사소통행위이론』에서 제기한 의사소통행위의 개념에 대한 주요한 문제 가운데 하나는 사회적 행위자가 어떻게 양자 사이에 상호작용을 조절하느냐이다. 이 문제에 대해 하버마스는 사회적 행위(social action)의

하버마스는 실천과 상호 주관적 반성의 모습에서 현대적 의사소통의 능력과 의사소통의 합리성을 주목한다.[41] 이와 같이 하버마스는 실천적 근원주의의 오류를 피하고 합리성의 이론을 위한 발판을 마련하고자 했다. 무엇보다 그는 주체 중심의 이성에서 현대성의 위기가 비롯되었다고 본다. 주체 중심적 이성의 핵심은 그것이 부당하게 근본주의적 주장을 제기하고 있다는 데에 있다. 즉 주체 중심적 이성은 이성에 대한 근본주의적 태도를 보여준다. 이른바 근본주의적 태도는 전통적인 존재론적 사유(Ontologischen Denken)와 순수주의적 표상(puristischen Vorstellung)으로 구분된다. 하지만 하버마스는 자신의 이성개념에서 결코 순수주의적 표상을 외면상으로 드러내지 않는다.[42] 그가 근본주의를 강조하는 배후에는 과거의 근본주의적 철학 전통에서 여전히 벗어나지 못했다는 것을 함축하고 있다.[43] 이러한 근본주의적 태도는 탈현대적 관점과 현대의 내적 담론을 공유하고자

두 가지 형태를 소개한다. 그것은 '성공과 이해지향(reaching understanding)' 행위이다. 이 두 형태는 각각 전략적 행위(strategic action)와 의사소통적 행위(communicative action)로 일컫는다. 이 두 행위는 사회적 행위가 조절되는 방식이다. 여기서 의사소통 행위가 상호 간의 의사소통에 의존하고 있지만, 하버마스는 '의사소통행위'와 '의사소통'을 동일시하지는 않는다. 왜냐하면 의사소통행위는 언어행위를 통하여 조절되는 사회적 상호작용의 한 형태이지만, 의사소통은 이러한 행위에 의해서 사라지지 않기 때문이다. 따라서 하버마스의 초점은 행위의 조절(coordination)에 있다. 즉 이러한 조절이 '언어'를 통하여 이해에 도달하게 된다면, 의사소통은 중요한 역할을 하는 것이다. 궁극적으로 이러한 의사소통행위를 통해 이상적 담화상황(ideal speech situation)을 형성하고, 상호이해에 도달함으로써 상호 주관성에 당도하게 된다.

41 Richard J. Bernstein, *Beyond Objektivism and Relativism: Science, Hermeneutics, and Praxis*, University of Pennsylvania Press, 1983, 95쪽.

42 J. Habermas, *Der philosophische Diskurs der Modern*, Frankfurt. a. M., 1989, 156–157쪽.

43 하이데거, 아도르노, 데리다도 철학의 안에 보존되어 있는 보편주의 문제설정들을 오래전에 포기한 것처럼 보인다. 그런데 보편주의적 물음들의 범위는 타당성 또는 '마지막 근거 지움(Letzbegründung)'의 무조건성에 반영되지 않는다. 과학의 반증주의 의식은 이미 오래전에 철학을 앞질렀다(J. Habermas, *Der philosophische Diskurs der Moderne*, 246쪽).

하는 모습을 보인다. 따라서 하버마스는 우리가 근본주의의 태도에서 벗어나지 않는 한, 보편주의 문제를 제대로 해결할 수 없다고 생각한다.

하지만 하버마스는 현대성을 정당하게 비판함으로써 보편적 합리성을 드러내야 한다고 보았다. 그는 현대화 과정에서 보편적 반성능력을 통해 의사소통적 합리성에 대한 체계적이고 도구주의적 이성의 왜곡된 측면을 밝혀내야 한다는 것이다. 그래서 하버마스는 지배하거나 지배당하는 주체의 세계를 통해 도구적 이성에 의해서가 아니라 '상호작용의 관계'에서 전개하였다. 하버마스는 이러한 관계의 매개를 통해 의사소통의 합리적 행위를 다음과 같이 말한다.

> 현대적 세계이해가 자기의 보편성을 확인해 보고자 할 때, 적용되는 합리성이론의 적합성은 다음과 같을 때에만 비로소 검증받게 된다. 사회이론은 자신의 사회적 환경에서부터 성장하여 그 이론 속에 깃들어 있는 선이해(先理解)에 대해서도 개방적이어야 한다. 의사소통의 잠재력을 선택적으로 사용하는 곳에서부터 왜곡화(Verformung)를 해명한다.44

하버마스는 이러한 사회이론의 비판을 통해 현대성(modernity)을 공정하고 정당하게 평가할 수 있어야 한다고 보았다. 그래서 그는 현대사회를 위해 보편적 합리성의 가능성을 끊임없이 모색하고자 했다.

> 우리는 합리적이라는 표현의 사용을 통해 합리성의 개념을 밝혀내려고 시도하면서 근대적 가치정향에 고착되어 있는 선이해에 의존해야

---

44 J. Habermas, *Theorie des kommunikativen Handelns*, Bd.2. Frankfurt. a. M., 1981, 588–589쪽.

만 했다. 우리는 암묵적으로 우리의 서구적 세계이해를 보편성에서 연관시키고 있다.[45]

하버마스가 언급하는 현대성이론, 즉 현대란 무엇인가를 탐구한다는 것은 현대에 맞게 무엇인가를 탐구한다는 것을 뜻한다. 따라서 하버마스가 강조하는 현대성이란 오직 도구적이거나 합목적적이며, 지배의 관계를 구성한다는 주장에 대해 반대한다는 전제에서 출발한다. 하버마스는 관계의 도구적 개념 이외에 새로운 영역을 제시하고 있는데, 그것이 의사소통적 행위의 영역이다. 여기서 의사소통적 행위의 영역은 언어의 사용을 통해 그 대상의 기술적 통제(technical control)를 하는 것이 아니라, 주체의 상호이해를 발전시키는 것이다. 따라서 하버마스의 의사소통적 행위는 도구주의와 구별되는 합리성으로서 '합의의 규범'에 의해 수행되어야 한다고 보았다.

6. 프로네시스와 인지과학의 통섭

앞서 살펴보았듯이, 현대해석학자들은 하이데거를 비롯한 선이해의 개념, 공감과 프로네시스의 개념, 그리고 인지과학과 거울뉴런의 관계에서 풀어야 할 과제들을 남기게 되었다. 이에 대해 우리는 현대해석학과 프로네시스 그리고 인지과학 사이에 다음과 같은 과제들을 정립해 나가야 할 것이다.

첫째, 현대해석학자들이 지금까지 많은 논의를 해 왔던 현상학적 해석학의 현존재 이해의 초월성으로부터 벗어나 새로운 방향을 제공

45 J. Habermas, *Theorie des kommunikativen Handelns*, 73-74쪽.

해 줄 제3세대 인지과학의 성과들과 학제적 교류를 확대해 나가야 한다. 먼저 현대해석학은 탈(脫)주관적 보편성을 통해 구체적인 합리성의 길을 확보해야 한다. 그러나 현대해석학의 방향설정은 아직 양립적인 절충주의(eclecticism)적 태도로 인해 제대로 활성화되지 못했다. 왜냐하면 해석학의 절충주의적 방향설정이 보편성을 결여한 채 이해의 구체성만을 강요하거나, 인격성을 결여한 채 이해의 보편성을 제대로 담보하지 못하고 있기 때문이다. 현대해석학이 제3세대 인지과학의 이론을 적극 수용하여 재정립하고자 한다면, 이해의 보편성을 수월하게 할 수 있기 때문에 현대해석학의 내용을 한층 고양시킬 수 있다. 이러한 목적달성을 위해 해석학은 인지과학의 성취와 한계를 인정하고 포섭하는 작업을 단·장기적 관점에서 계획하여 수행해 나가야 한다.

둘째, 현대해석학자들이 종종 강조했던 프로네시스는 물리적/문화적 경험세계에서 구체성을 확보해야 하지만, 현대해석학이 정신적인 특성과 전혀 다른 방향으로 형이상학을 진행한다면, 하이데거의 표현대로 "형이상학적이지 않은(nicht mehr metaphysisch) 형이상학의 보편성"을 동시에 확보해야 하는 과제를 떠맡게 된다. 특히 해석학의 보편적 이해의 수렴은 경험적 보편성의 마련을 아울러 요구한다. 그렇기 때문에 보편적인 인간정신으로서의 해석학적 이해는 단순히 이상적 인간존재에서가 아닌 현실적인 인간존재 안에서 그 해결책들을 찾아야 한다. 앞서 고찰하였듯이, 인지과학에서 "거울뉴런의 신경세포"[46]는 다른 사람의 행동을 이해하거나 모방을 통해 새로운 기술을 습득할 때 중요한 역할을 한다. 이러한 사실은 해석학적 이해의 보

46 해석학과 관련된 거울뉴런에 대한 자세한 내용은 제3장을 참조.

편성이 물리적/문화적 경험세계를 확보할 수 있는 여지를 남겨 둔다.

케스트라(Machiel Keestra)에 따르면, 거울뉴런의 모방시스템은 발전적인 궤도, 즉 고도의 상호 행위성을 가져다주는 역동적인 과정이다. 낮은 수준에서 시작된 모방은 상호 행위들의 이탈과 불일치를 보임에 따라 보다 높은 수준으로 지향해 나갈 준비를 한다. 물론 행위의 모방은 위에서 아래로(top-down) 또는 아래에서 위(bottom-up)의 방향으로 작동할 수 있다. 무엇보다 초기의 모방 단계는 그 이후에 발생하는 모방의 행위에 대해 모형의 틀(scaffold)을 마련해야 할 필요가 있다. 따라서 우리는 모방행위와 거울뉴런을 해석하는 인지과학자들의 견해와 물음의 정당성, 그리고 언어의 보편성을 우리의 순수한 정신으로부터 분류하여 인간의 육체와 연결 짓는 방법적 논리를 이해해야 한다. 이렇게 하였을 경우에 거울뉴런의 체계는 우리의 행위와 언어의 보편성에 상응하여 전개된다.[47] 특히 우리의 두뇌는 매우 복잡하고 정교하게 구조화된 뉴런들의 망으로 구성되어 있기 때문에 다음과 같은 질문들에 대해 답변할 준비가 필요하다. 우리의 몸은 '어떻게 인간의 모든 개념들을 산출하는가?' 우리의 몸은 '어떻게 자신이 배우는 다양한 특정한 종류의 개념들을 표현하는 언어를 배우고 있는가?' 이러한 물음들은 복합적인 은유의 통합이론에 기반한 유추적 접근태도이다.

셋째, 제3세대의 인지과학이 현대해석학에 주목하는 이유 가운데 하나는 보편적 이해나 상호주관적 이해를 유아의 행동이나 공통의 뇌 영역으로 바라보는 태도 때문이다. 보편적 이해는 학습되지 않은 실천적 지혜라는 의미에서 프로네시스와 연관되며, 상호주관적 이해

---

47 Machiel Keestra, "The Diverhing Force of Imitation; Integrating Cognitive Science and Hermeneutics", in: *Review of General Psychology*, vol. 12, 2008, 113쪽.

는 프로네시스에 대한 자연과학적인 모델링을 연관시킨다. 자연과학적 모델링은 환원의 위험성을 함축하고 있지만, 프로네시스는 뇌의 영역, 이를테면 거울뉴런의 모방시스템을 통해 인지과학을 전형화할 수 있다.

하이데거가 주장한바와 같이, 현존재와 관계를 맺고 있는 실존은 이미 '여기저기에 존재하는 세계'이다. 여기서 실존의 정립은 몸 행위의 신경과학적인 모델에 기반하여 보다 역동적인 체계로 재정립된다. 하지만 제3세대의 인지과학적 모델은 비(非)규정적이고 무(無)규칙적인 프로네시스의 특성 안에 내재된 보편성을 어떻게 형이상학적 환원 없이도 발현 가능한지가 관건이다. 만일 거울뉴런의 모방이 선천적인 뇌의 능력에서 나타날 경우에 그 뇌의 능력이 보다 투명하게 드러난다면, 정신과학의 이해는 기계론적으로 환원될 수 있다. 반면에 그 뇌의 능력이 개인의 인지적 전략이나 사적인 경험에 부속된 것일 뿐이라면, 거울뉴런의 모방은 통일성을 기대할 수 없다. 따라서 뇌의 능력이 해석학의 정신과학적 접근을 허락할 수 없다면, 인지과학적 이해의 결정론이나 이에 대한 회의론도 성립 가능하지 않다.

넷째, 프로네시스의 이해는 실천적 지혜의 차원에서 해석학과 인지과학의 보편성을 확대하는 데 중요한 역할을 한다. 여기서 프로네시스는 해석학의 추상적 초월성을 보완하여 해석학의 구체적 현실성의 지평을 확장해 나가야 한다. 특히 하이데거, 가다머를 비롯한 현상학적 해석학의 이론은 이해의 보편성을 확보하기 위한 언어의 형이상학적 존재에 대한 비판에 대해 유의미하다. 이러한 비판은 단지 하이데거나 가다머 등의 현대해석학의 이론을 부정하는 것이 아니라 그 가능성을 극대화하는 것에 있다. 여기서 현대해석학의 극대화 논의는 인지과학의 거울뉴런에 대한 학제적 토대를 정립하기 위해서도 절실히 필요하다. 인지과학에서 뇌신경은 뇌의 일부이자 우리 몸의 일부분이다. 거울뉴런은 모방의 상호 행위의 근원을 우리 몸의 기능에서 찾고자 했다. 즉 우리의 몸은 육화(肉化)된 정신의 기능으로서 해석학적 이해의 상호주관성과 인지과학의 이해를 포괄한다. 따라서 보편적 해석학의 이해는 거울뉴런이론의 모방에서 나온 언어신경 모형을 해석학적으로 재구성할 필요가 있다. 해석학의 이해에서 부분과 전체로의 해석학적 순환(circle)은 더 나아가 실천철학으로 전개된다. 인지과학에서 경험적 지각과 운동 사이클(sensor-motor cycle), 유기체 환경의 사이클(ego-eco cycle) 간의 상호관계는 언어와 행위의 연관성을 보다 구체화해야 한다. 특히 인지과학의 거울뉴런에서 활성화되는 다양한 사태들(모방, 공감, 심적 시뮬레이션, 흉내 내기, 사회적 공동생활 등)은 사회적 경험이나 학습과정을 보다 구체적으로 규명할 필요가 있다. 즉 언어와 행위의 관계는 뇌과학과 어떤 방식으로든지 대화하는 해석학적 태도가 필요하다. 이를테면 현대해석학과 인지과학은 신경철학이나 신경현상학적 접근을 통해 이해의 보편성에 대한 철학적 근거를 과학적으로 정립해 나가야 한다. 이러한 정립은 인지과학에서 거울뉴런의 모방을 통해 기계론적 결정이나 주관주의적 상대성을 극복하여 해석학의 활로를 개척해 나가야 한다.

다섯째, 프로네시스의 이해는 단지 정보나 게임의 규칙처럼 환원될 수 없으며, 교육에서나 가능한 이론적 지식에 한정하지 않는다. 단지 프로네시스는 구체적인 상황에서 그 의미를 갖는다. 구체적인 상황 속에서 획득된 지식은, '언제나 불완전한 지식'이다. 하지만 프로네시스는 인지의 모델과 연관시켜 구체화한다. 현대해석학은 이론적 흐름에 한정해 협소한 계산주의적인 모델의 프로네시스가 아니라 하나의 실존하는 역동적 관계로 재정립해야 한다. 그렇게 했을 때 현대해석학은 이미 거기에 존재하는 몸 행위와 같은 신경과학적인 모델에 기반한 역동적인 체계로 재정립해 나갈 수 있다. 현대해석학에서 상호주관성의 논의는 제3자의 관점을 넘어서는 프로네시스의 과학화를 위해서도 지속적으로 연관시켜 나가야 한다. 인지과학과 현대해석학의 상호 대립은 인간과 자연 사이의 근본적인 불일치에서 나온다. 현대해석학에서 타자와의 낙관적인 공감의 이해는 다소 오해를 불러일으킬 수 있다. 왜냐하면 우리가 타자 사이에 오해를 극복하려면, 인간과 대상 사이의 존재론적으로 일치하는 자연주의적 태도를 승인하는 태도가 필요하기 때문이다. 이러한 자연적 태도의 전환이 진행되었을 경우, 현대해석학은 인지과학의 연구결과들에 대한 심층검토를 통해 그 한계를 극복해 나갈 수 있다. 현대해석학에서 프로네시스는 도구적 목적으로 단순화된 이성을 배재하는 미적 영역과 도덕적 영역을 실천적 지혜의 영역으로 나아가는 포괄적 이성이다. 따라서 현대해석학에서 프로네시스는 전통의 인식론적 이성을 넘어서는 동력을 제공하게 된다. 그러나 이러한 현대해석학에서 프로네시스는 자연과학의 스펙트럼에 비추어 보자면, 비과학적인 믿음으로서 생각할 수 있다. 왜냐하면 해석학에서 이해는 직관적이거나 상상력에서의 통찰이기 때문에 오해를 불러올 수 있는 요소가 다분히 있다. 예컨대 현대해석학이 '어린아이의 행동'이나 '뇌의 영역'을 단지 직관적으로 바라보는 태도가 그러하다. 하지만 어린아이의 행동은 학습되지 않은 '실천적 지혜'라는 의미에서 프로네시스와 연결되며, 뇌의 영역은 프로네시스에 대한 자연과학적인 '역동적 모델링'과 연관된다. 자연과학적 모델링은 환원의 위험성을 함축하고 있지만, 그것을 구체화할 경우에 프로네시스는 거울뉴런의 모방시스템을 통해 인지과학을 전형화한다. 그러나 거울뉴런의 모방시스템은 이탈(divergence)성뿐만 아니라, 행위의 과정을 공유(sharing)하고 수렴(convergence)하는 정도에 따라 다르게 나타난다.

나가며
현대해석학과 인지과학의 통섭

앞 장에서 고찰했듯이, 자코모 리촐라티가 주축이 되어 연구했던 거울뉴런은 인지과학의 이론적 성과를 이루어냈다. 리촐라티가 '거울뉴런'이라는 새로운 개념을 고안해 냈을 때, 거울뉴런이란 어떤 행동을 거울 속에서 수동적으로 재현하여 그 행동을 실제로 행하는 것과 똑같은 반응을 일으키는 신경세포를 의미하였다. 리촐라티는 우리가 새로운 운동패턴을 배울 때 거울뉴런을 통해 기본 움직임들을 구분하는 것이 가능하며, 거울뉴런이 기본적인 움직임의 표상들을 활성화시키면 그것들을 행위로 재조합해야 한다고 말한다.[1]

앞서 살펴본 바와 같이, 가다머의 선입견 이론에서도 인간의 인식 문제에 대한 인지과학의 거울뉴런이론을 통해 통섭의 차원에서 비교·고찰하였다. 그리고 가다머는 인식의 문제를 자연과학과 호혜적으로 양립하는 해석학의 확장된 지평 위에서 다시 풀어내고자 했다. 이와 같은 가다머의 선입견이론은 각각 학문들 사이에서 서로 찢겨진 분열된 인간이해가 아니라, 학제 간 연구에 의한 다양한 통섭의 과정에서 진행되는 생산적이고 조화로운 이해의 장이다. 하지만 현대해석학과 인지과학이 긴밀한 연관관계가 활성화되지는 않아, 향후

1 마이클 S 가자니가, 『윤리적 뇌』, 김효은 옮김, 바다출판사, 2010, 228쪽.

지속적인 학제 간의 연구를 통해 보다 구체화시켜야 하는 과제를 떠안게 되었다. 지난 시기나 현시점에서나 인간지성의 가장 위험한 모험은 자연과학과 인문학, 그리고 공학을 통섭하고자 하는 노력이었다. 단적으로 이들 사이의 통섭은 모험이었다. 하지만 이제 피할 수 없는 모험이자 당위가 되었다. 현재 우리사회에서 이 모험과 당위의 활동이 활발하게 진행되고 있지만, 가야 할 길은 아직 험난하다. 이러한 인지과학의 보다 원활한 적용은 서로 경계를 넘나들어 기존의 높다란 장벽을 허물고 향후 과학적 태도의 새로운 전환이 필요한 시점이다.

주지하듯이, 인간의 뇌는 복잡시스템의 구조로 이루어져 있다. 그래서 인간 뇌의 각 부분 세포의 종류와 배열들은 서로 각자 다르다는 것을 인지할 수 있다. 뇌는 간, 신장, 심장 등의 기관과 아주 다르다. 뇌는 같은 뇌세포라도 그것을 보조하는 교화세포의 구성이 다르다. 이는 뇌가 그 자체로 매우 다양한 영역들로 구성되어 있다는 것을 암시한다. 하지만 이 영역들은 독립체가 아니라 서로 긴밀한 관계를 형성하고 있으며 그들 사이에 계층이 있을 것이라 추정된다. 뇌는 서로 다른 역할을 수행하는 영역들 사이에 세밀하게 연결되어 있으면서도 광대한 병렬 네트워크와 같다. 뇌의 각 부분이 서로 상이한 역할을 수행하는 영역들이라면, 뇌가 자신의 쾌락을 위해 특정한 명령을 내린다고 할지라도 그것은 다른 부분을 견제하고 감시한다. 따라서 '뇌가 자신의 쾌락을 위해 몸을 속인다'라는 판단도 가능하게 된다. 따라서 우리는 인지문명의 시대, 포스트휴먼시대, 유비쿼터스 시대, 과학기술의 문명시대에서 새로운 과제와 해결할 과제들을 다음과 같이 여전히 떠안고 있다.

첫째, 포스트휴먼시대, 인지문화시대의 핵심은 인간과 기계의 만남이다. 21세기 들어 인간/비인간의 구별이 불가능할 것이라는 이슈가 급속하게 수면 위로 떠오르고 있지만, 인간의 기계화는 다양한 학제적 측면에서 검토가 필요한 시점이다. 최근 과학자들을 비롯한 많은 전문가들은 널리 회자되고 있는 사이보그에 대한 대중적 · 학문적 담론에서 인간과 기계의 경계가 흐려지는 이유를 종종 언급한다. 예컨대 세계화와 정보화의 급속한 진전, 과학기술의 발달로 인한 테크노 문화의 만연, 그에 따른 새로운 감수성의 출현, 새로운 종류의 기계들의 등장, 인간의 사이보그화, 기계+인간의 등장의 확대 가능성, 그리고 인터넷 문화의 증가로 인해 인간과 기계의 경계는 점점 흐려져 가고 있다. 더욱이 우리의 일상적 삶 안에서 사이버공간의 접속은 이미 깊숙이 스며들었다. 그래서 사이버공간의 접속이 점차 빠르게 퍼짐에 따라 그 결과의 부작용을 걱정해야 하는 심각한 상황에 직면하게 되었다. 이에 따라 인간과 기계의 만남은 향후 부정적 징후군들을 진단하여 어떻게 현대사회가 건전한 과학기술의 산물을 정착시켜 나갈지를 진지하게 고민해야 하는 시점에 와 있다.

둘째, 21세기 들어 인간의 거주공간으로 개척되고 있는 사이버스페이스가 인간친화적인 인터넷 소통 문화공간으로 이미 깊숙이 침투하였다는 사실을 공감하고 현대해석학과 인지과학과의 통섭을 통해 그 보완책을 마련해야 할 것이다. 새로운 사이버스페이스는 인간+기계의 가능성의 점층적 확대에 의한 새로운 포스트휴먼의 출현이다. 이제 철학, 예술의 중심은 이미지의 생산에서 인터페이스, 의사소통, 시뮬레이션 개념으로 자유스럽게 이동하고 있지만, 이에 대한 치료윤리의 안전망을 마련해야 하는 심각한 상황에 이르렀다. 따라서 인간과 기계의 만남은 인간이란 무엇인가라는 정체성을 더욱 요구하게 되었기 때문에 이에 대한 규명작업을 구체적으로 제시해 보여야 하는 과제를 떠안게 되었다.

주지하듯이, 현대해석학은 아리스토텔레스가 주창한 실천적 지혜로서의 프로네시스를 신경생리학적 지성으로 모델화하려는 인지과학과의 융합을 시도하고 있다. 이를테면 인지과학에서 거울뉴런은 마법과 같은 힘을 지닌 새로운 개념의 탄생을 의미한다. 현대해석학에서 독자와 텍스트 혹은 주체와 해석대상의 지평융합이 해석을 통해 촉발된다면, 인지과학에서도 그와 유사한 **통섭작용**이 거울뉴런의 기능에 따라 모방한 공감 혹은 공동의 행위에 의해 나타난다. 따라서 현대해석학에서 이해는 거울뉴런의 기능에 기초하여 발생하는 현상들에 대한 상호 관련된 논의를 지속적으로 필요로 한다. 이러한 논의를 통해 현대해석학은 인지과학의 탈맥락적이고 탈상황적인 인지모델을 사용했던 기존의 계산주의적 인지과학의 한계를 극복할 가능성을 열어 놓아야 한다.

셋째, 포스트휴먼시대, 인지문화시대의 융합·통섭은 인간과 로봇에 상호 연관되어 있지만, 인간과 기계의 만남은 언젠가 인간의 영혼을 죽게 만들 수 있는 치명적 도구가 될 수 있음을 인식해야 한다. 포스트휴먼시대에서 '내'가 의미하는 모든 내용들이 완전히 뒤바뀔 수 있다. 그래서 포스트휴먼사회에 다방면에 걸쳐 그에 맞는 처방책을 정확하게 진단하기는 그다지 쉽지 않다.

향후 21세기는 GNR의 과학기술, 곧 유전공학(G), 나노기술(N), 로봇공학(R)의 발달로 사람보다 영리한 기계가 출현하게 될 것이다. 미래사회에서 사람과 기계가 맺게 될 사회적 관계는 세 가지 중의 하나일 것이라 과학자들은 예측한다. 첫째 로봇이 인간의 충직한 심부름 노릇을 하거나, 둘째 영화 "매트릭스"에서처럼 기계가 인간을 지배하거나, 셋째 인간과 로봇이 서로 돕고 살게 될 것이라는 예측들이다. 따라서 기계의 인공지능이 사람의 자연지능을 추월하는 특이점을 통과한 미래사회의 다양한 모습에 대해 진단 · 검토가 필요한 시점이다. 이런 관점에서 우리는 지금 그 미래지향적이고 도전적이며 촉망받는 지적 · 학문적 탐구의 흐름에 적극 동참해야 하는 시대적 당위성을 요청받고 있다. 뇌와 마음에 대한 인지과학의 발견들은 점차 인격적이고 감성적인 인문학을 수렴하고자 한다. 특히 인지과학이 교육의 수행과 관련된 부분들, 이를테면 교실현장에서의 교수-학습 방법론, 재교육 현장에서의 직종에 따른 커뮤니케이션의 습득 방법론, 감정/실천에 의거한 타자 중심적 도덕교육들은 사회적 자폐증, 알코올이나 약물 중독 등 각종 병리현상에 대한 교정교육들에 보다 실질적이고 탁월하게 적용될 수 있다. 우리에게 낯설지 않은 멀티미디어는 어떤 것을 표현하는 여러 개의 수단, 즉 다중매체를 의미하게 되었지만, 그에 대한 인격 및 주체성의 문제를 더욱 의심받게 되었기 때문에 이에 대한 안전망의 마련이 절실하게 필요한 시점이다.

넷째, 21세기 포스트휴먼시대에서 인간보다 훨씬 업그레이드된 지적 능력을 자연인의 몸과는 다른 물리적 기반을 통해 실행하는 인공지능에 대한 논의를 다양한 관점에서 심층적으로 조명해 나가야 한다. 인간과 기계의 만남은 인식주체와 인식대상 사이의 차이가 소멸하는 임계점에 대해 심층적 논의의 장을 필요로 한다. 따라서 새로운 디지털미디어(digital media)는 유목민적인 공간으로서 그 영역을 더욱 확대해 가고 있다. 예컨대 시간적으로 통신전달매체 안에 머무르는 시간이 일정영역으로 자리를 잡기 시작했다. 개인화나 집단화가 가능한 미디어의 통신 수단은 집이나 옷 이상으로 중요한 정체성(正體性)을 알리는 부착물이 되어 가고 있다.

향후 인간처럼 실수하는 인공지능 개발의 성공은 어떻게 가능할 것인가? 만약 그러한 개발이 가능하다면 인간의 자연지능과 같은 인지과학은 불가능한 것인가? 인간의 오류가 인간과 기계를 구별하는 준거점을 마련할 수 있을까? 인지과학이 현대해석학을 비롯한 인문학과 과학기술의 융합을 어떻게 변모시킬 것인가?

첫째, 현대해석학과 디지털미디어의 통합은 학문 간 융·복합체제 시스템으로 더욱 확산되어 나갈 것이다. 최근 세계는 정치적-경제적 하위체계뿐만 아니라 문화적 하위체계에서도 혁명적 변화가 일어나고 있다. 특히 문화적 하위체계의 변화는 정치·경제의 변화보다 새로운 체계를 등장시키면서 진화하는 주요한 동력으로 자리매김했다. 오늘날 유비쿼터스 혁명과 나노/바이오혁명과 네트워크조직과 같은 전대미문의 기술혁신들이 급속히 모든 영역으로 확산되어 가는 것이 그 실례이다. 즉 디지털기술융합에 기반을 둔 시장과 사회를 운영하는 새로운 메커니즘을 디지털 거버넌스(digital governance)라 부르는 것과 같다. 디지털기술의 발달은 단순히 기계의 변화에 그치지 않고 권력관계 및 통치시스템을 변화시켰다. 또한 디지털기술의 발달로 국가와 기업과 시민사회의 운영 메커니즘을 다시 설정해야 하는 시점에 서 있다. 이는 국내 학계에서 문·사·철 중심의 문화콘텐츠로의 자기변모가 그동안 분과학문 중심에서 학제적 연구를 통한 학문 간 융·복합체제 시스템의 일환으로 진행되고 있는 것과 무관하지 않다. 주지하듯이, 디지털기술은 그 출발점이 융합을 주무기로 한다. 디지털기술과 문·사·철이 결합된 다양한 문화콘텐츠의 개발로 과학기술전문가, 문화예술전문가, 경영마케팅전문가 전문가 등과의 학제적 연구는 피할 수 없는 운명이 되어 가고 있다. 또한 이러한 학제적 연구에 머무르지 않고 "트랜스(trans)를 해야 할 시점"[2]이

도래했다. 즉, "현재의 인류가 진화과정의 마지막을 대변하는 것이 아니라 지속적으로 발전하는 인간향상 기술을 통해 새로운 단계로 진입할 수 있다는 전제 아래 미래의 포스트휴먼 존재 양식에 관해 논하는 학술적 태도와 트랜스 휴머니즘"[3]이 도래하였다. 그래서 인문학과 자연과학뿐만 아니라 모든 학문분과가 활발하게 소통하고 빗장을 열어 젖혀 새로운 학문의 공간을 만들어나가야 할 것이다. 하지만 트랜스는 한 사람의 연구자가 다수의 전공영역을 갖추는 것이 아니라 어떤 연구대상에 보다 나은 통찰에 이르기 위해서 인접학문이나 다른 학문의 성과들을 부단히 조합하고 참조하고 원용하였을 경우에 뜻 깊은 일이라 하겠다.

둘째, 현대해석학과 디지털미디어의 통합은 디지털 데이터베이스의 구축을 확대하고 더욱 공고히 다질 수 있는 발판을 마련해 나갈 것이다. 이제 어느 영역을 막론하고 지식은 인터넷 검색으로도 얼마든지 확보할 수 있는 시대가 되었다. 이는 더 이상 지식 그 자체만으로 어떤 부가가치가 없다는 것을 암시한다. 디지털시대의 전개와 맞물려 우리 한국사회는 '국가지식정보화 사업'이라 일컫는 다양한 학술적 디지털 사업을 지난 1999년부터 가동하기 시작했다. 이러한 디지털 데이터베이스의 구축으로 문·사철을 비롯해 교육, 과학기술, 정보통신 분야 등 지식정보의 구축망은 더욱 공고해질 전망이다.

셋째, 21세기 인지과학과 디지털미디어의 융합은 통합형 콘텐츠의 유형으로 더욱 확대해 나갈 것이다. 21세기 미래의 디지털콘텐츠는 다양한 분과학문들과 그 장르들로 나누어져 있는 도구적 인문학-예

---

2 도정일·최재천, 『인문학과 자연과학이 만나다 대담』, 휴머니스트, 2007, 94쪽.

3 Nick Bostrom, *The transhumanism FAQ: A General Introduction*, Version 2.1(World Transhumanist Association, 2003).

술과는 전혀 다른 통섭형 콘텐츠의 탄생을 진행시키고 있다. 지금까지 인문학은 19세기에 이미 형성된 문자텍스트를 중심으로 문·사·철 위주의 고정된 언어 해석에 초점이 맞추어 왔기 때문에 누구에게나 내재해 있을 수 있는 다중지성(시청각적-촉각적 감성과 사고능력)을 활성화하는 데 기여하기보다는 자본주의적 인간형 육성을 위해 오히려 억압적이고 수동적인 길들이기에 익숙해져 왔다. 반면에 21세기의 디지털미디어의 커뮤니케이션은 이미 시청각 미디어 중심으로 전환하여 대중을 오락산업의 연결망 속으로 포획하였다. 따라서 우리에게 내재해 있는 다중지능과 복합감각 사이의 내적·외적 통섭 교육을 올바르게 기능할 수 있게 해야 한다. 궁극적으로 21세기 디지털콘텐츠 시대는 철학-과학-예술이 통섭의 존재론적-인식론적 기초가 될 수 있는 새로운 문화콘텐츠의 구성을 더욱 필요로 하고 있다.

넷째, 21세기의 현대해석학과 디지털미디어의 통합은 고부가가치를 생산해 낼 수 있는 상상력을 더욱 요구하는 세대가 될 것이다. 예컨대 문화산업은 21세기 들어 고부가가치산업으로 주목되면서 문화콘텐츠에 대한 관심을 고조시켜 왔다. 지난 2008년부터 정부는 미래의 신성장 동력의 하나로 문화콘텐츠를 포함시켰다. 미래에 우리에게 더욱 요구되는 것은 보이지 않는 능력, 즉 상상력이며 이런 뛰어난 상상력을 지닌 사람들이 세상을 이끌 것이라는 예측은 그다지 어렵지 않다. 앨빈 토플러(Alvin Toffler)도 『부의 미래』라는 저서에서 "기술발전이 그 한계에 직면하게 될 경우에 미래사회에서 새로운 가치가 상상력에 의해 창출될 것"이라 예견한다. 상상력은 추상적인 것을 구체화하는 능력이다. 즉 상상력은 이미지네이션(imagination)이다. 이는 이미지를 마음속에 그린다는 의미이다. 소설 『해리포터』의 작가인 롤링(Joanne Kathleen Rowing)에 의하면, "상상력은 모든 발명과 혁신의 원천이기도 하면서도 자신이 직접 경험하지 못한, 겪어 보지 못한 타인의 경험에도 공감할 수 있게 하는 힘"이다. 넓은 의미에서 상상력의 가치는 인간만이 갖고 있는 독특한 능력으로서 현실에 존재하지 않는 것을 생각해 내는 데 있다. 그러나 상상력의 가장 위대한 위력은 우리가 직접 경험하지 않고도 다른 사람들의 경험을 공감할 수 있도록 해 준다는 것이다.

다섯째, 21세기는 기존의 문 · 사 · 철 중심의 전통적인 학문체계에서 벗어나 인지과학과 같은 융합학문체계를 더욱 확대해야 할 것이다. 미국을 비롯한 서구유럽국가에서 인지과학의 학문이 출발한 지 이미 50여 년 이상이 경과되었다. 하지만 우리 국내학계에서는 아직 인지과학이 무엇인지, 그리고 인지과학이 현대해석학, 현대현상학 등의 인문학들과 어떻게 연계하고 있는지, 인문과학 · 사회과학 · 자연과학 및 공학의 다양한 분야 등에 어떠한 영향과 변화 그리고 어떤 사회적 파장을 미칠 것인지에 대해 제대로 이해를 못하고 있는 것이 현실이다. 현재 전 세계적으로 100여 개가 넘는 주요 대학(공대를 포함)에서 인지과학과나 인지과학과정을 개설하고 있다. 유명한 해외연구기관에는 인지과학이 주요 분야로서 인정되어 연구와 교육의 노력들을 지속적으로 하고 있다. 하지만 현재 국내대학은 아직 대학 학부과정에 인지과학 학과나 인지문화와 관련되어 있는 융합학문 대학이 거의 없고, 대학원 인지과학의 협동과정도 지원과 육성을 제대로 하고 있지 않은 실정이다. 특히 국내의 어느 대학을 막론하고 공과대학에는 인지과학과 연계한 과정들을 개설하고 있지 않기 때문에 이에 대한 제도적 · 학제적 마련이 시급하다. 이러한 첨단 학문의 학제적 연구를 도외시할 경우, 선진 과학기술국가로 가는 행보를 더디게 할 것이다.

참고문헌

가드너, H., 『다중지능』, 문용린 · 유경재 옮김, 웅진지식하우스, 2007.

가자니가, 마이클, 『왜 인간인가?』, 박인균 옮김, 추수밭, 2009.

_______, 『윤리적 뇌』, 김효은 옮김, 바다출판사, 2009.

강돈구, 『슐라이어마허의 해석학』, 이학사, 2000.

고호상, 『하버마스의 현대성 주장과 보편적 합리성 문제』, 한국학술정정보, 2006.

골드먼, A. I., 『철학과 인지과학』, 석봉래 옮김, 서광사, 1998.

그롱댕, 장, 『철학적 해석학 입문』, 최성환 옮김, 한울, 2008.

구자윤, 「가다머와 칸트 미학의 주관주의의 문제」, 고전해석학의 역사 한국해석학회 편, 철학과현실사, 2002.

권준수, 「뇌, 융합의 총화」, 김광웅 엮음, 『융합학문, 어디로 가고 있나?』, 서울대학교 출판문화원, 2011.

김경만, 『담론과 해방-비판이론의 해부』, 궁리, 2005.

김광수 외, 『융합인지과학의 프런티어』, 성균관대학교 출판부, 2010.

김광웅 엮음, 『우리는 미래에 무엇을 공부할 것인가?』, 생각의 나무, 2009.

김재권, 『심리철학』, 하종호 · 김선희 옮김, 철학과현실사, 2004.

김 진, 『퓌지스와 존재사유-자연철학과 존재론의 문제들』, 문예출판사, 2003.

김광수, 『마음의 철학』, 철학과현실사, 2006.

김성동, 『기술-열두 이야기』, 철학과현실사, 2005.

김영정, 『심리철학과 인지과학』, 철학과현실사, 1996.

김용석, 『인문학의 창으로 본 과학』, 한겨레출판, 2006.

코렐리스, 미겔, 『뇌의 미래』, 김성훈 옮김, 김영사, 2012.

다마지오, 안토니오, 『스피노자의 뇌』, 임지원 옮김, 사이언스 북스, 2010.

달마이어, 프레드, 『다른 하이데거』, 신충식 옮김, 문학과 지성사, 2011.

도정일 · 최재천, 『인문학과 자연과학이 만나다 대담』, 휴머니스트, 2007.
리스, 데이 · 로즈, 스티븐, 『새로운 뇌과학』, 김재영 · 박재홍 옮김, 한울, 2010.
레이코프, G., · 존슨, M., 『몸의 철학』, 임지룡 외 옮김, 박이정, 2008.
라세구, 장, 『인공지능 창시자 튜링』, 임기대 옮김, 동문선, 2003.
르두, 조지프, 『시냅스와 자아』, 강봉균 옮김, 동녁사이언스, 2011.
리프킨, 제러미, 『공감의 시대』, 이경남 옮김, 민음사, 2010.
마투라나, 움베르트 · 바렐라, 프란시스코, 『인식의 나무-인식활동의 생물학적 뿌리-』, 최호영 옮김, 자작나무, 1995.
맥길크리스트, 이언, 『주인과 심부름 -두뇌 속에서 벌어지는 은밀한 배신과 정복의 스토리-』, 김병화 옮김, 뮤진트리, 2011.
바뱅, 도미니크, 『포스트휴먼과의 만남』, 양영란 옮김, 궁리, 2007.
박남희, 「해제-실현의 진리를 구하는 가다머의 해석학」, 한스 게오르그 가다머, 『과학대의 이성』, 책세상, 2009.
박순영, 「Gadamer의 해석학과 정신과학의 방법론」, 『철학』, 제24집, 1987.
박남희, 「공감과 차이의 변증법적 대화로서의 가다머의 놀이-자기치유와 자기실현으로서의 실천철학을 위하여-」, 『해석학연구』, 제29집, 한국해석학회, 2012.
데이비드, M., 『마음의 기원』, 김교헌 · 권선중 · 이홍표 옮김, 나노미디어, 2009.
베넷, 맥스웰 · 해커, 피터 마이클, 『신경과학의 철학』, 이윤창 · 하일호 외 옮김, 사이언스북스, 2013.
백승영, 「가다머 실천철학 기획과 해석학적 계몽의 의미」, 『해석학 연구』, 제16집, 2005.
박문호, 『뇌 생각의 출현』, 휴머니스트, 2009.
박성희, 『공감학-어제와 오늘』, 학지사, 2010.
박순영, 「해석학의 현대적 위상」, 『현대철학특강』, 철학과현실사, 1999.
박인철, 「공감의 현상학」, 『철학연구』, 겨울, 제99집, 철학연구회, 2012.
박종덕, 「인지시학적 문학비평의 현대적 의의」, 양해림 외, 『인지문화란 무엇인가?』, 충남대학교 출판문화원, 2011.
박찬국, 『하이데거-그의 생애와 사상』, 서울대학교 출판부, 2004.
박찬국, 「개시성으로서의 마음」, 서울대학교 철학사상연구소, 『마음과 철학 - 서양편 하』, 서울대학교 출판문화원, 2012.
박찬국, 『하이데거와 윤리학』, 철학과현실사, 2002.
박영태외, 『과학철학-흐름과 쟁점, 그리고 확장』, 창비, 2011.
박전규, 『아리스토텔레스의 프로네시스』, 서광사, 1991.
베이트슨, 그레고리, 『마음의 생태학』, 박대식 옮김, 책세상, 2006.
부케티츠, 프란츠 M., 『자유의지, 그 환상의 진화』, 원석영 옮김, 열음사, 2009.
비뇨, 조르쥬, 『인지과학입문』, 김언자 외 옮김, 만남. 2001.
송석랑, 『언어와 합리성의 새 차원』, 충남대학교 출판부, 2001.
소광희, 『하이데거의 존재와 시간강의』, 문예출판사, 2003.
신인섭, 「메를로-퐁티의 창발론적 현상학의 여정」, 철학연구회, 『철학연구』 79집, 2007.
신상규, 「사이보그와 매트릭스」, 이인식기획, 『인문학자, 과학기술을 탐하다』, 고즈윈, 2012.
아리스토텔레스, 『영혼에 관하여』, 류원기 옮김, 궁리, 2001.
아이디, 돈, 『기술철학』, 김성동 옮김, 철학과현실사, 1998.
안건훈, 『이분법적 사고방식』, 서광사, 2012.
양해림, 「딜타이는 삶의 객관화를 극복하였는가?」, 『해석학 연구』, 제16집, 한국해석학회, 2005.
_____, 「하이데거의 실존론적 해석학」, 『동서철학연구』, 제41호, 한국동서철학회, 2006.
_____, 『현대해석학 강의-개정판』, 집문당, 2011.
_____, 「뇌과학과 자유의지의 문제-하버마스의 자유의지와 뇌 연구의 논의를 중심으로-」, 『동서 철학 연구』, 제50집, 한국동서철학회, 2008.
_____, 『대학생을 위한 서양철학사』, 집문당, 서울: 2011.
_____, 『현상학과의 대화』, 서광사, 서울, 2003.

______, 「딜타이(Wilhelm Dilthey) 해석학의 인지과학적 프로네시스(phronesis)」, 『시대와 철학』, 제23집, 2012.

______, 「하이데거의 선이해(先理解)와 인지과학의 프로네시스(phronesis)」, 『동서철학연구』, vol. 69. 한국동서철학회, 2013.

엄정식, 「자아의 행방과 인지과학」, 『과학사상』, 제29호, 범양사, 서울. 1999.

엄지용, 「'Bildung'과 'sensus communis'의 상관성에 따른 교육철학의 제문제-가다머의 『진리와 방법』을 중심으로」, 『해석학연구』, 제28집, 한국해석학회, 2011.

유타카, 사에키, 『인지과학혁명』, 김남주 · 김경화 옮김, 에이콘, 2010.

윤영화, 『뇌과학에서 본 기억과 학습』, 학지사, 서울. 2001.

윌슨, 에드워드, 『통섭(지식)의 대통합』, 최재천 · 장대익 옮김, 사이언스북스. 2005.

_______, 『지구의 정복자』, 이한음 옮김, 사이언스 북스, 2013.

이광래, 『방법을 철학한다』, 知와 사랑, 2008.

이기상, 『하이데거의 존재와 현상』, 문예출판사, 1993.

______, 『하이데거의 실존과 언어』, 문예출판사, 1991.

______, 『하이데거의 존재사건학』, 서광사, 2003.

이남인, 『현상학과 해석학-후설의 초월론적 현상학과 하이데거의 해석학적 현상학』, 서울대학교 출판부, 2004.

이동수, 「하이데거의 프락시스 해석」, 『한국정치학회보』, 33집 1호. 1999.

이동희, 『변증법과 해석학의 대화』, 생명의 씨앗, 2006.

이득재 · 이규환 편저, 『오토포이에시스와 통섭』, 씨네스트, 2010.

이봉재, 「인공지능과 인간중심주의」, 『대동철학』, 31집, 2005.

이승종, 『크로스오버 하이데거』, 생각의 나무, 2010.

이영돈, 『KBS 특별기획 다큐멘타리 마음』, 예담, 2005.

이영의, 「자연지능, 인공적으로 구현하기」, 한국과학창의재단 · 교수신문기획, 『지식의 이중주』, 해나무 2009.

이인식, 『지식의 대융합-인문학과 과학기술은 어떻게 만나는가-』, 고즈윈,

2008.
이진우, 『테크노인문학』, 책세상, 2013.
이한구, 『역사주의와 반역사주의』, 철학과현실사, 2010.
이정모, 『인지과학-학문간 융합의 원리와 융합』, 성균관대학교 출판부, 2009.
_____, 「체화된 인지접근과 학문간 융합」, 『철학사상』, 제38집, 서울대학교 철학사상연구소, 2010.
이정모 · 김청택, 「통합적 학문 인지과학으로서의 인지과학: 현황과 전망」, 김세균 편, 『학문간 경계를 넘어』, 서울대학교출판문화원, 2011.
이정모 외, 『인지심리학』, 학지사, 2003.
이주향, 『현대언어 · 심리철학의 쟁점들 1, 철학과현실사, 2005.
이초식, 『인공지능의 철학』, 고려대학교 출판부, 1993.
이화인문과학 편, 『디지털시대의 컨버전스』, 이화여자대학교 출판부, 2011.
인아이헨, 한스, 『철학적 해석학』, 문성화옮김, 문예출판사, 1998.
장현갑, 『마음 vs 뇌』, 불광출판사, 서울. 2009.
장회익 · 최종덕, 『이분법을 넘어서』, 한길사, 2007.
정연교, 『윤리학과 해석학』, 아카넷, 2008.
조정환, 『인지자본주의』, 갈무리, 2011.
_____ 외, 『인지와 자본』, 갈무리, 2011.
처칠랜드, P. M., 『물질과 의식 -현대심리철학입문-』, 석봉래 옮김, 서광사, 2007.
처칠랜드, 패트리샤, 『뇌과학과 철학』, 박제윤 옮김, 철학과현실사, 2006.
천현순, 「미디어 컨버전스와 참여」, 이화인문과학 편, 『디지털 시대의 컨버전스』, 이화여자대학교 출판부, 2009.
최고원, 『해석과 비판』, 인간사랑, 2012.
팔머, 리처드, 『해석학이란 무엇인가』, 이한우 옮김, 문예출판사, 서울, 2006.
핑거, 스티븐 외, 『마음의 과학』, 이한음 옮김, 미래엔, 2012.
하머마이스터, 카아, 『한스-게오르그 가다머』, 임호일 옮김, 한양대학교 출판부, 2004.

하버마스, J., 『현대성의 철학적 담론』, 이진우 옮김, 문예출판사, 1997.
하상복, 『푸코 & 하바마스-광기의 시대, 소통의 이성』, 김영사, 2009.
하이데거, 마르틴, 『존재론』, 이기상 · 김재철 옮김, 서광사, 2002.
한정선, 「철학적 인간상에 도전해오는 뇌과학의 쟁점들」, 『철학연구』 8집, 2008.
황경식, 『덕윤리의 현대적 의의』, 아카넷, 2012.
헤어브레히터, 슈테판, 『포스트휴머니즘-인간이후-인간에 관한 -문화철학적 담론』, 김연순 · 김응준 옮김, 성균관대학교 출판부, 2012.
해리스, 샘, 『자유의지는 없다』, 배현 옮김, 시공사, 2013.
호프만, 에릭, 『이타적 인간의 뇌』, 장현갑 옮김, 불관출판사, 2012.
후쿠야마, 프랜시스, 『Human Future 부자의 유전자 가난한 자의 유전자』, 송정화 옮김, 한국경제신문, 2002.
홍성욱 · 장대익 엮음, 『뇌 속의 인간, 인간 속의 뇌』, 바다출판사. 2010.
후베르트, 마르틴, 『의식의 재발견-현대 뇌과학과 철학의 대화-』, 원석영 옮김, 프로네시스, 2007.
흄, 데이비드, 『인간오성의 탐구』, 김혜숙 옮김, 서울: 고려원, 1996.
캔델, 에릭, 『기억을 찾아서』, 전대호 옮김, 랜덤하우스, 2011.
코벌리스, 마이클, 『뇌 인간을 말하다』, 김미선 옮김, 반니, 2013.
프리스, 크리스, 『인문학에게 뇌과학을 말하다』, 장호연 옮김, 동녘, 2009.
최성환, 「해석학과 마음의 문제」, 『철학연구』 제48집, 고려대학교 철학연구소, 2013.
Anderson, R. C., *The notion of schemata and the educational enterprise in Schooling and the Acquisition of Knowledge*, ed. R.C. Anderson, R.J. Spiro, and W.E. Montague (Hillsdale, NJ: Lawrence Erlbaum), 1977.
Arendt, H., *Vita activa oder Vom tätigen Leben*, München 1996.
Aristotle, *The Nicomachean Ethics*, Notre Dame, IN: University of Notre Dame Press. The Nicomachean Ethics, with English translation by H. Rackham M. A., edited by E. H. Warmington, The Loeb Classical Library XIX, Harvard

University Press, 1984(이창우 · 김재홍 · 강상진 옮김, 『니코마코스 윤리학』, 이제이북스, 2006).

Baars, B. J., *The cognitive revolution in psychology,* New York: Guilford Press, 1986.

Bernard J. Baar · Nicole M. Gage, 『인지, 뇌, 의식』, 강본균 옮김, 교보문고, 2012.

Baldwin, D. A. and Baird, J. A., "Discerning intentions in dynamic human action", in: *Trends in Cognitive Science*, 5 (4), 2001.

Banich M. T., *Cognitive Neuroscience Neuropsychology*(김명선 외 옮김, 『인지신경과학과 신경심리학』, 시그마프레스, 2008).

Bostronm, Nick, "In Defense of Posthuman Dignity", *H+Transhumanism and Its Critics*, eds. Gregory R. Hansell and William Grassie, Philadelphia: Metanexus, 2011.

Brooks, D., *The cognitive Age,* New York times Opinion Column article, 2, May, 2008.

Biemel, W., "Heideggers Stellung zur Phänomenologie in der Marburger Zeit", in: *Phänomenologische Forschungen,* Bd. 6/7, 1978.

Caputo, J. D., *Radical Hermeneutics* (Bloomington: Indiana University Press), 1987.

Chenari, Mahin, "Hermeneutics and theory of mind", in: *Phenomenology of cognitive Science*, 2009, 8.

Davis, Carolyn, *The Fragility of Empaythy After the Holocaust,* Ithaca, NY: Cornell University Press, 2004.

Damir, Barbarić, "Zur Sprachauffassung H.-G. Gadamers", in; *Internationale Zeitschrift für Philosophie*, Heft. 2. 1996.

Dapretto Mirella (2006), "Understanding emotions in others: mirror neuron dysfunction in children with autism spectrum disorders", in: *Nature Neuroscience,* vol. 9, no. 1, 28-30쪽.

Deigh, John, "Empathy and Universalizability", in: *Ethics* 105(3-4), 1995.

Descartes, Rene, *The philosophical Works of Descartes,* vol. 1, Elizabeth S. Haldane and G.R.T. Ross, trans. New York:

Cambridge University Press, 2007.

Dilthey, Wilhelm, Hans-Ulrich Lessing(Hg.), *Texte zur Kritik der historischen Vernunft,* Göttingen, 1983.

_______, *Gesammelte Schriften V,* Göttingen 1959.

_______, *Gesammelte Schriften VI,* Göttingen 1959.

_______, *Gesammelte Schriften VII,* Göttingen 1959.

_______, *Gesammelte Schriften VIII,* Göttingen 1959.

Dreyfus(ed.), H., *Husserl, Intentionality, and Cognitive Sciencs,* Cambridge, Mass.: MIT Press, 1982.

Dreyfus, H., *What Computers Still Can't Do: A Critique of Artificial Reason,* The MIT Press, Cambridge, MA, U.S.A., 1992.

Droysen, J. G., *The modes of interpretation,* tr. K. Müller-Vollmer in The Hermeneutics Reader(New York: Continuum: Original: Historik), 1988.

Dawkin, Richard, *The Selfish Gene*, New York: Oxford University Press, 2006.

Del-Nergo W., "Von Brentano über Husserl zu Heidegger", in: *Zeitschrift für philosophische Forschung,* Bd. VII, 1953.

Dreyfus, H., *What Computers Still Can't Do: A Critique of Artificial Reason*, The MIT Press, Cambridge, MA, U.S.A., 1992.

Figal, Günter, *Heidegger zu Einführung,* Junius Velag 1992(『하이데거』, 인간사랑, 2008).

Gallagher. S., "Hermeneutics and the Cognitive Sciences", in: *Journal of Consciousness Studies,* 11, no. 10/11, 2004.

_______, "Understanding interpersonal problems in autism: Interaction theory as an alternative to theory of mind", in: *Philosophy, Psychiatry, and Psychology*, 2003.

Gallagher, S. & Marcel, A J., "The Self in Contextualized Action", in: *Journal of Consciousness Studies,* 6 (4), 1999.

Gallese, V., "The "shared manifold" hypothesis: From mirror neurons to empathy", Gazzaniga Michael S, Richard B. Ivry, & George R. Magnun, *Cognitive Neuroscience: The biology of the*

Mind(2nd ed.), W. Norton, in: *Consciousness Studies*, 8(5.7), 2001.

Gallese, V. & Goldman, A., "Mirror neurons and the simulation theory of mind-reading", *Trends in Cognitive Sciences,* 2, 1998.

Gadamer Hans-Georg, *Truth and Method*, 2nd rev. ed., revised translation by Joel Weinsheimer and Donald G. Marshall, Crossroad Press, New York, 1989.

_______, "The practice of mind: Theory, simulation, or interaction?", *Journal of Consciousness Studies*, 8 (5.7), 2001.

Goldamn Alvin I., *Philosophical Application of Cognitive Science*, 1993(석봉래 옮김, 『철학과 인지 과학』, 서광사: 서울).

Goldman, Alvin I. "Ethics and cognitive Science", in: *Ethics* 103(1-2), 1993.

Gordon, R. M. (in press), "Intentional Agents Like Myself", in *Perspectives on Imitation: From Mirror Neurons to Memes,* vol. II, ed. S. Hurley and N. Chater(Cambridge: MIT Press), 1994.

Gordon, Robert M., "Sympathy, Simulation, and the Impartial Spectator", *Ethics,* 105(3-4), 1995.

Habermas, J., *Der philosophische Diskurs der Moderne*, Frankfurt. a. M., 1988.

_______, "Heidegger-Werk und Weltanschauung", victor Farias(Hg.), *Heidegger und der Nationalsozialismus,* S. Fischer, 1989.

_______, *On hermeneutics' claim to universality*, Trans. K. Müller. Vollmer in The Hermeneutics Reader, ed. K. Müller Vollmer(New York: Continuum), 1988.

_______, "Rationalism divided in two: A Reply to Albert", in: A. Giddens(ed.), in: *Positivism and Sociology,* London: Heineman, 1974.

Heidegger, M., *Die Grundprobleme der Phänomenologie,* Vittorio Klostermann, Frankfurt. a. M., 1975.

_______, *Sein und Zeit,* Maxniemyer, Verlag, Tübingen, 1972.

_______, *Ontologie-Hermeneutik der Faktizität*, Vittorio Klostermann, Frankfurt. a. M., 1988.

_______, "Unterwegs zur Sprache", in: *Gesammtausgabe,* Vittorio Klostermann, Frankfurt. a. M., 1979.

_______, *Holzwege,* Vittorio Klostermann, Frankfurt. a. M., 1977.

Hermann, F. W. von, *Hermeneutik und Reflextion. Der Begriff der Phänomenologie bei Heidegger und Husserl,* Frankfurt. a. M., 2000.

_______, *Subjekt und Dasein*, Frankfurt. a. M., 1971.

Hufnagel E., *Einfürng in die Hermeneutik,* W. Kohlhammer GmbH Stuttgart, 1976.

Hume, David, *A Treatise of Human Nature*, 2d ed. L. A. Selby-Bigge, with text revision and varriant readings by P. H. Nidditch(New York: Oxford University Press), 1978.

Hume, David, *Enquiry concerning the principle of Morals,* 2d ed., ed. L. A. Selby-Bigge(Oxford: Clarendon), 1777.

Husserl, E., *Zur Phänomenologie des innen Zeitbewuβtseins*, Husserliana, Bd. X, Haag.

Iacoboni, Marco, *Mirroring People-The New Science of How We Connect With Others*(김미선 옮김, 『미러링 피플』, 도서출판 겔리온, 2009).

Jeannerod, M., *The Cognitive Neuroscience of Action*, Oxford: Blackwell Publishers, 1997.

Johnson, M., *The Body and Mind,* University of Chicago Press, Chicago, 1987.

Keestra, Machiel. "The Diverging Force of Imitaton", in: *Rivew of General Psychology,* V. 2. N. 2, 2008. 127-136쪽.

_______, "The Diverhing Force of Imitation; Integrating Cognitive Science and Hermeneutics", in *Review of General Psychology*, vol. 12, 2008.

Kurzweil, Ray, *The Age of Spiritual Machines: When Computers*

Exceed Human Intelligence, New York: Viking, 1999.

Lakoff, G., *Cognitive Models and Prototype Theory*, in Concepts: Core Readings, ed. E. Margolis and S. Laurence, MIT Press. 1999.

Lakoff G. & Johnson, M., *Philosophy in the Flesh: The Embodied Mind and its Challenge to Western Thought,* New York, Basic Books(『몸의 철학』, 임지룡 · 노양진 외 옮김, 도서출판 박이정, 서울, 1999).

Landgrebe, Ludwig, "Wilhelm Diltheys Theorie der Geisteswissenschaft (Analyse ihrer Grundbegriffe)", in: *Jahrbuch für Philosophie und phänomenologische Forschung,* Halle, 1928.

Lehmann, K., "Mataphysik, Transzendentalphilosophie und Phänomenologie in den ersten Schriften Martin Heideggers (1912-1916)", in : *Philosophisches Jahrbuch,* 71 Jg, 1963.

Lessing, H.-U., "Phänomenologische Interpretation zu Aristoteles", in: *Dilthey-Jahrbuch für Philosophie und Geisteswissenschaften,* Bd. 6, Göttingen 1989.

Libet, B., "Unconscious cerebral initiative and the role of conscious will in voluntary action", in *Neurophilosophy of Consciousness*, Boston: Birkhäuser, 1993.

Liekam, S., *Emppathie als Fundament pädogogischer Professionalität,* München, 2004.

Lipps, Th., *Lietfaden der Psychologie,* Leipzig, 1906.

Marco Iacobon J., *Mirroring People-The New Science of How We Connect With Others*(김미선 옮김, 『미러링 피플』, 도서출판 겔리온, 2009).

Martha J. Farah & Todd E. Feinberg, *Patient-based approaches to cognitive Neuroscience,* MIT Press. 2000.

Meltzoff, A. N., "Understanding the intentions of others: Re-enactment of intended acts by 18-month-old children", in: *Developmental Psychology,* 31, 1995.

Meltzoff, A. N. and Brooks, R., ""Like me" as a building block for understanding other minds: Bodily acts, attention, and intention", in: *Intentions and Intentionality: Foundations of Social Cognition*, ed. B.F. Malle et al., Cambridge, MA: MIT Press, 2001.

McIntyre, M., "Husserl and the Representational Theory of Mind", H. Otto and J. Tuedio(eds.), *Perspectives on Mind,* Dordrecht; Reidel, 1986.

Merleau-Ponty M., *Phénoménologie de la Perception,* Gallimard. Paris, 1945.

Orth, E. W., *Wilhelm Dilthey und die Phänomenologie Edmund Husserls,* in: *Reports on Philosophy,* 15. 1995.

Oberman L. M., Hubbard E. M., McCleery J. P., Altschuler E. L., Ramachandran V. S., Pineda J. A., "evidence for mirror neuron dysfunction in autism spectral disorders" , in: *Brain Res Cogn Brain Res.*; 24(2), 2005.

Palmer, Richard E. (1969), *Hermeneutics, Interpretation Theory in Schleiermacr, Dilthey, Heidegger, Gadamer,* Northwestern University(이한우 옮김, 『해석학이란 무엇인가』, 문예출판부, 2001).

Prinz, W., "Modes of linkage between perception and action", In W. Prinz & A.-F. Sanders(Eds.), *Cognition and motor processe.* Berlin: Springer, 1984.

Rizzolatti, G., & Craighero, L., "The mirror-neuron system", in: *Annual Review of Neuroscience,* 27, 2004.

Rosch, E., "Natural categories Cognitive Psychology", 4(3), 1973.

Rorty Richard, *Philosophy and the Mirror of Nature*, Princeton University Press, Princeton, 1979.

Resta Richard(1996), *Mind*(박소현 옮김, 『마인드』, 이론과 출판, 서울).

Ricoeur, P., *Freud and Philosophy: An Essay on Interpretation*, Trans. D. Savage, New Haven: Yale University Press, 1970.

Riedel, Manfred, *Für eine zweite Philosophie,* Frankfurt. a. M. 1988.

Pöggeler Otto, "Heideggers Neubestimmung des phänomenbegriffs", in: *Phänomenologische Forschungen,* Bd. 9, 1980.

Schleiermacher, F., *Hermeneutics: The Handwritten Manuscripts,* Trans. J. Duke and J. Forstmann(Missoula, MT: Scholars Press. [Original: Compendium, 1819]), 1977.

Simner, M. L., "Neoborn's Response to the Cry of Another Infant", in: *Developmental Psychology,* 5, 1971.

Smith, Adam, *The Theory of Moral Sentiments*, ed. D. D. Raphael and A. L. Macfie(Oxford: Clarendon), 1976.

Tugendhat, E., *Selbstbewuβtsein und Selbstbestimmung*, Frankfurt. a. M, 1979.

Taylor, C., "Self-Interpreting Animals', in Human Agency and Language", in: *Philosophical Papers,* Volume 1, Cambridge: Cambridge University Press, 1985.

Trevarthan, C. and Hubley, P., "Secondary intersubjectivity: Confidence, confiding and acts of meaning in the first year", in: *Action, Gesture and Symbol: The Emergence of Language,* ed. A. Lock, London: Academic Press, 1978.

Turner B. S., *The Body and Society*, Sage Publications, London(임인숙 옮김, 『몸과 사회』, 도서출판 몸과 마음), 1978.

Waldenfels, B., *Phänomenologie der Augmerksamkeit*, Frankfurt. a. M., 2004.

Warnke, G., Gadamer: *Hermeneutics, Tradition and Reason,* Georgia Warmke, 1987.

Winograd, T., & F. Flores, F., *Understanding Computers and Cognition,* Addison Wesley Publishing Company Inc, New York, 1987.

William J. Richardson, S. J., "Heideggers Weg durch die phänomenologie zum Seindenken", in: *Philosophisches Jahrbuch.* 72, 1965.

Wilson, M., "Six view of embodied sognition", in: *Psychonomic Bulletin and Review*, 9(4), 2002.

Wispe, Laura, "History of the Concept of Empathy", in *Empathy and Its Development*, ed. Nancy Eisenberg and Janet Strayer, Cambridge: Cambridge Univesity Press, 1987.

Wolz-Gottwald, Eckard, "Das Denken ohne Brücke. Zur Transformation der Phänomenologie bei Martin Heidegger", in: *Phänomenologische Forschungen,* Neue Folge, 1996.

Varela, F., Neurophenomenology, "A Methodological Remedy to the Hard Problem", in: *Journal of Consciousness Studies* 3, 1996.

Zammermann, F., *Einfühung in die Existenzphilosophie,* Darmstadt, 1997.

찾아보기

ㅇ

ㅈ

ㅊ

저자 **양해림**

강원대학교 철학과 동 대학원을 졸업하고, 독일 트리어(Trier)대학교, 베를린 훔볼트(Humboldt)대학교에서 박사과정을 수학하고 훔볼트대학교에서 철학박사 학위를 받았다.

현재 충남대학교 인문대학 철학과 교수로 재직 중이다.

저서(단행본)

『한스 요나스의 생태학적 사유읽기』, 충남대학교 출판문화원, 2013.

『대학생을 위한 서양철학사』, 집문당, 2012.

『현대해석학 강의−증보판』, 집문당, 2011.

『한스 요나스가 들려주는 환경이야기』, 자음과모음, 2008.

『자크 라캉이 들려주는 욕망이야기』, 자음과모음, 2008.

『21세기 한국사회와 철학』, 철학과현실사, 2008.

『현대해석학 강의』, 집문당, 2007.

『에코 · 바이오테크 시대의 책임윤리 - 과학기술의 진보와 이성』, 철학과현실사, 2005.

『현상학과의 대화』, 서광사, 2003.

『행복이라 부르는 것들의 의미』, 철학과현실사, 2002.

『미의 퓨전시대 - 미 · 예술 · 대중문화의 만남』, 철학과현실사, 2001.

『디오니소스와 오디세우스의 변증법 - 예술 · 인문학 · 과학기술 그리고 한국사회의 반성적 고찰』, 철학과현실사, 2000.

해석학적 이해와 인지과학

- 현대해석학, 인지과학에 말 걸다 -

값 18,000원

2014년 2월 1일 1판 1쇄

저 자 양 해 림
발 행 인 임 동 규
발 행 처 **집 문 당**
주 소 110-360 서울특별시 종로구 돈화문로 82
등 록 1971. 3. 23. 제300-2012-69호
영 업 부 (02)743-3192~3 팩스(02)742-4657
전자우편 sale@jipmoon.co.kr
편 집 부 (02)743-3096~7 팩스(02)743-0227
전자우편 edit@jipmoon.co.kr
홈페이지 www.jipmoon.co.kr

ISBN 978-89-303-1633-0

이 도서의 국립중앙도서관 출판시도서목록(CIP)은 서지정보유통지원시스템 홈페이지(http://seoji.nl.go.kr)와 국가자료공동목록시스템(http://www.nl.go.kr/kolisnet)에서 이용하실 수 있습니다.(CIP제어번호: CIP2014000750)